本书获

“马克思主义新闻观指导下的新闻专硕教学改革研究”（编号：XJ2020GY34）

塔里木大学广播电视学专业综合改革项目（编号：220101703）

项目资助

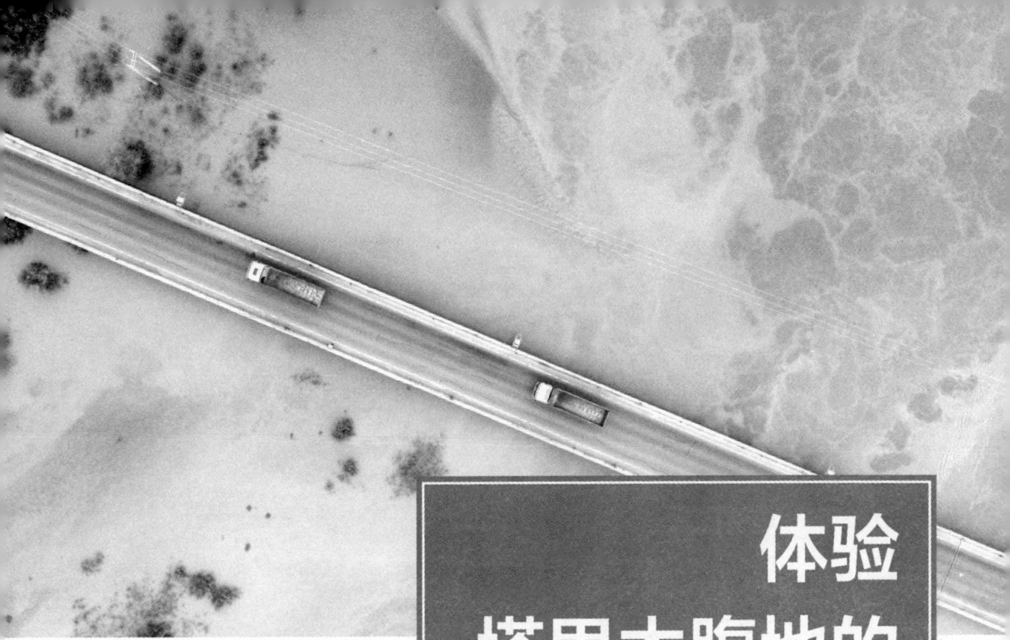

体验塔里木腹地的新闻学

影像篇

王中伟　王成涛　王江艳◎著

上海三联书店

本书简介

《体验塔里木腹地的新闻学》(影像篇)是塔里木大学广播电视学专业综合改革项目、“马克思主义新闻观指导下的新闻专项教学改革研究”建设项目的成果之一,由近年来的实践教学原创案例与实践作品组成,主要分为专题纪录、剧本创作、影像解读、理论创新、幕后故事五个部分。

本书第一部分为专题纪录。以人为本,关注人的发展,培养学生的社会责任感,是新闻传播专业的重要理念。该部分按照人生历程筛选了相关专题纪录作品,这些作品涉及的特定或具体题材可能是大多数人未必真正熟悉的,但是差异之中的生命体验,不需要语言的沟通,也能够让人理解。习近平总书记曾指出:“文艺深深融入人民生活,事业和生活、顺境和逆境、梦想和期望、爱和恨、存在和死亡,人类生活的一切方面,都可以在文艺作品中找到启迪。”被誉为“好莱坞编剧教父”的罗伯特·麦基曾经告诫说,要通过故事的悲欢离合来寻找生命的意义:“观众不是去看他们已经知道的东西,是希望体验到从来没体验过的人生体验和人性……他希望在这个人物的核心中,认识到的角色就是像我一样的人,而且在一个从未发现的世界中发现自己。”找到与人类共同经验发生联系的那些“点”和方式,从而冲破题材的有限而获得更广泛的传播、赢得更多的理解与共鸣,也是我们的创作所要努力的方向。

第二部分为剧本创作。这些剧本或为学生团队合作,或为师生联合创作,或为教师与媒体合作,大多基于社会话题或者新闻报道改编，均已创作为影像作品，部分剧本公开发表。在相关赛事中，这些剧本与作品获得了师生的推荐与称赞。

第三部分为影像解读。该部分选择了有较大影响的纪录片《塔里木河》《天山脚下》《新军垦战歌》、微电影《天山儿女》、电影《远去的牧歌》等，从主题传达、具体呈现等不同维度作出了分析。通过案例剖析，可以更好地借鉴成功经验，落细落实实践教学。

需要指出的是，在上述三部分中，收录的案例如《重“心”出发》《锁麟囊》《〈亲爱的〉之构图艺术》等，均非新疆题材。师生在教与学的过程中，不仅要有本地化的案例或创作，还需要学习观摩大量国内外的优秀影像，在条件允许的情况下，我们提倡和鼓励学生“走出去”，实现更多创作的可能性。

第四部分为理论创新。该部分许多最初的想法，源于我们在过去近十年中一直讲授的《纪录片基础与创作》课程，在和学生课堂内外一起数十次研讨争论、推倒重来、修改完善的过程中，这些最初不够清晰的零星想法，逐渐成为较为系统的文章，而这些梳理后的文字，又成为纪录片教学内容中的重要组成部分。

第五部分为幕后故事。纸上得来终觉浅，绝知此事要躬行。学生在创作过程中历经了坎坷挫折，体会了酸甜苦辣，最终收获了更为扎实的专业认知。这些幕后故事大多无法体现在作品中，鲜活的感受也不太可能出现在课堂授课过程中，但却同样是创作经历或经验的重要组成部分。

目　　录

第一部分　专题纪录篇

第二部分　剧本创作篇

第三部分　影像解读篇

第四部分　理论创新篇

第五部分　幕后故事篇

第一部分

专题纪录篇

一、出生：《生之门》

二、启程：《传承》

三、梦想：《帕米尔高原上的足球梦》

四、年少：《飘落的“蒲公英”》

五、青春：《南疆大学生村官》

六、芳华：《送你一束沙枣花》

七、初心：《扶贫路上》

八、奉献：《红色情怀》

九、迟暮：《寂寞夕阳》

十、新生：《重“心”出发》

一、出生：《生之门》

解说词：

乌鲁木齐第一人民医院六楼的产科门口，日日夜夜、时时刻刻都有人焦急地等待，无论是谁，他们都悬着一颗心，等待着生门打开的那一刻。

解说词：

胡小凤今年 28 岁，她已经是一个一岁零七个月的孩子的妈妈，即将出生的是她和丈夫杨世雄的第二个孩子。1 月 4 日上午胡小凤住进乌鲁木齐第一人民医院产二科 22 床。

解说词：

为了保证孩子的权益，除非特殊原因，医院是禁止用 B 超验胎儿性别的，包括孕妇询问也是谢绝回答的。到目前为止，胡小凤一家依然不知道腹中的孩子是男是女。女儿“玉玉”健康快乐地成长着，或许是重男轻女思想的影响、或许是儿女双全的期盼，男方一家都希望生一个男孩。

解说词：

杨世雄老家在甘肃，父母年迈，家里怕人手不够，让远在西安的姐姐过来帮忙。

同期声　杨世雄姐姐：

叫姑姑。

同期声　胡小凤妈妈：

今晚上你跟姑姑睡好不好？

同期声　杨世雄姐姐：

睡不睡跟姑姑？

同期声　胡小凤妈妈：

跟姑姑两个睡。

同期声　杨世雄：

到下午两点。

同期声　胡小凤妈妈：

差不多十二（小时）痛，你一晚上好多个小时。

同期声　胡小凤：

生她也是第一天疼第二天才出来的。

同期声　杨世雄：

现在已经十六个小时了。

同期声　胡小凤：

那生杨金玉还不是第一天疼第二天才去的，下午才生的，怎么都要两天。

解说词：入夜以来，胡小凤的宫缩时间间隔越来越短，不过她非常坚强，每次宫缩，她都尽量忍着不叫出声来。

同期声　主治医生：

我摸摸宫缩，持续时间不长，强度不太够。

同期声　胡小凤：

躺着比刚才舒服一点。

同期声　主治医生：

走一走可能难受劲儿会强一些，行吧，等到十点钟再看看，再看看疼的情况。

解说词：

时间过得漫长而又短促，宫缩间隔越来越短，胡小凤的中间休息时间越来越少，她越来越能够感受到腹中生命的叩门声。

同期声　护士：

好着呢，睡一会儿，不然后半夜没有力气生了。

解说词：

看着妻子病房的医生护士进进出出，杨世雄的神经绷得越来越紧了。终于在凌晨两点，宫口开到了七指，胡小凤在护士和丈夫杨世雄的陪同下前去产房待产。

同期声　护士：

慢点。

同期声　护士：

东西给我。

同期声　杨世雄：

杯子也拿上。

同期声　护士：

你在门口等着。

解说词：

就在这时，我们的另一位孕妇齐小娜也出现严重宫缩，被母亲紧急从家送来。由于情况紧急，来不及办理住院手续，护士直接将她推进产房待产。而胡小凤的丈夫在待产区陪完妻子又神色匆匆地返回病房拿取用品。

齐小娜的丈夫王钊因为做生意，将齐小娜送回家里照顾。得知妻子入院后，便立刻赶了过来，凌晨三点出现在产科门口焦急地等待着。

同样焦急等待的，不止有王钊，还有杨世雄和他的姐姐。

他们窃窃私语，主要讨论的是孩子的性别问题，眼前这个男人担心这次的孩子又是一个女儿。

同期声　杨姐姐：

（三点）三十七了，咋还没动静？

解说词：

产房内助产师们为胡小凤之子进行最后一项印脚泥的工作。

解说词：

他们彻夜等待在门外的椅子上，顺产的不确定因素很多，产房内随时都有危险因素在威胁着门内的人，而门外的人对此却几乎无能为力。

同期声　护士：

她老公可以进来了。

解说词：

这句话让杨世雄高兴得有些慌乱，他赶紧起身进入产房。不过无论男女，生产顺利已然是他们全家最大的幸福。不知不觉夜已经深了，产房门口的人也越来越少了。

同期声　护士：

来，边上站。

同期声　护士：

这儿。

同期声　护士：

稍微往这边来一点点，好。

解说词：

不久之后，胡小凤跟孩子一起回到了病房，夙愿得偿，在场所有人都露出了笑脸。而此时，齐小娜和孩子却依然徘徊在生之门的门口，生死未知。宫缩已经七个小时，齐小娜疼得浑身是汗，体力和心态越来越差，可是依然没有要生产的征兆。

解说词：

经过长达 12 小时的疼痛，齐小娜依然未能顺利生产，此时已经格外虚弱。为了安全，医生为齐小娜进行了侧切手术。1 月 5 日上午十点四十五分，齐小娜顺利产下一个女儿。

同期声　护士：

齐小娜家属！

解说词：

终于听到了这句呼唤，焦急的王钊进入待产室，陪护刚刚生育完毕、正在观察的妻子与孩子。

解说词：

几分钟后，王钊被告知，产妇需要进行产后护理，他需要在门口等候。两个小时后，齐小娜顺利推出产房。伴随着孩子的出生，她开始了漫长的侧切手术护理，最少需要住院一个星期。

同期声　护士：

你们把东西拿上然后我送你们出去。

同期声　王钊：

我说你扶她去上卫生间。

同期声　齐妈妈：

上厕所。

同期声　王钊：

因为那边喂奶，我就不往那边窜了。

同期声　齐妈妈：

来，鞋先穿上，慢点儿。

同期声　齐小娜：

每次上厕所都疼。

同期声　齐妈妈：

慢点儿。

解说词：

下午五点，王钊母亲专程来给儿媳妇送饭。

同期声　王钊妈妈：

来，我们俩吃饭去，我给你看一下那个饭馆，就在那个对面，里面有汤，给小娜后面买饭都挺好的，都挺不错的。

解说词：

很快到了下午查房的时候，但同样是护理，胡小凤这边因为是顺产，所以她恢复治疗比齐小娜简单。

解说词：

胡小凤顺利做完了几项检查，并且一切正常，但这时儿子的哭闹却让她无比揪心。

解说词：

结束下体微波愈合治疗后，她立马心疼地抱起儿子，很快儿子甜蜜地睡去。

同期声　主治医生：

你现在不是满血复活了嘛！

同期声　王钊：

她今天上午被产房的大夫骂过来骂过去。

同期声　主治医生：

没办法，生孩子就是这样，把帘子拉一下。

同期声　齐小娜：

大夫，肚子还没下去。

同期声　主治医生：

你这肚子十个月长起来的，你希望一分钟下去怎么可能？

同期声　齐小娜：

有点肿。

同期声　主治医生：

你这肿得挺厉害。

同期声　齐小娜：

嗯。

同期声　主治医生：

这样，等会儿让护士给你敷一下，短裤穿上吧。可以了，我给她们开一下贴敷，一会儿有人过来给你敷，可能到下午了，行，那我就先走了。

同期声　王钊：

行了，你已经完成使命了，小姑娘！

解说词：

创口麻醉过后疼痛难忍，齐小娜脸色一直不太好，而初为人父的王钊却显得格外激动，仿佛要把好消息告诉全世界。

解说词：

齐小娜的父亲一直守在门外，看着女儿遭受这么大的罪，心疼得不曾离开半步。

解说词：

杨世雄白天在医院跑前跑后，忙着一切琐事，晚上又赶回家中去拿换洗衣物。

同期声　杨世雄：

我开车，就是她们白天的时候打个车来得方便。

同期声　杨姐姐：

你把手机拿好。

解说词：

宝宝已经熟睡，不时挥着小手，像是伴着妈妈香甜的吻与她一起相拥进入梦乡。

同期声　王钊：

你咋长这么漂亮，握手，握手，心放实下来了，以后我就是白脸，你就是黑脸。

解说词：

第二天上午，王钊宠溺地看着自己还在睡熟中的女儿，好像怎么也看不够老天赐给他的这份礼物。

解说词：

胡小凤的母亲早早带着大宝贝玉玉来到病房，等待上午的新生儿检查。

同期声　护士：

出生的时候多重？

同期声　胡小凤：

三公斤三。

同期声　护士：

好像是差不多，重了几百克的样子。

解说词：

连续做了三项检查，宝宝静静享受着爸爸温柔的臂弯。

解说词：

面对新生儿的各种检查，初为人父的王钊显得手忙脚乱。做完前两项检查，王钊带着孩子来到期待已久的新生儿游泳中心。

同期声　护士：

身上有擦油，衣服不要脱下来，再一个方面，她的羊水，这一块胎水，腿胯这块烂掉了，回去多抹点护唇膏。

同期声　王钊：

抹点护唇膏。

同期声　护士：

身上不要擦粉。

同期声　王钊：

在哪？

同期声　护士：

就这个腿胯这个位置。

解说词：

而在产二科，胡小凤经过各种治疗，恢复得不错，孩子早早就吃上了母乳，各项指标正常。产后第三天他们完成了这次生命之门的挑战，全家顺利出院。

解说词：

在之后的拍摄中，我们看到，照顾产妇和孩子的始终只有王钊和齐小娜母亲。我们离开的时候，新生儿睡得特别香，而齐小娜正在进行进一步的产后护理。

两组家庭的生之门已经顺利开启，但是，漫长的人生之路上，还有更多的挑战在等着他们。

（创作者：王雅丽、闫志芳）

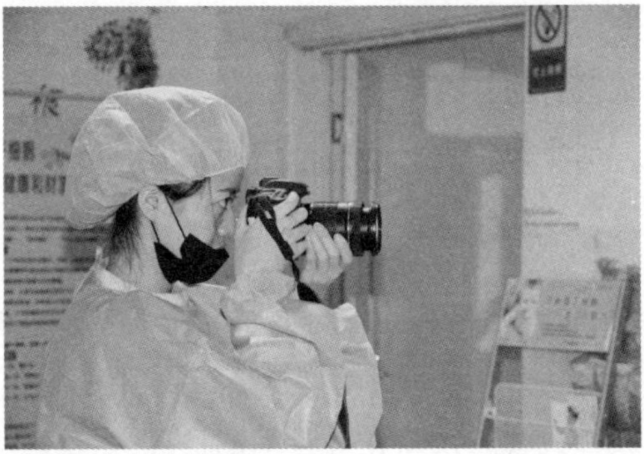

纪录片《生之门》创作者之一王雅丽在医院拍摄

二、启程:《传承》

字幕:

阿勒泰地区青河县查干郭勒乡

同期声　胡尔曼爸爸:

把脚抬起来,抬起来……

解说词:

最近,胡尔曼有些担心。再过几天,10 岁的他将要迎来人生中的第一次赛马。

哈萨克族,又被称为"骑在马背上的民族"。哈萨克族的每个男孩,都要在很小的时候就学会骑马。

虽然,胡尔曼在 5 岁的时候就已经习惯了在马背上的生活,但是,他还从来没参加过赛马。

胡尔曼的父亲,是一名马术教练。能否顺利赢得这场比赛,关系着他和家人在族群中的面子。

胡尔曼有些着急。

同期声　胡尔曼爸爸:

不要逼着马跑,开始的时候不要逞强,要先跑几圈后,才能加速冲刺。

同期声　胡尔曼爷爷:

一定不要逼它跑,以前赛马比赛在夏秋季搞,现在我们更喜欢雪地上进行比赛,可是在冬天比赛比起其他季节更加危险,一不小心就可能会受伤，所以你一定要注意安全。

解说词：

为了能让孩子更好地去参加比赛，胡尔曼的爷爷从早上起来就忙个不停。祖祖辈辈传承下来的骑马技术，胡尔曼爷爷在过去近50年的骑马生涯里，早已经运用自如。在他看来，骑马不能只看表面上的风光，还要做好大量的准备工作。

同期声　胡尔曼爷爷：

孩子们再过两天就马赛了，马蹄铁旧了，必须得换个新的。

你们自己看看，这样子怎么参加比赛呢？

同期声　胡尔曼爸爸：

躺好，躺好，躺好。

同期声　胡尔曼爷爷：

把他教得好，而且特别老实。

同期声　胡尔曼爸爸：

我爸经验很丰富，这匹马两岁的时候，我爸就看中它了，以后肯定会是个骏马。

同期声　打马蹄铁的师傅：

把这个钉子打好，小心点。

解说词：

比赛越来越近了。马蹄铁，也已经焕然一新。但是，胡尔曼的马，最近看上去却有些疲倦。

同期声　胡尔曼爸爸：

马有点儿咳嗽。

同期声　胡尔曼爷爷：

是不是你们没把苜蓿草洗干净？

同期声　胡尔曼爸爸：

前天没仔细洗，好像里面有土。

解说词：

赛马的饲料有些特殊。比赛前，赛马需要吃的饲料，不但要干净卫生，还要进行合理搭配。一不注意，就会造成严重的健康问题。

同期声　胡尔曼爸爸：

爆裂玉米一大勺，第二步把切成微粒的萝卜加进去，注意，如果切大的话有些马不会吃的，第三步加麦子，然后再加四个鸡蛋，最后搅拌，得这样搭配，避免出现消化不良。

解说词：

在父亲与爷爷的悉心照料下，赛马终于恢复到了平时的状态。明天，赛马比赛就要开始了。但是，由于最近天气变化较大，胡尔曼不小心感冒了。

同期声　胡尔曼：

如果明天感冒变好了，我就自己骑。

同期声　胡尔曼爸爸：

你这样怎么能去呢，你都感冒了！

同期声　胡尔曼妈妈：

你就不要去了，我们得找别的孩子去参加比赛。

同期声　胡尔曼爷爷：

你去找个孩子，代替他去。

解说词：

父亲正在焦急地寻找可以替胡尔曼参加比赛的新骑手，邻居家的孩子，可能是个选择。父亲敲响了邻居家的门。

同期声　邻居家的孩子叶尔那尔：

我不骑！不骑！

同期声　胡尔曼爸爸：

怎么了，害怕吗？

同期声　邻居家的孩子叶尔那尔：

我害怕骑马。

解说词：

赛马对比赛的骑手要求较高。如果没有足够的经验，不但不会赢得比赛，还有可能会发生意外。

之前训练时，每一匹赛马都有固定的骑手。胡尔曼的父亲一时也找不到适合的人，这让他有些愁眉不展。

胡尔曼虽然年龄小，但是这一切，他都看在了眼里。明天的比赛，胡尔曼决定亲自参加。

同期声　胡尔曼爷爷：

祝我们好运！好好骑！

愿我们的骏马凯旋！

解说词：

胡尔曼的爷爷把猫头鹰的毛系在了马鬃上。在老一辈的传统里，这不仅显得美好别致，还能驱凶辟邪。胡尔曼的感冒还没有完全好，胡尔曼爷爷希望这样能给孩子带来好的运气。

解说词：

人们已经陆陆续续来到了赛马现场。

虽然，胡尔曼已经不是第一次观看这样的比赛，但是，这一次，他成了参加者，成为了骑手。他看上去有些紧张。

解说词：

比赛开始了，赛马在赛道上飞奔起来。

这是一个展现马匹耐力和骑手智慧的时刻。赛道上，你追我赶，人们现在还很难断定，谁才是最后的胜利者。

为了这一场短短 40 分钟的比赛，胡尔曼已经准备了一年的时间。终点就在前方，他发起了最后的冲刺。

同期声　胡尔曼爷爷：

孩子，你是我们的骄傲。

解说词：

比赛结束了，草原又恢复了原有的宁静。

夕阳西下,落日的余晖显得格外灿烂。一个哈萨克族男子汉与马相伴的一生,开始了。

(创作者:古丽江、巴拉帕尼)

视频截图:十岁的胡尔曼迎来了第一次比赛

三、梦想:《帕米尔高原上的足球梦》

解说词:

这是位于帕米尔高原上的一个小村庄。130 年前,中国较早的一支足球队就诞生在这里。依科萨克,这个被誉为“中国现代足球发源地”的古老村落,正在续写着新疆足球村的百年传奇。

叶尔沙提今年 12 岁,是依科萨克小学五年级学生,也是学校足球队队员。两个多月前,叶尔沙提在一次足球比赛中摔伤了胳膊,但日常的训练却没有停止过。

同期声　叶尔沙提:

我长大以后要像梅西一样,好好踢足球,我要给依科萨克村带来荣誉。

解说词:

在家里,叶尔沙提排行老三,是家里最小的孩子。因为胳膊严重骨折,妈妈不让他再踢足球。

同期声　叶尔沙提妈妈:

你们也知道,他现在胳膊受伤了,但还是挡不住去踢足球,有这样的孩子吗? 如果他年纪大一点的话,还能把自己照顾好,能很小心地玩足球,但是,他现在还很小。

解说词:

叶尔沙提家世代以务农为生。6 亩地,几头牛羊,是家里的主要收入来源。农村妇女大多待在家里操持家务,照看孩子。迫于生计，叶尔沙提的妈妈想凭着自己的刺绣手艺，在镇子上开间店铺，多挣一点钱，让孩子们过得好一些。但是，昂贵的租金和不足的人力，使得叶尔沙提妈妈一直未能如愿。

帕米尔高原上的寒冬似乎比别的地方更加漫长。时间到了六点，相当于内地四点钟，叶尔沙提和上初中的哥哥已经在吃早饭，准备上学。由于家离学校比较远，兄弟俩中午不回家。叶尔沙提把早上吃剩的馕装进书包，这将是他们在学校的午饭。

12 月份的帕米尔高原，早上气温降至零下二三十度。兄弟俩话不多，脚步急促。每天早上，四五公里的路都要走上四五十分钟。路上一片漆黑，手电筒成了唯一的亮光。

解说词：

依科萨克小学，有两支足球队，一共 36 名队员。四五六年级的孩子被分为 A 组，一二三年级的为 B 组。上午课前七点半到八点半，下午放学后五点半到六点半，是足球小队员们日常的训练时间。从和田体育专科学院毕业后，艾山江成为这所学校唯一的体育老师。

同期声　艾山江：

别的学校不像依科萨克村，只有在这里，还有像阿图什、喀什常常举行一些比赛。这里不管大人还是小孩，都喜欢踢足球，在别的地方，人们对足球没有这么大的热情。

解说词：

村里的吴普尔爷爷，踢了一辈子的足球，虽然已经 78 岁了，还是会经常代表村子，去外边参加田间地头的农民足球赛。吴普尔还常常来学校，指导孩子们训练。

叶尔沙提喜欢跟吴普尔爷爷在一起，从他那里，总能听到关于足球的有趣故事和使用方法。

同期声　吴普尔：

我们这村里的足球教育，已经有一百多年的历史了，我们村里足球和教育结合已经有一百多年的历史了。这里的足球是一代一代传下去的，我们有责任把这个精神传给下一代。

解说词：

吴普尔说的最多的，当然是依科萨克村的百年足球史。

1885 年，村民用两顶皮帽子塞满棉花缝制了这里的第一个足球，1908 年，一位村里的有钱人买了一块土地修起了正式的足球场。

20 世纪初，风靡依科萨克村的足球热引起了英国、瑞典驻新疆喀什领事馆领事的注意。1937 年 5 月初，英国、瑞典驻喀什领事馆下了战书。依科萨克村足球队来到喀什与两国足球队比赛。当时，整个喀什城万人空巷。为了看这场比赛，天还未亮，依科萨克村村民就赶着木轮子牛车，走了二十八公里赶到了喀什足球场。外国人是骑马到足球场的，依科萨克村的队员有的穿鞋，有的光脚。就是在这样艰苦的条件下，依科萨克村队以二比一胜英国领事馆队，七比零胜瑞典传教士队。英国领事看到欧洲球队被当地球队击败，心情低落得甚至没有履行自己夸下的承诺：奖励获胜方一匹马和一副马鞍。

当年参加这一赛事的十六名队员虽然早已故去，但他们的名字依然铭记在依科萨克村的历史展厅里。一百多年来，一直激励着后人发展足球运动。

解说词：

今天是叶尔沙提取下固定夹板的日子，刚吃过晚饭，一家人都围了过来。

同期声：

邻居：太瘦了，另一只胳膊太细了。

哥哥：你轻轻活动活动看疼不疼了。

爸爸：你别那样动他，他会疼的。

妈妈：这不是他的皮肤，这是包扎时候用的鸡蛋。

亲戚：以后踢足球也可以，你还小，有的是时间。

哥哥：还疼不疼？你看他的两只手这只小，这只大。

妈妈：我的心好疼啊好疼啊，怎么办怎么办。

叶尔沙提：已经不疼了。

妈妈：我的心在疼啊。

爸爸：别动它，疼。

叶尔沙提：不疼了，没事。

妈妈：你又不是铁做的，疼了就说。

解说词：

在妈妈的心里，叶尔沙提是个孝顺的孩子。

同期声　叶尔沙提妈妈：

我们问他，你长大以后做什么呢？他说，我当个足球明星，最好经常玩足球。如果当不了足球明星的话，当个厨师。你们老了，我就可以给你们做饭。让我哥哥当个司机好了，他负责带你们俩出去旅游，我帮你们做饭。

解说词：

今天下午，结束训练后，艾山江教练把小队员们召集在一起。

同期声　艾山江：

星期五下午，我们学校举行一场比赛，我现在已经把你们分成了两队，都听到没有？你们做好心理准备，听到了吗？

解说词：

下午放学结束训练后，叶尔沙提和同学结伴回家。

阿卜杜外力是叶尔沙提的同班同学，也是足球队的一员。他平时要比叶尔沙提起得更早。为了保证让自己最早赶到学校，他向老师申请，让自己来负责教室的钥匙。这样一来，阿卜杜外力必须要比任何一个同学更早地到达教室。

回家的路上，阿卜杜外力有些闷闷不乐，他担心妈妈可能不允许自己参加比赛。

由于没有足球，阿卜杜外力放学路上总是和小伙伴们一起踢着小石子儿回家。

同期声　阿卜杜外力：

我爸爸工作太辛苦了，辛辛苦苦挣钱给我买足球，被我踢坏了，开不了口。

解说词：

阿卜杜外力的二哥在上小学时，因为足球踢得好，被市里的高中选走。他代表市里参加了多次足球赛，获得了很多荣誉。

同期声　阿卜杜外力：

我哥哥是怎么被选上的呢？要是我也被选上该多好。

解说词：

阿卜杜外力的爸爸在喀什的一家工厂做搬运工，早上7点钟上班，晚上8点钟下班。每个月如果不请假的话，能有2000多元的收入。

同期声　阿卜杜外力爸爸：

他喜欢踢足球，踢得也很棒。如果有足球的话，晚上得抱着足球睡觉。

解说词：

阿卜杜外力爸爸年轻时，是依科萨克村足球队的优秀队员，但是足球并没有改变他的命运。因为担心影响学习，妈妈不想让孩子再参加足球训练和比赛。

同期声　阿卜杜外力妈妈：

你要好好学习，学习好比其他的都好，如果你们都踢足球，将来有什么出息。你得好好学习，别再踢球了。

同期声　阿卜杜外力：

很想去踢球，不过妈妈不让我去，我就哭了。

解说词：

爸爸妈妈拗不过孩子，又一次做出妥协，同意阿卜杜外力继续参加比赛。

阿卜杜外力妈妈从来没有告诉过孩子们，其实，一直以来自己都为孩子们在足球方面取得的成绩感到骄傲。

赛场上的欢腾过后，这些奖杯成了家里小妹妹的玩具。

同期声　阿卜杜外力妈妈：

以后我们不在了，怕你们辛苦。我们是农民，当时没好好学习，父母也没支持我们上学，家里也没钱。现在，我们劝孩子们说，家里有钱供你们上学，你们穿衣服我们可以买，现在你也不用去放羊，也不用下地里干活，现在最大的任务就是好好学习，当个干部，这样以后的日子就好过一点，不要跟我们一样，一辈子做农民。我们已经跟不上时代了。

解说词：

叶尔沙提妈妈不让孩子踢足球，不是担心孩子的学习，而是怕孩子再次受伤。学校没有专业的医疗队，在偏僻的村庄，就医极不方便。

同期声　叶尔沙提妈妈：

放学以后他自己回来的，手就受伤了。他说，妈妈我去喂羊，我就答应他了。他去那么久，就带了一点点树叶回来了，回来以后他就去了厕所。当时我因为感冒躺在院子里(床上)。他出来跟我说，妈妈，我跟你说一件事，你千万不要生气。你说，我为什么要生气呢？你看我的手，他的一个骨头从手腕突出来了。

当时新疆时间五点半，我好不容易搭了一个车，师傅赶时间，就只有你们两个人吗？那我就不拉你们了。我说我可以加钱，50元。那就拉呗。就这样去了医院，他们都下班了，去了一个诊所。他一边喊着疼一边哭。后边有5个人来治疗他的手，两个人拉着手，三个人按着肩，跟你们两个差不多，年轻的护士，当时我每次扑过来的时候，他们就赶我走，每次拉着他的手的时候，他都喊得特别痛苦。

我每天提心吊胆，托付在学校上学的姐姐看着叶尔沙提，不让他再踢足球。但他从骨子里的喜欢，谁都阻止不了。老天保佑，这个冬天过去了，他的手会好起来的。

同期声　艾山江：

快，快，动作快一点。脚尖绷紧，快点，快点。手也要注意。

解说词：

要想踢好球，只有热爱还不行，还得练。一个“练”字，道出了踢好足球的诀窍，也道出了孩子们一年四季的辛苦。

同期艾山江：

我们这所学校，虽然有一百年的足球历史，但也有条件不足的原因，训练足球不是那么好，但是我们还是一直坚持，这就是我们最大的优势。

解说词：

比赛约定的日子到了。下午第二节课后，孩子们来到操场。听说今天要拍摄比赛，艾山江教练把存放的旧球衣拿出来，分发给孩子们。平时，只有在去市里边参加比赛时，他们才有机会穿上这些球衣。

比赛要开始了，艾山江正在用抛硬币的方式来决定控球方。

一声哨响，赛场上掌声响起。

比赛队员们先是聚集在一起，商量战术，随后各自找到属于自己的赛场位置。

低年级的孩子们课间来到土操场充当边界线，这是依科萨克小学特殊的传统。低年级的孩子们就这样站在足球边界线上，看着一场场球赛，渐渐地成长为赛场上活力四射的球员。

由于临时调整，阿卜杜外力和叶尔沙提在赛场上成了对垒的双方。一上场，阿卜杜外力就踢进了赛场的第一个球。叶尔沙提也不示弱，紧追猛赶。

因为球鞋不够，替补队员上场时，还需要跟场上的球员交换鞋子。

叶尔沙提拼命地追着球跑，完全忘记了胳膊上的伤痛。抢球，运球，躲过对方的堵截，叶尔沙提瞄准时机，一脚射门。

比赛进行到一半，六年级的希尔扎提被踢到了膝盖，受伤退场。边界上的孩子们围了过来，一直在观看比赛的门卫亚克普大叔赶忙过来，给希尔扎提轻揉膝盖，交代他要小心。

吴普尔爷爷赶到足球场时，比赛已经临近结束。五比二，阿卜杜外力的球队输了比赛，他心情很糟糕。

同期声　吴普尔：

什么？你们输了吗？你们组织得不是那么好吗？你们为什么会输呢？你们是不是传球的时候配合得不是那么好？以后你们要总结经验，今天犯的那些错误一定要改正，足球来了不要全部扑过来，要散开，提防对方过来抢球。

解说词：

上百年来，帕米尔高原上，足球比赛一次次开始，一次次结束。岁月流转，几经变幻。人们在一次次的失败中寻找胜利，在荒芜之地重建生活。

梦想已经开启，道路依然坎坷。但是，在漫长的道路上，人们内心的澎湃动力从未消散。

（创作者：杨尊尊、李圣）

依科萨克，这个被誉为“中国现代足球发源地”的古老村落，正在续写着新疆足球村的百年传奇。

四、年少：《飘落的“蒲公英”》

同期声　李先生(2013年初来疆务工人员)：

家长嘛，忙的时候，有时候就照应不过来孩子。

同期声　郝女士(十二团十三连职工)：

父母临出门的时候给他们拿点零花钱，就自己大手大脚，我觉得还是不珍惜父母的劳动所得。

同期声　段老师(十二团中心幼儿园学前教育教师)：

大部分家长他们不是不想教育孩子，是因为他们不懂怎么样去教育他们的孩子。

同期声　陈华武：

有时候我们在干活的时候，他(老师)说你的孩子成绩不行了，家长是怎么搞的，家里没管好吗，没管他吗？他就说你。你学生的成绩越来越马虎，越来越不行了。

解说词：

近年来，随着新疆经济快速发展，越来越多来自全国各地的打工者涌入新疆。他们有的进入工厂，成为临时工人；有的在新疆的集市奔波，做起了小本生意；而对于大多数进入团场的务工者来说，更多的是在田间地头度过的。

通过辛勤劳动，他们渐渐地在新疆扎稳脚跟。他们把当初留在家乡的孩子接到这里，继续学业，继续生活。这种远离家乡，跟随父母漂泊在外的孩子，被人们形象地称为——“蒲公英”。

字幕：

飘落的“蒲公英”——关注团场民工和他们的子女

（上）

解说词：

面对异常忙碌的工作，巨大的生活压力，许多当初来疆打工的父母，对照顾孩子产生了越来越多的无奈和困惑。

同期声　陈启猛的班主任：

我从三年级开始教他英语，到现在是六年级，他在班里是一个学困生，学习成绩语文数学英语各方面，基本上是跟不上的这种学生。

解说词：

除了儿子的学习成绩，陈华武同时也担心他为老板管理十亩红枣地一年的工资。开完儿子的“私人家长会”，他就得赶去老板那里要账。能不能要回账，不仅关系到这个年怎么过，还关系到孩子明年上学费用的着落。

同期声　陈启猛的爸爸陈华武：

他（成绩）下降，我们没管好。我们在这打工，你晓得，我不出去做，我们的生活来源（就没有了）。又没得个产业，只有靠双手去做，跟（给）别人打工，这样子才能够换钱，换点生活费过来。如果说你不这样子，哪个人给你发生活费？

解说词：

事实上，来新疆四年的陈华武一家发现，在新疆的收入并没有之前想象得那么多。在帮老板管理红枣地之余，陈华武还经常到建筑工地打零工。不过，这总比当初在内地打工要好一些。

同期声　陈华武：

自己没学到手艺，做小工，做小工你根本就挣不上钱。一般来说，结婚之后，你承担的担子会更重。你就不敢说是这里去玩，那里去玩，这么多人需要用钱，要用钱的时候没有，你就没办法。如果一个人当然就好搞得多，没有人找你要，但是你自己知道。

解说词：

生活的压力迫使陈华武寻找一种新的赚钱方式，这种赚钱方式对于他，必须满足三个条件：高工资、低学历、低技术。陈华武离开新婚妻子和出生不久的儿子，到湖南煤矿打工。

同期声　陈华武：

煤矿比其他工资要高得多，不要其他技术就能做，工资要高一倍。有一次我晓得，矿车那个斗子从上面滑下去了。后来我们就半路修轨道，那里全都是斜井，斜井上放了一个矿车在上面，矿车本来是用石头支住的，下面是震动的轨道，用力一打，轨道一震动，石头就掉了。轨道搞得又不规则，它就是往下面倒的，石头滑落，矿车就滑下来。我们下面是两个人，一下子就把我们打到底下去了。我都不知道怎么一下子就到地下去的，可能是矿车撞到我的头部，撞昏了。

解说词：

这样的安全事故，并非偶然。采煤设备十分简陋，很多都需要人工。也正是因为这样，陈华武才成为其中一员。

同期声　陈华武：

我就听到支柱在嚓嚓地响，上面在掉石头。老板说，经常发生，不是太奇怪，后来石头越掉越凶，整个地面都像筛糠。后来就知道了，想跑啊，我们那里面还有两个，他要急忙跑，想跑也能跑掉，他一怕，就没有了机会。

解说词：

两次和死神的擦肩而过，加上长期在灰尘中工作造成的身体不适，陈华武渐渐觉得，煤矿不能再干下去了。当他从湖南的矿井回到家中时，大儿子陈启猛已经十岁了，小儿子也到了该上学的年龄。

同期声　陈华武：

那时候学生上学还是要一百多块，有时候把他送到镇上去读书，那就不止一百块，几百块，每个星期还要回来拿一些钱，一年要一千到两千块钱。

解说词：

生活的压力再一次摆在陈华武面前。新疆，这片被亲戚们称为"好赚钱"的"新大陆"成了他新的选择。在很长的时间里，新疆不断地收留着寻梦者、流浪汉、失意者，把他们收纳在同一块土地上，用荒野里的沉默劳作进行熔炼。

是寻梦者，还是失意者，陈华武并不在乎别人的评价。但是他明白，再也不用离开妻儿，三年五载不回家了。让两个孩子吃饱穿暖，不再受自己过去的苦，成为陈华武最朴素的工作动力。

可是，他很快发现，儿子陈启猛坏毛病越来越多了：学习三心二意、贪玩成性、喜欢打架、爱偷东西、爱哭等等。

同期声　陈启猛的班主任李老师：

从一年级开始，可能他带(跟)着父母到处颠簸，我们这个学校可能是他换的第三所学校了，适应老师方面他可能有所欠缺，并且父母常年不在家，对于检查他做作业呀，周六周天嘱咐他做作业方面，都比较差。

解说词：

更让陈华武无奈和困惑的是，不知什么时候，在自己和儿子之间，已经横亘了一堵墙，虽近在咫尺，却触不可及。辗转近5000公里来疆谋生，他很快学会了适应。但是，这堵无形的墙，似乎正在成为难以逾越的坎。

(中)

解说词：

和陈华武有着同样担心的，还有来自河南的庞丰彩。因为女儿王颖的偏科问题，庞丰彩来到女儿所在的辅导学校，和老师商量。

同期声　王颖辅导班老师王花：

你看吧，王颖到时候快期末考试这一段时间还是蛮重要的，如果她那个啥的话，英语课让她免费上上吧。

同期声　王颖的颖妈妈庞丰彩：

那可以嘛，谢谢你们！

同期声　王颖辅导班老师王花：

就是她们家王颖因为数学比较差，现在想从英语班改到数学班，当时呢我也看到王颖的表现，就是说，不愿意。因为她觉得自己的英语底子还没有打好，她时常会说很多单词她没学过，就是说明她英语底子不是很好，所以她还希望自己再补。但是因为家庭条件，就是只能报数学嘛，只能报一门，要么上英语，要么上数学。

解说词：

四年前的一天，当王颖还在河南淅川县的小学课堂上认真听讲时，父母已打定主意，准备前往新疆。

同期声　王颖的爸爸王胜伟：

一直想的是来跟弟弟们见见面，能挣到钱了就在这干几年。

解说词：

王胜伟夫妇在新疆认识了和他们一样来自老家的打工者。很快，他们结成伙伴，一起打起了零工。

同期声　王颖的妈妈庞丰彩：

有的来十多年了，有的来五六年。

同期声　王颖的爸爸王胜伟：

在这里打工，分季节，你像过完春节以后，那就是装一个月的滴灌，滴灌装罢以后，那就开始修这个枣树，修剪枣树，然后是这个梨树、苹果树，修剪到四月份，四月份开始这个枣树嫁接，四月份至五月份，嫁接一个月枣树吧。

同期声　庞丰彩：

你多劳多得嘛，昨天一天我们三人挣了三百块钱，人家两个人挣了480块钱。

同期声　王胜伟：

刚从老家过来，啥也不会，现在在这里时间长了，这个活有的也学到一部分，手艺要是跟刚来时候的那个手艺啊，相比好一点。

解说词：

两年后，王胜伟夫妇在十二团的一所平房里定居了下来。可是，每到年底，难买的火车票成为他们回家看女儿的拦路虎。

同期声　庞丰彩：

反正这个时间你回老家，提前买票，提前20天买票，回一次家也不容易，回的时间赶到高峰期，回去急得要不成，要是过了春节了，你再来，又是大部分打工的要往这边来的时间，又是急得要不成。买票都是一买提前20天，提前半个月买，来回车都挤，坐一次车也不容易，不方便。

解说词：

该不该把老家的女儿接来，成了夫妇俩的难题。不接过来，担心孩子在老家照顾不好，接过来又怕孩子水土不服，适应不了新环境。

同期声　庞丰彩：

他们老师和校长都讲几次，都说是不让她过来。我看不过来也不行了，常年跑着也不是办法。

解说词：

王颖至今清楚地记得，爸爸乘火车回老家，接她来新疆团聚的那一天。

同期声　王颖：

3月6号，也就是我爸生日那一天。

解说词：

当年，得知父母要离开自己，去3000公里外的新疆时，小学二年级的王颖显得极为不安。

同期声　庞丰彩：

她想过来，我第一次回老家我不让她过来，她哭啊哭啊哭的，送她上学她爸去接我，要回，去了要走，她一看见她爸她就不高兴。她让我给（把）她送到楼上，送到楼上了，她让我给她送到学校大门口，我给她送到学校大门口了，她又说你站在这不走，看着我进教室。我就站在那里，她不进教室，她上到楼上，她不进教室，掉个头又哭着哭着又下来，她不让我走，给我哭得难受得不轻。

解说词：

如今，在新疆十二团上学的王颖，一回到家，就能看到爸爸妈妈。夫妇俩工作之余，看到女儿的笑脸，一天的劳累也烟消云散。

可是，前几天学校通知他们说，王颖现在的学习成绩一天不如一天了。

同期声　庞丰彩：

下降得不少，语文在老家大部分考试经常就是九十三四分，低的话就是九十一二分，数学就是八十七八分，八十六分是最低的，后来语文掉到了八十多，数学前期的时间还可以，秋季没开学前，那暑假放假还七八十多，这一次段考才吃（考）六十多，掉得怪厉害。

同期声　王颖辅导班教师王花：

考不好试她特别害怕她父母知道，如果考不好的话，就会拿给家长签字，她反应特别强烈，就是不想让家长签字，而且上次她期中考试没考好的时候，她就对她父母撒谎了。

（下）

解说词：

阿拉尔十二团2013年从外地来的务工者近3000人，初中文化水平以下的，占到80%以上。

庞丰彩把王颖送到了补习班，替自己完成辅导功课的任务。但对这个补习班，陈华武却有自己的看法。他认为，补习班就像是大龄孩子的托儿所。

同期声　陈华武：

下午放学了过后，就寄在他（辅导班）那里去。那里面有老师就说，辅导作业，是哪一个年级的，是哪一本书，一个老师辅导好多个孩子。

解说词：

在辅导班上了近一年的王颖，成绩并没有像妈妈预期的那样好起来。

同期声　王颖辅导班教师王花：

王颖基本上就属于不太活跃，不主动的类型，像其他同学都会主动回答问题，主动地去为某个东西去争，她就算是想争她也不会说出来，不像一般同学说，她就想要那个，她是属于不说的，平常回答问题也不主动。

解说词：

王颖存在的问题，在陈启猛身上，更加明显。

同期声　陈启猛班主任李老师：

他的想法可能是过一天少一天吧，如果老师强硬地说把这篇作文写完，他会完成。

同期声　陈华武：

让他做作业不做，看电视。

解说词：

在十二团中学，有很多跟随父母来新疆的孩子。陈启猛和王颖的问题，在他们身上也普遍存在着，有些甚至更为严重。

陈启猛的同学潘永康，今年读六年级。在潘永康的记忆里，父母大部分时间都在团场管理红枣地，很少回家。父母总是叮嘱自己吃饱穿暖，却很少问自己喜欢什么，爱好什么。长期缺乏父母关爱的潘永康，在成绩一落千丈的同时，也变得寡言少语，敏感自卑。

潘永康喜欢用厚厚的外套把自己裹得严严实实，即使在炎热的夏天，宁愿忍受闷热也不脱掉。潘永康经常到附近渠里去抓鱼，用铁丝穿过鱼的眼睛，再用石头把鱼砸烂，玩得不亦乐乎；有时把老鼠放到密闭的瓶子里闷死，再挖出心脏；有时用石头把小鸟脑袋砸掉，再解剖，挖出内脏。

同期声　陈启猛班主任李老师：

经常不跟父母见面的这些孩子，他们的共同点就是，大部分人有点性格方面的这种差异，不像其他的小学生那样自信，总觉得父母不够爱他们，甚至有些同学跟父母是不讲话的。他们觉得留在老家也好，留在新疆也好，都有种被父母抛弃的感觉，跟父母的关系、沟通都很差。

同期声　陈华武：

只能是打，有时候成天就是叮嘱他，不顶用。我打，但是挨不住他马马虎虎地应付。

同期声　庞丰彩：

她从来不给我打电话，我给她打电话她成天就哭，一打电话她都不说，不说话，你喊了，她嗯，你不喊了她就哭，你问她啥了，她不说是，也不说不是。你问她考试是多少分，月考是多少，段考是多少，她光哭，就不说。你喊她了，嗯，你不喊她，她就不答应，光哭。

解说词：

和陈启猛不同的是，王颖在离开父母两年后，反而显得更加依赖父母，也许正是因为分离，新疆的重聚在王颖心里，显得更加珍贵。

同期声　庞丰彩：

过来了感觉丢这几年丢的，她好像现在跟大人面前撒娇。十来岁了天天她跟我睡到一起，我说让她跟她爸睡她不干。你打她，那一次考试考得不好，我给她打一顿，她夜里还跟我睡。

解说词：

对于父亲，陈启猛是熟悉而又陌生的。熟悉的是，几乎每天都能看到。陌生的是，父亲几乎不懂得自己。他记忆最深的，就是体罚。

同期声　陈启猛：

用皮带抽，打手。

离 90 分有多远，就打多少下。会流眼泪，不会哭。

解说词：

陈启猛在父亲面前很少提要求，有一次他想要个篮球，结果父亲说不安全，拒绝了。

陈启猛不像父母一样依赖这片土地，心底里，回老家是一直的梦想。

同期声　陈启猛：

觉得新疆有点无聊。就像学习不好了就没人跟我玩儿，在老家不管学习好不好都有人跟我玩儿。

同期声　陈启猛班主任李老师：

这种经常不在父母身边的小孩，其实他在学校也有一颗向上的心，他也希望自己的学习能够提高，但是因为他的环境呀，经常换学校，经常换老师，没办法适应。从内地转过来，文化差异特别大，他跟着当地的到了初中之后吧，因为老师教的学生也多，工作量也比较繁重，他们可能对那些学困生，个别很差的就有点放弃了。老师对他们放弃，他们自己也就放弃了，所以，他们以后的学习生涯基本上到初中就结束了。

解说词：

春节又要到了，但是春天似乎还没有到来。与身边的同龄孩子相比，陈启猛和王颖的春节，和平时的生活并没有太多的不同。

父母虽然关心，却又无能为力。就像要飘落的蒲公英，飘向哪里，落往何处，对父母和孩子们来说，原本美好的答案，现在似乎越来越看不清了。

（创作者：郑勇、朱玉琴）

视频截图：陈启猛在林间徘徊

五、青春:《南疆大学生村官》

(上) 最美女羊倌

解说词:

大学毕业时,和很多同龄人一样,阿斯古丽·阿不都热依木也有自己的抱负和理想。5年前刚刚从喀什师范大学毕业的她放弃了在喀什工作的机会,毅然选择成为温宿县托乎拉乡的一名村官。工作一年后,她发现可以利用当地的自然优势来发展养殖业。于是,创业的梦在她的心中升腾起来。

同期声　阿斯古丽:

父母朋友不同意,一个女的怎么能干这种事,开始有点退缩。

解说词:

2012年7月份阿斯古丽从银行贷款了100多万,在海里瓦甫村买了三亩地建养殖场,又从喀什买了200只麦盖提羊,就这样阿斯古丽艰难地迈出了创业第一步。

同期声　阿斯古丽:

这个过程我遇到了困难。我不是这个专业的,我没有养羊的技术,还有就是要想把羊场开办起来,就需要一大笔的资金。但是我刚从学校毕业出来,不想问家里要钱,我就向银行贷款了。

解说词:

2013年冬天,温宿县遭遇了前所未有的寒流,气温骤降,直接导致了当地养殖业受到影响。阿斯古丽的养殖场也不例外,很多羊都病倒了，再加上初期育肥羊的出栏率不高，这对本就已经陷入危机的养殖场来说无疑是雪上加霜。她主动和畜牧局专家联系，学习最先进的养殖技术，并且聘请了专业的“私人医生”和“私人营养师”定期到养殖场进行技术指导。如今短短两年的时间，凭着过硬的技术，阿斯古丽的养殖场年出栏育肥羊已达到 700 只以上，不仅实现了“产供售”一条龙，还附带有鸽子一体多样化的养殖。

同期声　阿斯古丽：

今年在我的努力下，把我的所有债已经还清了。

解说词：

尝到甜头后的阿斯古丽，并没有忘记带领老百姓致富的初衷。她主动为村里的闲散劳动力提供了一个就近务工增收的机会。她不仅帮助村里的年轻人解决就业问题，同时也非常关爱老人。她经常给老人送一些米面油，让老人可以温暖地度过这个冬天。

（中）库车最年轻村官

解说词：

2014 年艾合买提·艾则孜调任到“谁都不愿去”的吐尔塔木二村后，村民人均收入从 2013 年的 7000 元增加到上万元，村集体收入从不足 10 万元增加到 55 万元。上任一年的时间，一提起大学生村官艾合买提，村民们纷纷竖起大拇指。

同期声　乡党委宣传部干事王鹏：

这个吐尔塔木二村以前是个软弱涣散的基层党组织，以前那个村的各项工作都非常差，都是排在倒数一二名的这样，各方面的工作都抓不上去落实不了。

同期声　艾合买提：

乡政府把谁放到这个村，好几次考虑了，那时候我也不愿意。这个村的情况，各方面的情况真的不好，谁愿意来这样的村工作。

解说词：

乡政府综合考虑，最终决定将大学生艾合买提调任到吐尔塔木二村担任村支书。

同期声　乡党委宣传部干事王鹏：

乡镇工作，要靠民族干部。

解说词：

艾合买提知道这将是一条充满艰辛、坎坷的路。2014 年 7 月 14 日，他带着乡政府对他的期望，来到了“谁都不愿去”的吐尔塔木二村。

同期声　艾合买提：

那时候我也知道，基层的工作最辛苦，我想的是所有的人都这样子想，基层没人干，这样子的话不行。

解说词：

为了快速掌握情况，融入村民，他每天走家串户，摸情况。谁家是种田大户，谁家的地总是种不好，谁家经常是增产不增收等等，艾合买提都仔细地记下来。他了解后发现，由于近年来棉花价格的持续走低，造成大部分棉农入不敷出。

同期声：

艾合买提：棉花的价格怎么样？

棉农：四块五，六块五。

艾合买提：这些全部都是这个价吗？

棉农：对。

同期声　艾合买提：

今年种棉花的一亩地的纯收入，年收入不到 1500，最好的棉花也不到 1500，今年也是棉花的价格太低。

解说词：

如何让农民的钱包鼓起来一直是萦绕在艾合买提心头的大事。他经过反复考察，了解到乌恰镇种植甜菜成本低而且回报率高，学习回来后，决定调整 1000 亩土地种植甜菜。开始农民不同意，他就带着老党员和村民代表到乌恰镇和当地的农民进行交流。

同期声　艾合买提：

前面我也害怕，如果农民听我的话种甜菜，到时候卖不上，农民可能有意见，我也害怕，卖不出去我咋办。所以那时候我找糖厂的有关领导，他们也同意，首先签合同，然后农民看到合同，然后同意了。

解说词：

和糖厂签了销售合同，村民没有了后顾之忧，就盼着年底能有个好收成。对于莫合塔尔·阿不都拉一家来说，今天是个特殊的日子。因为一家人正在等待艾合买提。（村街道画面，爸爸进门画面）

同期声　莫合塔尔·阿不都拉母亲：

快过去握手，那就是能让你跑能让你跳的叔叔。

解说词：

莫合塔尔·阿不都拉在 2 岁时因为一场突如其来的火灾，全身 80%的皮肤都被烧伤，面部和四肢受伤最为严重。一贫如洗的家庭无法让孩子及时得到医治。刚刚上任的艾合买提知道孩子的情况后，立刻着手为孩子筹集治疗费用，最后一共筹集了 4 万元。这笔钱对于莫合塔尔一家来说无疑是雪中送炭，拿着这笔钱孩子终于可以进行第一次手术。

同期声　艾合买提：

现在能坐，好多了。

解说词：

艾合买提现在正在想办法筹集第二次捐款。他希望等孩子康复回来之后，能给他买上新书包亲自送他上学。

（下）让电商进村的村支书

解说词：

依干其乡位于阿克苏市郊区，全乡共有3.1万人口和13.5万亩土地，属于典型的城郊乡镇。全乡以发展林果业为主，享有“中国红富士苹果之乡”的美誉。属于依干其乡的依尔玛村也是依靠着当地的林果业来发展本地的经济，但是由于近两年苹果销量逐渐下滑，加上外地客商收购苹果的价格忽高忽低，果农就只能眼睁睁地看着树上红彤彤的大苹果烂在地里。农民增收也就成为摆在当地政府面前的一大难题。

同期声　当地村民：

种苹果的那个大爷，这一片苹果树都是他的，卖得不好。

同期声　村支部书记阿不都艾尼：

疆外的客商到我们依干其乡来收购农副产品的积极性和热情降低了，农产品滞销的问题也比较突出。

解说词：

这时阿克苏“赶巴扎网”的兴起给依干其乡带来了新的思路，它是国内首家集汉文、维吾尔文、英文三种语言为一体的网上购物商城。最终，乡政府决定顺应电子商务的这种新型模式在依尔玛村进行电商试点。

同期声　村支部书记阿不都艾尼：

我们阿克苏市也在打造电商进村这么一个背景，我们就想在依干其乡六大队做一个试点，解决这个农产品在网上直销、代销这么一个问题。

解说词：

2015年9月依尔玛村电子商务服务中心正式成立。作为本地区电子商务的试点站，一个好的站长才能起到“领头雁”的作用。阿不都艾尼不仅年轻充满干劲，而且熟悉农村情况，也就成为了电商站站长的最佳人选。他将目光投向了身边的果园，一个想法在他的脑海中发了芽。

同期声　村支部书记阿不都艾尼：

我们这边的苹果，比红旗坡的还好吃，所以我们在网络大力推广，销往全国。

解说词：

说干就干，阿不都艾尼立即联系到了当地果品农民合作社。

同期声　村支部书记阿不都艾尼：

一起将苹果聚集到农村合作社，然后在网上就再给他们销售出去。

解说词：

如今，电商站在阿不都艾尼的经营下，已经成为了本土的一颗明星。这位有理想的大学生村官也开启了村民的电商之旅，打通了电商进村的最后一公里。

在全乡享有“最美女羊倌”的阿斯古丽、库车最年轻的村官艾合买提，像许多南疆的大学生村官一样，他们都将自己的青春与热血留在了这片广袤的土地上，让它在这里生根发芽，开花结果，芳香弥散到祖国的每一个角落。

（创作者：孙梅、黄凤媛）

视频截图：依干其乡的墙体画

视频截图：阿斯古丽跟畜牧局专家学习养殖技术

六、芳华:《送你一束沙枣花》

画面:

火车站亲人分别,上海青年进疆,火车站与亲人分别场景。

同期声　高秀珍:

打起背包走天下,我们都听党的话,哪里需要我哪里就是我的家,哪里需要我,哪里就是我的……

解说词:

五十年前,伴随着火车鸣笛声的响起,满载着上海青年的列车开向一片他们不曾踏上的土地——新疆。

那时,国家刚刚经历过大饥荒,边疆依旧动荡贫穷。城市发展规模被严格限制,大量城市青年被剩余出来,无法被计划到就业和升学中去。在浪漫的乡村理想和发展现实的双重策动之下,知识青年远赴穷乡僻壤的蓝图被勾勒出来。

从此,他们在这荒凉戈壁中生根发芽,挥洒热血与青春,写下那段激情岁月。

同期声　赵锦荣:

家里不愿意叫我来,反对我来。

大家都讲的新疆怎样的好,上海也进行了广泛的宣传。说新疆建设得像上海一样繁荣,像北京一样的雄伟,那个时候讲得很动听。

当时我们进疆就是响应毛主席这个号召,就是支援边疆建设。

那个时候我们坐着火车一路就逐步进入大西北了，我们看到了祖国的地方确实是大。那个时候坐火车坐了好多天，才到新疆来，大概基本上就这六七天。

同期声　高秀珍：

七月二十七号好像报的名，报的名到新疆。后来我奶奶不肯，我奶奶去跳黄浦江吓唬我，我奶奶不愿意叫我来。

同期声　汪仁绝：

我当时进疆的时候只有18岁，18岁进疆的。像我这个年纪属于中等，比我小的十五六岁的还大有人在。

当时来的时候在火车上，一路走过来看这个风景越走越荒凉、越走越荒凉，好多女的都哭了；男的还好，还可以；因为我们当时上火车是唱着歌来的。现在这首歌我都记得。坐上大卡车，戴上大红花，年轻的朋友们，塔里木来安家。来吧来吧，年轻的朋友，亲爱的同志们，我们热烈地欢迎你，送给你一束沙枣花，送你一束沙枣花。

同期声　王兰芝：

为了到新疆来玩一玩。心想，哎哟，头顶葡萄，脚踩哈密瓜，洗澡有牛奶。那时候上海做的工作是（这样），结果我们糊里糊涂。三年就好，回家去，我们才好玩地来到新疆，这一来了就完了，再也走不了了。

同期声　袁富林：

来新疆嘛，就刚从上海学校出来的时候还是比较高兴的。吃饭就不高兴了，吃不饱真的没办法讲。你想，我们到这来，开荒啊，造田。

解说词：

初到新疆，眼前这片荒凉贫瘠的土地让许多知青感到不安，同时还有着些许的新奇。就在这种复杂的情绪下他们开始了新的生活。

在那个物资匮乏的年代，吃不饱穿不暖，每天面对的是干不完的开荒造田，心中的苦与累唯有自己心里最明白。

同期声　赵锦荣：

大概一个礼拜的时候，这个时候我们就进入劳动了。劳动的时候呢，我们就是靠着肩膀，通过扁担，就在开荒造田了。

同期声　汪仁绝：

男的还可以，女的好多都哭鼻子了，看到那么荒凉的地方。那既然来了下了连队，我们就要开始干活。来了就开荒，我们就开荒造田。

那个时候不像现在有拖拉机有现代化工具。就靠人工挑，一根扁担两只筐一把坎土镘，就这样冬天去开荒。早饭吃了下地，中饭就在地里面吃，就这样。

同期声　赵锦荣：

每天早上出去晚上回来，中午在地里吃饭，休息一会。这样子长期的工作，在这个时候有些人看到这种情况，心里也不是滋味。认为这个地方太辛苦了，甚至有好多女同志会哭。当时的生活条件也很差，一天两顿粗粮一顿细粮，就是70％粗粮，30％细粮，细粮就是面粉和大米，粗粮就是以苞谷面为主的。

同期声　汪仁绝：

没有细粮的，一天三顿苞谷馍；有时候一顿细粮，也不是每天有细粮，基本上都是苞谷面馍。逢年过节了嘛，到春节吃点米饭，平常连米饭都很少吃，吃两顿白面馍。新疆生活是蛮辛苦的。

同期声　袁富林：

米饭就不要提了，除了过年有米饭吃，平时都是苞谷馍馍。有一顿白面馍，因为伙房不可能给你。冲一杯水，放两粒糖，你买那个糖还要托老乡，就买那样的糖。

同期声　高秀珍：

播种的时候一天要在地里吃两顿饭。早上一顿，中午一顿，晚上回家吃。有时候吃一顿，中午一顿在地里吃。

解说词：

面对艰苦的生活环境和枯燥乏味的劳作，上海青年们互相安慰，互相帮助。那时的他们都是血气方刚的年轻人，对异性的爱慕也在心头萌发，对于这些单身青年来说成家更能稳定他们的心。但是，当年还有这样一则规定：头三年供给制不许谈恋爱，不管是抓没抓到，都开除撤职。这一严格的规定让很多人把心思深深埋在心底，但也有小部分大胆的青年们私下里偷偷谈起了恋爱。

同期声　汪仁绝：

头三年，因部队性质属于供给制，发津贴没有工资的，就是津贴费。第一年三块，第二年五块，第三年八块。就是理发寄信买牙膏牙刷的。那个三年是禁止谈恋爱，过了三年以后可以谈恋爱。但是那个三年当中呢，也有谈恋爱的。一般底下老兵看到都没啥关系，都没人去讲，哪个跑到领导面前去讲？他们就偷偷的。那个地窖子嘛，一个地窖子住几十个人，男的女的都是住几十个人，她们女的就是拿个床单遮一下，两个人就坐在那里谈恋爱。冬天冷，不可能到外面去就在房子里，夏天嘛就钻在林带里那些地方谈一谈，也有偷偷摸摸的。

同期声　高秀珍：

那个年代也有自由恋爱，上海青年偷偷摸摸，没办法。也有怀娃娃的，那个时候制度那么严厉，怀娃娃领导不给房子。

同期声　赵锦荣：

这里的思想很封闭的，你们谈恋爱就非要把你们拆开来。

解说词：

随着岁月的推移，在艰苦的环境和劳作中，在远离家乡的土地上，男女青年感情的种子也在慢慢地发芽、开花、结果，直到落户安家。到 1968 年，对知青的三年供给制已经解除，他们转为农场正式职工。随之解除的还有禁止婚恋的约束。艰难的环境里，互帮互助的男女可以正常开始那个时代特有的恋情了，爱情之花开始一朵朵绽放在这片荒漠中。

同期声　袁富林：

我们都是大家在（同）一天（同）一分钟坐的火车，一起来到了这里。来了以后在工作上，她体力差一些。有时候我们来干活男同志快一点，那时候男女都是平等的，都在一起干活。在一起干活有时候用锄头或者坎土镘帮她挖掉一点，时间长了都是通人性的对不对？也说得来，说得来然后就这样走在一起。

同期声　王兰芝：

单枪匹马在新疆的都是自由恋爱。

同期声　高秀珍：

后来我们排长嘛早就有人介绍过，介绍我没同意。那时候你不知道，他胃溃疡，捂着胃，整天戴着个口罩。

同期声　汪仁绝：

一方面，我出身不太好，我一般都不太想；另一方面，我这个人比较爱玩，唱歌跳舞啥都来，对（谈恋爱）这方面比较淡薄。我31岁的时候，就是1977年，经过人家介绍就是我现在的老婆。介绍了以后我看中了，我们就谈。上半年谈，下半年我就回家探亲了。

同期声　赵锦荣：

互相没有意见我们就成家了。成家以后要到组织科去，自己打好报告经过连队批了。为什么叫连队批呢，连队给你，不管房子好坏，给你准备一个窝。不经过连队，那你就没房子。

解说词：

为了能更好地解决知青们成家的问题，当时中央又提出了新的政策：无论是哪里的户口，只要和上海青年成家，一律可以成为农场职工领取工资。在那个经济紧张，物资匮乏的年代里，这项政策吸引了不少年轻的同志与上海青年成家，就这样开始了他们一生的旅程。

同期声　汪仁绝：

当时上海知青进疆的时候是给我们配好的。我们每天出来两车厢人，一车男的一车女的。就讲你们到新疆要成家立业的，给你们配好了。因为到了新疆以后，好多女的嘛就嫁给老职工了，有些女的在这里不习惯，看着这里太辛苦了，就想尽办法调到乌鲁木齐啊，调到那些大城市里头，所以剩下的就男的多女的少了，这婚姻问题解决不了。中央知道这个问题了就给了一个优惠政策：不管你是四川农村的也好，山东也好，河南也好，只要到新疆来跟上海青年结婚的，为了安顿人心嘛，就按农场职工一样待遇拿工资。所以好多外地的老家有人得赶快写信回去了，那些年轻女的就来了。

我老婆是四川的，她自己来的。她开头不是来结婚的，她是来玩的。来玩的嘛，她亲戚就讲你不要回去了，你既然还没嫁人。我老婆那时候跟我结婚她是二十三岁，我已经三十出头了。她说你就在这里结婚算了，你到农村你也苦得很，她亲戚就这样劝她说。你结了婚就可以拿工资，上班拿工资。好，就介绍给我。我们谈了半年我们就结婚了。

同期声　赵锦荣：

中央有个对上海青年采取的一个优惠政策：和上海青年成家的女同志就可以拿工资，这个政策吸引了很多女同志。因为如果不实行这个政策有很多人就成了光棍了，所以中央就有这样一个政策。可以拿工资吸引了很多女同志到这里来，有很多同志就这样成家了。

同期声　高秀珍：

不管男的女的，也等于说是照顾他们嘛。因为上海青年都要被老职工抢走了嘛，他们就没有了嘛。他们没有他们也变成老大难了呀，是不是？那时候邓小平的政策还是可以，你不然人家好多上海青年人家有意见的，对他们这些领导，人家也有意见。

同期声　袁富林：

就是说先给上海人，不管你哪个地方来的，只要你到这来谈恋爱结婚就可以拿工资转成职工。那么他还有一个就是到最后搞了有两年时间，后来政策就是以文化来做标准。就是说，女同志达到初中毕业、高中毕业到这来，找老同志结婚的也可以拿工资。

解说词：

互相要好的青年坐在一起聊聊天，每人一把瓜子两颗糖，就算是为成家的人庆祝。两个铺板一拼就算是一家人了。这么简单的仪式却伴随着他们度过了人生最幸福的时刻。

同期声　高秀珍：

过去结婚很简单的。有的人呢条件很不好的，十块钱就结了一个婚。买点糖买点瓜子放那里就行了。

过去是集体的嘛，吃饭大锅饭嘛是吧，有了小家庭以后就自己烧了嘛。

那时候我们花了一百块钱买的烟，因为我老头是在机关上嘛。然后买的糖、瓜子，买的瓜子我买好多，买了二十五公斤瓜子。我想嘛谁来了大把大把口袋里装好了，不值钱。

同期声　汪仁绝：

回家探亲我就在上海买的床，什么家里用的东西都是从上海带的。香烟这里都紧张得很，糖果香烟都是从上海带的，家里用的热水瓶全从上海带。搬回来，好，就在这里结的婚。请了几个人，晚上坐了满满一房子人。糖果啥啥吃一吃，烟抽一抽，没请客吃饭。那个时候结婚很简单，几块床板一支，两个铺盖一堆。

同期声　袁富林：

这个丢人了。那时候糖都买不到一个，烟是经济牌，双鱼牌，买了这两包烟，这两包烟就是说还是政府照顾，发了烟票。给了烟票就是说这个烟票你怎么买的，最贵的烟是一毛钱，第二包是八分。那过去都是卷莫合烟，像我们都是卷莫合烟，纸烟都不是我们抽的，是干部抽的。

请客你请不起，没粮食。那时候都是凭粮票提口粮。你去排队，一趟可以买到五毛钱。基本上五毛钱可以买到三十个，你排两次三次队。这个就你估量来多少人了，不可能人家来了都有糖吃，他没糖吃。

同期声　王兰芝：

那时候结婚没有像现在这样，大家几个要好的人，大家坐在一起吃吃瓜子吃吃糖。

解说词：

虽然有了这样的政策，但是并不代表随便两个人就可以结婚，唯成分论成了当时选择对象的首要条件，成分就是衡量一个人的所有标准。或许在今天我们无法理解成分论的影响，但不得不说，成分论给这一代人烙上了无法抹去的影响和记忆。

同期声　高秀珍：

过去评成分论就是说农村嘛，就是地多少，划为贫农、富农、地主。地主的地多一些；富农嘛就是比地主要少一点；贫农更少，就是这样。这个成分的类就是这样分的。然后上海嘛就是工人阶级、资产阶级、大资产，就是分也是这样的。大资产就是有厂啊，有小厂有大厂。大厂的就是大资本家嘛，小的嘛反正做生意什么的都说小资产，贫农嘛就是说一无所有，就要靠自己劳动。

同期声　汪仁绝：

那个时候全国都这样啊，成分问题讲得很严重。后来邓小平提出来：不管黑猫白猫抓住老鼠就是好猫。就是这样不管你成分好坏，只要能为人民做贡献就是好的。他这句话的意思就是这个意思。

同期声　高秀珍：

我们成分好，我也成分好，他也成分好，所以就没有受那种成分不好的眼光。

同期声　袁富林：

我们两个都是工人阶级，不考虑成分问题，抬不起头的。你现在是工人阶级是没出息的阶级。那个时候成分相当重要，成分任何人都要考虑。

我记得讲一个人，他爸爸是个教师，过去是个旧教师，就小业主出身的，这个你说不是谁讲不谁讲的东西，谁讲也没用，也不敢讲。假若比方说他是领导，他不讲我不敢讲。

同期声　汪仁绝：

他们有人提出来，"文化大革命"提出来：龙生龙，凤生凤，老鼠生儿打地洞。都是这样，父亲反动生下的儿子都是反动。当时成分全国抓得很紧，成分论。尤其是大城市，像上海成分看得很紧。成分不好的人上大学都不行的，不要说干其他的事。一般是都不把你放在重要岗位上。我成分不好，我家里资本家，我父亲当过国民党军官。如果不是我成分不好，新疆我不会来，我在上海考音乐学院，就是因为成分不好没有录取。反正好多不方便，成分不好的人诸多不便。就这样，诸多不便。成分不好他都要查。那个时候他不光查一代，他查三代。你父亲、你爷爷、你爷爷上头还要往上查，查得蛮紧的那时候。就拿我举例子：我到新疆来开头还可以的，到"文化大革命"我想都不敢想，以少说话为原则。

同期声　袁富林：

那时候的人也挺聪明，所以说我们这一代人，不是说表扬我们，我是笨蛋，大多数都很聪明，自己知道成分不好，少说话，少受监视。

同期声　汪仁绝：

你不管像我们这种出身不好的人，干啥事情都要先考虑考虑。自己应不应该讲这句话，因为出身问题摆在那个地方。同样讲一句话，你讲一句话，我讲一句话，你是工人阶级出身，我是资本家出身，人家就要两样看待。就像你讲这句话错误的话，你讲就是无心的，我讲就是存心的。就是这样看待问题，就是当时成分问题蛮严重的。当时成立毛泽东宣传队，清一色的工人家庭出身，就我一个出身不好，硬要我去。第一次请我去我没去，第二次请我去我没去，第三次来找我，我说我实在不能去，我成分太差了，你们都是工人阶级出身，我成分太差了我不去。结果就给我了一句话："你自己看着办，我们请你去是看得起你，用你的知识，因为我知道你是有那个才能，你要不去，你就是坚持反动立场。"那我没办法了，这句话给我吓到了，我就去了。毛泽东宣传队就我一个人成分不好，全部是清一色的工人阶级出身。

解说词：

虽然已经有了自己的家庭，但依旧不能改变上海青年们对家乡的思念。进入 70 年代以后，开始允许知识青年以招工、考试、病退、顶职、独生子女、身边无人、工农兵学员等名目繁多的名义逐步返回城市。1979 年上海知青迎来了第一批返城。由于条件的限制，并不是每个人都可以回上海去，只有少部分人可以回去。说起返城，他们都有自己的理由与苦衷，直至今天，我们依旧能感受到老人对故乡的渴望。

同期声　袁富林：

这个假离婚，这个大多数女同志回家了，兄弟姊妹不认。上海的房子小，天天在一起不说吵架嘛，那日子也难过。所以说逼得没办法，女同志只好回来。你假离婚，离婚证书国家政策钢印敲的是真的呀，那个不是假的呀。所以说，你看好多男同志上当。

同期声　汪仁绝：

那个开头嘛返城风，那个当时得到全国消息就是这样。包括当时黑龙江兵团，现在兵团都撤掉了，到云南，到黑龙江，到哪里都返城了。新疆得到消息就开始上访，聚众上访。上访就在阿克苏，在阿克苏弄了以后阿克苏就没办法。它就发了户口，发了户口当时有些没办法就拿了户口就回去了，回去有些户口报了有些户口没报上。后来中央下了政策，开头是两顶一，就是顶替。打个比方，父母快退休了你可以回去顶替，报上海户口回城，贫困户回去也可以，但是有一个条件，要两个都是上海户口。从上海到新疆来的，原来是上海的，但是你带外地人回去，不允许回去。而且像连队好多都传假离婚，假离婚就是打个比方，男方是上海人回去，女方是外地人就假离婚回去，男方先回去。但是这个就不好，好多都弄假成真了，假离婚就变成真离婚了，男方回去了女方就回不去了。

同期声　袁富林：

说老实话三天两头都在掉眼泪，为啥掉眼泪？因为娃娃，想回去没亲人在边上，跟着叔叔、姑姑，这样在家过几天待几天。娃娃光是写信，那时候落后，顶多拍一份电报，电话都打不到。等到新疆这里一看，那时候说老实话我们心里是最难受的，来新疆。因为娃娃在那地方也是遭罪，因为国家搞的这个，他把你娃娃搞去，大人都在这个地方。娃娃好多为啥不成样，因为没人教育。

还有一个现在老了，大家都上岁数告老还乡了，那我们现在就还不了乡。因为当时国家有这个政策是大中专，你想我们都是在这吃苦，都想一切办法把儿女的文凭搞高一些，好了，国家来一个（不是）大中专不能回上海。好了，把我们这些人镇住了，那么在新疆，人家回去了儿女都能去，人家都能回去我们为啥不能回去呢？是不是这个里头人心凉透了，并不是我们好像说什么怨言之类的，这个谜不说出来永远解不开，永远是到死都不平衡。

同期声　汪仁绝：

像我们这种就是这样，一个外地人一个上海人，就留在这里了。既然我老婆不回去，一个家不能分开过嘛。

解说词：

扎根边疆，屯垦戍边，这几十年的时间将他们从风华正茂的年轻人变成了双鬓斑白的老人。脚下这片贫瘠的土地有着翻天覆地的变化，是他们永远的骄傲，更是他们共同走过的无悔岁月。

同期声　袁富林：

像我们现在来讲，从内心来讲还应该是上海人，因为我们祖上血管都是从上海过来的。

同期声　高秀珍：

那时候是这样想的，我想嘛那时候新疆那么苦我都熬过来了，是吧？那新疆肯定越建设越好嘛。他们走了，我看新疆建设得怎么样。我不回，我说我死也死在新疆。

同期声　汪仁绝：

我觉得嘛比上不足比下有余，但是我到新疆来我没有后悔过，我真的没后悔过。

同期声　汪仁绝：

坐上大卡车，戴上大红花，年轻的朋友们，塔里木来安家。来吧来吧，年轻的朋友，亲爱的同志们，我们热情地欢迎你，送给你一束沙枣花，送你一束沙枣花。

解说词：

五十年过去了，他们奉献了青春，坚守在这片一手建设的土地上。如今，他们已不再年轻，两鬓斑白。也许有一天，我们再也不会听见他们的故事。

在五月最后的时光里，在人迹罕至的荒漠戈壁上，沙枣花仍然会年复一年地开放。在风沙烈日的暴戾下，在瀚海无边的寂寞中，这盛开得热烈而张扬的沙枣花，似乎正是在那个年代里内在生命力量的蓬勃涌动。

（创作者：杨小凤　张菻锳）

七、初心：《扶贫路上》

字幕：

2016年11月，南疆工作会议召开。这是自治区成立60年来首次全面研究部署南疆工作的会议。会议提出，南疆工作的目标任务之一就是现行标准下农村贫困人口实现脱贫，贫困县全部摘帽，解决区域性整体贫困，全面建成小康社会目标基本实现，为长治久安打下坚实基础。

解说词：

喀什、和田地区和克孜勒苏柯尔克孜自治州是14个集中连片特困地区之一，至今仍有相当数量的农村人口尚未解决温饱。新疆要在2020年全面建成小康社会，南疆贫困地区，贫困人口是最大的短板。南疆三地州脱贫难题，如何求解？科技扶贫，是格明古丽和同事们提供的答案之一。

同期声　学生：

纯血马。

同期声　格明古丽：

纯血马是速度，速度赛马是吧，马术比赛。

解说词：四月的清晨，格明古丽正在教家庭饲养这门课程。这门看似不起眼的课程，在接下来的科技扶贫工作中，将起着至关重要的作用。这几年来，除去完成这些在校的教学工作外，格明古丽每周都会往返学校与南疆各地。在格明古丽看来，科技特派员听上去是一份高大上的差事。

同期声　格明古丽：

我去的时候就像是把这件事情当成自己家的事情，必须得要干，必须给老百姓教东西，必须让老百姓跟着我马上就可以学会东西，马上就可以进行生产、致富。

解说词：

格明古丽将优种鸡苗、鸽苗免费发放给村民养殖，并组织村民集中起来进行科学养殖讲解，然而，当地村民并不买账。

同期声　格明古丽：

当时我从上海引进的鸡苗，一个鸡苗七块钱，我听他们（村民）说他们拿回去两块三块就卖掉了，你说心疼不疼。有的就直接放到那里，没有温度，又相互踩踏都堆在一起就死亡了。我看到那样的场景的时候，就觉得哎呀真是，真是各种各样的人都有。我们也不是百分之百地受欢迎。

解说词：

格明古丽的热情被村民的误解与不信任一次次地熄灭，她想到了要放弃，但是当看到村民生存状态的时候，她的心又软了下来……

同期声　格明古丽：

好像感觉就是很多事情走投无路的感觉，需要有人去指导他们去怎么去做，如果你不去做的话他们永远找不到致富之路。

解说词：

为了让老百姓的生活过得更好一点，她重新鼓起信心，继续开展科技服务工作。挨家挨户去农户家调查实地情况，选择有养殖意愿的农户作为示范户，并留下联系方式进行上门指导工作，并赠送团队编写的维、汉、哈三种语言编制的庭院养殖书籍。有些村民家庭经济困难，格明古丽就带着学生帮助他们盖鸡窝，发放免费种蛋，订购自动孵化器供他们使用。但是，村民认为，孵化器孵化出来的鸡是假的，只有靠传统孵化的才是真的鸡。就连当地的一个很有权威的兽医站的副站长也说，老母鸡孵化出来的鸡才是好的鸡，孵化器、人工孵出来的不行。

同期声　格明古丽：

我当时就说，你作为一个动物学的一个国家干部都这样说，还怎么去指导村民呢？

解说词：

当地人文化程度有限，缺少科学养殖观念，使得工作再次陷入僵局。

为了让孵化器得到认可，格明古丽开始上门进行讲解，并手把手教村民们如何使用孵化器。

同期声　格明古丽：

我说人工孵化以后，它遗传上整个是不变的，成活率也高。你想想，它的自然因素还是自然因素，遗传上也没有改变。包括这个发放的商品肉鸡，你育好了那就是你的经济收入呀。它育不好，你不能怪它是人工孵出来的，是你没孕育好，是吧。这个技术我让他亲自做完以后，觉得原来是自己的错，我就让他认识到这一点。

解说词：

今天，格明古丽将带着她的两个学生去喀什疏勒县示范户吐尔孙江家中。

农户吐尔孙江通过养殖一年的鹅，将以前所欠下的四万五千元购鹅苗款项还清，从原先的 50 只鹅，到现在的优种育苗 700 只，他已经成为了村里的养殖大户。然而随着养殖规模的扩大也产生了新的问题，700 只鹅每天产蛋达三百多枚，销售渠道的狭窄致使鹅蛋堆积如小山，格明古丽这次的到来主要为了解决销路问题。她在网上发布消息，仅半天时间，纷纷有人打来电话订购。鸡鸭鹅蛋被抢购一空。互联网的强大力量，让格明古丽的下一步工作目标更加明确了。

同期声　格明古丽：

我们准备在网上开店，把鹅蛋卖到全国各地去。刚才我们计划，回去以后我们和经管学院的老师商量一下，商量一下然后回去给他们策划一下。他准备在淘宝上开个店，然后把这个鹅蛋卖到全国各地。

解说词：

家禽养殖为百姓们带来了可观的收入，村民对格明古丽的认可也与日俱增。非示范户的村民积极性也被带动了起来，主动前来要教材，学习养殖技术。

同期声　格明古丽：

这次我过来感觉是来收我的丰收成果来了。很好，我觉得看到成效了，这几年没有白忙。因为之前来的时候，第一年的时候很失望。你看现在他们很主动。很多事情你不用说，他知道，一说就知道，然后自己还有一些自己的想法。在他们的带动下，现在除了他们的乡以外，他们的影响已经蔓延到莎车那边去了，他们也在带别人。

解说词：

三年的奔波忙碌总算有了令人欣喜的成果，从阿拉尔到喀什这段近五百公里的路程，格明古丽已不记得往返了多少次。塔里木大学遴选50名科技特派员，组成了16个科技服务的专家团队。他们和格明古丽一样，为了地区脱贫，日复一日奔忙在各地。

字幕：

习近平："十三五"时期是我们确定的全面建成小康社会的时间节点，全面建成小康社会最艰巨最繁重的任务在农村，特别是在贫困地区。各级党委和政府要把握时间节点，努力补齐短板，科学谋划好"十三五"时期扶贫开发工作，确保贫困人口到2020年如期脱贫。"

（创作者：郭峰、黄娟）

视频截图：格明古丽正在给农民讲解养殖技术

八、奉献：《红色情怀》

解说词：

一生有崇拜的偶像，一世有恪守的诺言。他是旧书摊、古玩市场的常客；他为红色收藏，甘受清苦，倾尽家财；他为党史传播，古稀之年，四处奔忙。是什么使他这么多年孜孜不倦、乐在其中呢？看一个退休老党员的红色情怀。

字幕：

红色情怀

解说词：

这里是美丽的新疆库尔勒，一条富有诗意的孔雀河穿城而过，孕育了这片土地上可爱的人们。一方水土，因风雅而美丽；一座城市，因积淀而文明。在孔雀河畔，有这样一位老人，春夏秋冬，为党史传播，忙忙碌碌。孔雀河，目睹了这位老人半个世纪艰辛的传播之路。

这位老人叫陈伯寿，今年 76 岁，是新疆库尔勒红色教育基地创始人，新疆关心与教育下一代委员会副主任。今天下午，基地将会迎来第一千批参观者。作为解说员，陈老会再一次为这些游客讲解党的光辉历程。在过去的 16 年里，陈老虽然对这里的一切都已烂熟于心，但每一次讲解都像是一个崭新的开始。

1996 年，陈老从巴州公安局纪检委书记岗位退休后，便一心投入了他热爱半辈子的红色收藏与党史传播事业。2004 年，在当地有关部门的帮助下，陈伯寿的红色教育基地成立了。

展厅外，老人正在焦急地等待着。最近几年，来这里参观的人越来越多，等待已经成为他的习惯。对于这位年逾古稀的老人来说，只要人们来到这里，来听他的解说，他就已欣然满足。

在展馆里，参观者无一不被展馆内丰富的内容所感染。被岁月尘封的一段段往事，在此时此刻，似乎又重新回到了人们眼前。

同期声　巴州教育局党组书记许尔辉：

陈伯寿老人的爱国主义教育基地，是他自费创办的，二十年如一日，他的这种事迹，令人震撼，感人至深，我们非常敬佩他，我们要充分地利用好这个爱国主义教育基地，教育更多的学生，教育更多的老师，来接受党史的教育，接受革命传统的教育。

同期声　巴州蒙中团委书记祈静：

他义务免费地给我们学校做讲座，开放他这个场馆，红色革命教育基地让我们学生来受教育，已经多达几十场次了。我们学校已经有很多学生接受过这种红色革命基地的教育，这种革命传统的教育，学生也深受启发，而且我们也曾经连续五年，我们学校的入团积极分子，入团仪式就在我们这个红色革命教育基地（举行），让学生在入团的时候留下一个深刻的印象。在这个红色革命教育基地入团，对他们的一生来说是很有意义的一件事情。

解说词：

千淘万漉虽辛苦，吹尽黄沙始到金。这些真诚的评价，正是对陈伯寿老人红色宣传展览的肯定。

同期声　陈伯寿：

学生来要分层次，有的是大学生，有的是初中生，有的是小学生。讲小学生的给大学生听，人家不爱听，给大学生讲小学生的没有味道，所以要针对对象，对大学生讲的主要是党的光辉历程，党的光辉历程主要讲的是一大到十八大的内容，这个给大学生讲他了解，因为大学里面有政治课；那么给中学生讲层次就粗一点，让他们大概了解就行了；给小学生讲呢，就讲五个爷爷，三个奶奶，两个阿姨，三个叔叔。

解说词：

李大钊、瞿秋白、方志敏、夏明翰、张思德、黄继光、雷锋、赵一曼、杨开慧等革命先辈，就是陈老口中为小学生讲的爷爷奶奶叔叔阿姨们。讲的人津津乐道，听的人专注认真。

红色展厅并不是陈老进行党史宣传教育的全部。除了这里，陈老还会到人流比较集中的市人民广场进行展览。每逢“七一”“八一”“十一”以及毛泽东等党和国家领导人的诞辰、逝世等重要纪念日，老人都会出现在这里，这一讲就是十六年。

一位退休老人，不为名，不为利，几十年如一日，风雨无阻，持之以恒地投身红色收藏和党史教育事业，这种始终如一的精神背后有着怎样的情怀？

同期声　陈伯寿：

一个人活上多少年没有价值，没有意思，我现在活了 76 年了，雷锋才活了 22 年，焦裕禄活了 42 岁就走了，他们对我们后代做出的贡献，对我们后代影响多大，这些东西都支撑着我，都勉励着我，鞭策着我前进。

解说词：

陈伯寿，今年 76 岁。1956 年，从家乡甘肃武威市参军到了新疆巴音郭楞蒙古自治州。在部队从一名战士成长为一名军分区后勤部副部长。自幼家境贫寒的他，参军入伍后，在部队接受党的教育，对党有着深厚的情感。

同期声　陈伯寿：

人啊，不能忘本，列宁说过一个人忘本意味着叛徒，就等于叛变的意思。

解说词：

参加工作以来，他潜心学习、收集党的历史资料。在陈伯寿眼中，这些资料见证了中国共产党的一步步成长。1959 年 10 月 1 日，正值新中国成立 10 周年，作为新疆国庆观礼代表之一，陈伯寿应邀参加了国庆观礼庆典活动。正是这次国庆观礼活动，奠定了他为红色事业奋斗终身的信念。

同期声　陈伯寿：

这个会议一开确实是我一生中最大的转折点，去见了我们的伟大领袖。当时看见国家领导人在天安门上，我在主席台上，看得虽然迷糊，但对我的影响很大，回来那天晚上都没睡着觉。我觉得我是一个放牛娃出身，一生中能见到伟大领袖毛主席及党和国家领导人，这是我的自豪。

解说词：

2004 年，陈老的展馆建成了。在这 280 平方米的空间里，陈伯寿将收集的党史资料分为中国共产党的重要创始人、祖国在我心中、天山儿女心向党、党的历届代表大会，满门忠烈等共计 36 个部分。这里先后被誉为“爱国主义教育基地”“中共党史教育基地”“自治州青少年爱国主义教育基地”等等。这些荣誉不仅是对陈老多年坚持的认可，也是对他最大的鼓励。

50 余年的红色收藏情怀，体现的是一名共产党员的坚定信仰。1300 多篇共计 80 多万字的各类党史资料，万余枚毛泽东像章以及 2000 余块展板。展板内容丰富，做工精细，每一块展板都是历史的见证，讲述着那些不为人知的英雄故事，是中国共产党领导全国各族人民前仆后继、浴血奋战的生动写照。在这里，领袖像章就有一万五千多枚，每一位领袖的神态都生动鲜活，每一位英雄的目光都凝重而深远。

有一次，在库尔勒市民广场展览的过程中，一位日本游客想要高价购买陈老的部分毛主席像章。

同期声　陈伯寿：

我为了庆祝八一建军节，在广场展出。来了个日本人领了个翻译，翻译是我们的同志，他来看的时候，那时候像章还没有那么多，就拿了六块，这一块是四十乘以五十的镜框子，里面都镶着毛泽东的像章。他就翻来覆去地看，他对那个翻译说你这个像章卖不卖。

解说词：

六块毛泽东像章，日本人看到陈老不想卖，就让翻译从一万元人民币加到两万元。

同期声　陈伯寿：

最后他掏两万人民币，我说你掏多少我都不卖，我收集这些是我的精神支柱，也是我的一个信仰。

解说词：

今天清晨，陈老像往常一样，早早地起床，吃过简单的早饭，开始了他一天的工作。来到展览馆，陈老的第一件事就是将展板擦拭一遍，这些展板就像老人的孩子一样，每一次擦拭，陈老都小心翼翼，生怕弄疼了它们。

同期声　陈伯寿小女儿陈红：

刚开始做（红色展览）挺辛苦的，冬天夏天，早出晚归的，又费精力。我妈又没工作，没经济来源，都是靠我们子女支援。前面我们确实挺反对的，但是后来一想这也是他的一个精神支柱，他的身体也因为这个挺好的，比以前得糖尿病的时候更好了，所以我们也挺支持他的，老共产党员，这也是他的信仰。

解说词：

展览馆每天都按时开门，免费对外开放，来参观的有学生、有邻居、有朋友、有机关单位。但是不管来的是谁，来几个人，陈老都会耐心认真地讲解每一个板块的故事，这些故事正在感染着周围的人们。

同期声　陈伯寿邻居王秀婷：

就觉得今天这生活来之太不易了，看着就想起原来的革命先烈和中央的领导人。领导咱们中国走到现在小康水平，不是那么容易的。

解说词：

几十年来，陈老用在红色收藏上的费用就有三十余万元。虽然是干部退休，但是老伴没有工作，两个人唯一的经济来源就是陈老的退休金，而退休金的大部分都用在了展览馆上，老两口的生活费经常由儿女们提供。陈老和老伴都患有严重的糖尿病，每个月吃药和打胰岛素的钱就要一大笔，但是陈老没有放弃他的红色梦想，仍然将爱国主义教育基地办得有声有色。这天早晨，陈老像往常一样，出门前打一针胰岛素，来控制一天的血糖，让自己有一个精神饱满的开始。

同期声　陈伯寿：

有事干，你就一天不考虑这个，一天都是病，病那么多，病多我坚持不下去，我可以打针、吃药，它就好了，但是这个工作不能退。

解说词：

在过去十多年里300多场次的宣讲中，陈伯寿全都是义务讲解，无偿服务。老人说，他现在想将收集的党史资料和展板出两本书，能让更多的人铭记这一段历史。这座凝聚了他半辈子心血的展览馆，能够后继有人，是陈老最大的心愿。

同期声　陈伯寿：

有人像接力赛跑一样，有人接下去，十八大的精神需要传，我的这个资料也要有人传。

解说词：

展厅里的留言簿已经写满了六大本。一位观众在留言簿上这样写道：老兵新传谱新章，赤胆忠心献青春。呕心沥血继红志，革命志气贯长虹。孜孜不倦运帷幄，鞠躬尽瘁育后代。为我华夏红旗扬，宝刀不老夕阳红。

（创作者：王茹、张新华）

视频截图：陈伯寿正在给参观者讲解党史

九、迟暮：《寂寞夕阳》

解说词：

今天是星期一，在伊犁霍城县综合福利院里，52 岁的丁玉珍，一上班就像往常一样来看望这里的老人，了解他们的起居状况。

同期声　丁玉珍：

我就想问一下你，你觉得在这个养老院好不好？

同期声　董建华：

我觉得好的呢，这丫头二话没说拿来了。

同期声　丁玉珍：

好的呢，有什么要求，如果他们干得不好了，你给我们说让他们往更好了干。好好好，只要你高兴就行。

解说词：

这所综合福利院，一年前正式投入使用。这里的老人来自于霍城县的十个乡镇，但是人数不到 150 人。其中三宫回族乡的养老人数占比 30％左右，成为养老人数的主要来源。

三宫回族乡是坐落于伊犁霍城县东北部的一个边陲小镇，是霍城县老龄化程度最严重的乡镇之一。据 2017 年统计数据，三宫乡 60 岁以上人口占比近 25％。

在不知不觉中，农村的老龄化问题已悄然来临，困扰着这座边陲小镇。

解说词：

2018年初，伊犁寒冷而又漫长的冬季将尽未尽，又一场大雪压在了马玉英奶奶的心头儿。两年前，老伴儿妥应虎突发脑梗，导致下肢瘫痪，丧失了自理能力。和玉英奶奶一同生活的，还有患有智力障碍的小儿子，已经40岁的小儿子智力仍停留在10岁以下，大部分生活仍然要靠玉英奶奶来照顾。

玉英奶奶有三儿两女，除精神障碍的小儿子外，其他子女都在外打工定居。71岁的玉英奶奶独自照顾老伴儿和小儿子的起居。小儿子虽然在外不能主事，但是在家里干干家务说说话，也为老两口儿平添了几分热闹。

今天，村委会主任杨志虎来探望玉英奶奶家的情况，临近零下30摄氏度的气温，村委会要保障玉英奶奶一家人安全过冬。

同期声　马玉英：

有三轮车我叫不起。

同期声　杨志虎：

找个三轮明天去大队拉上一三轮车(煤)。

解说词：

因为家庭情况特殊，村委会为玉英奶奶一家申报了低保户，确定为扶贫对象。

同期声　杨志虎：

那个16年给你们发的六个羊还在不在？

同期声　马玉英：

在呢。

同期声　杨志虎：

你把那个羊喂好，18年还给你们发牛或者羊。

同期声　马玉英：

我知道呢。

解说词：

2016年，玉英奶奶一家领到了村委会免费发放的6只扶贫羊，现在扶贫羊已有经济产出，这成为了玉英奶奶一家最主要的收入来源。

虽然这些措施不能从根本上解决玉英奶奶一家的困境，但是在她看来，在生活困难时有村里的关心和帮助，心里是暖和的。

解说词：

这位老人是妥应虎的妹妹妥秀珍，因为放心不下老哥哥，今天她专程从邻县赶过来探望。

同期声　妥秀珍：

肾在这里，就这两边。那锁袋打脊背打得好得很，尕手手打得一模一样，匀匀的，打得不疼。我叫谁给我打一下。

同期声　妥秀珍：

把小牛(快)冻死了，晚上都加两次煤。

解说词：

像这样在一起拉家常，相互嘘寒问暖，是一家人少有的热闹。

同期声　妥秀珍：

睡着了？哥哥，你缓(睡)着，我回去。

同期声　妥应虎：

没事干了你就回去。

同期声　妥秀珍：

嗯，就是，我回去。

解说词：

离别总是来得如此之快，可是谁也不能将时间凝固。在对妹妹的嘱托中，或许玉英奶奶意识到，一代人的芳华已逝，不得不面对如何养老的现实。

同期声　马玉英：

以后养老怎么打算，有没有什么打算？养老拿啥打算，没啥打算。以后养老就看公家(政府)把地(承)包去了,以后养老还罢了。公家再不(承)包私人包还是便宜,没有钱,养老也困难得很。

解说词:

顾虑到要照顾老伴儿和小儿子,也考虑到不给出门在外的子女们添麻烦,玉英奶奶并不想去子女家养老,她只想留在家中,一家三口相互扶持共度余生。

解说词:

巴扎,极富新疆民族特色的集市。今天是三宫乡赶巴扎的日子,因为临近春节,逛巴扎的人比往常多了许多。但是,现在越来越缺少年轻人的身影。

由于年轻人的外流,像这样的社会现象越来越多地发生在三宫乡的社会生活里。

解说词:

此时,距离巴扎五公里外的上三宫村,大队主任马卫军正在走访包米芳奶奶的安居房。

同期声　马卫军:

这就是我们 2017 年,去年盖的 38500 元的抗震房,就给他们这一户。开春了我们还有个打算,就是奶奶昨天说的围墙的事情。

解说词:

马主任正在盘算着过完春节就开始把安居房装饰一新,让包奶奶早日入住。

与此同时,包奶奶刚刚张罗完一顿午饭。包奶奶最近一段时间心情非常好,因为小外孙就要结婚了。一家人欢聚一堂,张罗喜事,是几年来包奶奶最欣慰的事情。已经四世同堂的包奶奶今年 78 岁。老伴儿去世后,一个人的她行动越来越不便。

同期声　包米芳:

以后你说病得不行了,你说要到哪里去?我在自己房里睡下,谁养着老了死了就是他的。房子谁拿都行,是吧?你说我给这个写(遗嘱)给这个不管,给那个写(遗嘱)给那个不管,我也没办法。谁把我埋掉,一年够了,你就住,房子东西也是他的。

解说词:

包奶奶有一儿四女,大女儿离家比较近,但是其他女儿都远在乌鲁木齐、库尔勒和奎屯,聚少离多。因为儿子打工在外,经济十分困难,要强的她断不同意去儿子家养老,也不愿去养老院。大女儿放心不下,强行把她接了过来。

同期声　大女儿:

她老了,这个病瘫到炕上,这个话谁也说不上吧?瘫也是我们就是自己几个人负责那样管呗,还能怎么办?那一阵子她说了不算,她也说不动了。那时我们自己安排,今年大队把房子这样盖,秋天她说就要住我说房子有点湿,你老了冬天煤也确实是经济也有困难。煤也加那么多,你自己我们也不放心,害怕被煤烟打嘛,那样子。

解说词:

随着年龄越来越大,包奶奶越发担心会给女儿添麻烦,她盼望着能早日入住安居房。她认为那是老房子的地儿,老在那里,死在那里是天经地义的事情。

解说词:

空巢,指的是子女离家到外地学习工作后的家庭状态。空巢现象是时代变迁带来的副产品,城镇化的阵痛。无论农村还是城市,都承受着空巢的巨大压力。

同期声　三宫乡民政部门负责人　古丽斯娜儿:

现在我们就是每个季度统计一次老人的数量,然后摸排老人。基本现在 60 岁以上的老人都享受新农保老年补贴。没有儿女的老人,我们直接纳入五保户里面。然后儿女有但是儿女的劳动能力没有,我们也纳入五保户里面。那样子孤寡老人,儿女条件不好的我们也可以纳入低保里面。

解说词：

2018年，立春。乡卫生院熙熙攘攘，这一天是三宫乡全民体检的日子。家住三宫村的李英奶奶因为下雪路滑，并没有像往常一样来做身体检查，她正在盘算着家里的药还够不够吃。

同期声　李英：

高血压的、高血脂的、心脏病的、这是胰岛素。

解说词：

李英奶奶近两年感觉到很多事情力不从心，日常生活经常要靠邻居来帮衬。70岁的李英奶奶患有高血压、高血脂、糖尿病、脑血栓等多种疾病，每月近千元的医药费让李英奶奶倍感压力。

同期声　李英：

我后面的事情我都没有考虑，上养老院去，去这里那里，我还不想到养老院，急死了我。

解说词：

关于如何养老，李英奶奶并不想去养老院，但是她也并不想去子女那儿。

同期声　李英：

我自己不想去嘛，他们住的楼房，我挤得很，住在那里。在这个农村(方便)，空气也好。

解说词：

可随着身体一天不如一天，生活自理能力逐渐减弱，去养老院、去子女家养老似乎是李英奶奶最现实，也是最无奈的选择。

同期声　李英：

针头贵得很，你还当。

我就是在这个院子，就是这个房子。我就是养老归宗，多会完了就完了。

解说词：

霍城县综合福利院是霍城县唯一一家养老服务机构，一年前由民办转为公办。丁玉珍是福利院的护理部主任，从事养老行业20多年的她，经历了从民办养老到公办养老再到公私并举的模式变迁。

同期声　丁玉珍：

失孤老人、五保户老人，还有那个精神病、智障者，国家直接养的。还有失孤老人呀，那样都是国家直接养的。像活动的话，有好多企事业单位、幼儿园、学校、社区他们自发来演节目都是免费的，老人高兴得很。把他们组织坐这儿，他们可高兴了。

解说词：

居家养老，历来是我国农村传统养老的基本模式。老有所养，老有所依，老有所乐，老有所安，是我国养老事业追求的目标。如今随着农村社会经济结构的巨大变革，年轻人的外流，使得留守老人的养老问题日益突出，农村的传统养老模式面临着严峻的挑战。

单纯依靠政府职能，远远不能满足日益增长的农村养老需求。在农村变革和老龄化双重背景下，转变以家庭为基础的农村传统养老观念，更多关爱留守老人，发展以政府为主导、社会力量积极参与、居家养老为补充的养老模式。为此，当地部门正在积极探索。

解说词：

养老是一个综合体系和复杂工程，需求多样化、投入多样化、要素多样化，需要政府、社会、家庭的共同努力，需要各地积极协调应对，为更多百姓带来福祉。

（创作者：马瑞、徐飞）

创作者之一马瑞在受访对象家中采访

十、新生：《重“心”出发》

解说词：

天刚亮，西藏昌都市卡若区森林消防中队就响起了军号声。今天，要开始一个新项目的训练。

同期声　李永权：

稍息！立正！

解说词：

他们正在为转制之后的第一次冬季大练兵做准备。

同期声　李永权：

立正！向右转！跑步走！

解说词：

不同于以往的考核，这次增加了更多的体能和技能项目。中队的训练强度提高了，面对严格的考核要求，大家都略显疲惫。

同期声　李郑剑：

第一名，出列。

解说词：

中队的技能测试，来自贵州的马舵第一个上场。大家都知道，这次冬季大练兵的成绩决定着他们中队能否一雪前耻。打绳结，是森林消防中队转制后新增的技能项目之一。转制之前的训练标兵马舵，却在打绳结上犯了难。

同期声　李郑剑：

马舵在物体结索上，他主要是绳结没有绑好，容易造成物体掉落。在实战的过程中，如果造成这样的后果。第一，容易造成装备的损伤。第二，掉落下来容易造成人员受伤。

同期声　李郑剑：

稍息！马舵。

同期声　马舵：

到。

同期声　李郑剑：

对于这次会操，成绩为不及格。在项目训练的时候要加强训练，给自己加训，清不清楚？

同期声　马舵：

清楚。

同期声　李郑剑：

稍息。

解说词：

上一次小测，马舵就在物体结索上出了差错。迟迟达不到标，让马舵显得有些焦虑。

藏东高原上，群山围绕的山间平原中。

同期声　马舵：

齐步走。

解说词：

卡若区森林消防中队守护着藏东南 62 万公顷的林区。

同期声　马舵：

来，一路跟上。

解说词：

从抽组进驻西藏至今，已坚守了 18 年。

同期声　马舵：

左转弯。

解说词：

2018 年 9 月 29 日，转制改革为国家综合性消防救援队伍，从橄榄绿到火焰蓝不过一年多的光景，但是他们遭遇了更大的挑战。

为了兼顾每日做饭和训练，起床号前 30 分钟保障班就起床了。班长李海昌每天早晨都催促队员们洗漱，开火做饭。

同期声　李海昌：

起床，赶紧利索些。

解说词：

作为一名老队员，他已经在这里驻守快十年了。昨晚妻子在电话中催促他休假回家。这是他结婚后的第一个春节，按照云南白族的习俗，要去女方家拜年。眼下，训练任务重，李海昌只能放弃休假。平日里，李海昌数落最多的就是炊事员张天民。年纪最小的张天民，炒菜时又多放了盐，大家今天都早早地收拾起了碗筷。心情低落的李海昌，每次都会到他亲手种菜的大棚里走一走。

除了日常训练，年前，中队还要去敬老院进行新年联谊。每晚队员们都在进行排练。

洛松旺修，高中毕业后，放弃了内地继续求学的机会，在父母的支持下，成为了 2019 年第一批从地方招收的森林消防员。

同期声　洛松旺修：

打火是我的一个愿望，在打火的过程中，能体现自己的精神和价值。

解说词：

出生在高原地区，洛松旺修在体能上有明显的优势，但在器械训练上，身体灵活性不高。在今年六月授衔之前，他还必须经过层层考核，才能成为一名真正的森林消防队员。

同期声　歌词：

烈火炼丹心，热血铸忠诚。

新时代的森林消防队伍肩负着神圣的使命。

高举党旗帜，听从党的号令。

步伐铿锵，誓言铮铮。

我们的信念无比坚定。

沿着党指引的方向。

奋勇向前进，奋勇向前进，奋勇向前进。

解说词：

森林消防队伍肩负着特殊使命，同时森林消防员也是一份高危职业。这就要求他们必须在强化体能训练和技能训练上付出更多的汗水。西藏高原稀薄的氧气和恶劣的环境，更是对体能有着极限的要求，队员们必须通过严苛训练，才能在这次冬季大练兵中雪耻。

联谊的成功给马舵带来的欢乐并没有持续很久，在负重5公里的训练中，马舵跑到了最后。刚休假回来的马舵，显然还没有很快地恢复到之前的训练状态。急于求成的他，士气已经落到了低谷。

同期声　马舵：

休假回来，在训练上还是明显有吃力的感觉。在跑步上明显比先前要下降一点。自身在体能上，爆发力有短板，然后百米上跟其他人有点差距。

同期声　代超：

那前面就是那个超市。

同期声　李海昌：

前面有没有邮政。

同期声　唐杰：

咋了，你要。

同期声　李海昌：

我给李海东取点钱。

同期声　唐杰：

邮政？这我还真不知道这些。

同期声　李海昌：

俄洛桥有吗？

同期声　唐杰：

俄洛桥也没有。

同期声　李海昌：

哎，没事，下次出来跟他取吧。

解说词：

没有李海昌的催促，保障班明显放慢了手脚。训练的疲惫使得站在锅台边的队员昏昏欲睡。午饭号声响起，李海昌返回操作间时，蒸饭车已经被烧坏了，午饭只好推迟。

与此同时，马舵开始了加训。转制之后，训练项目的增多，马舵明显失去了当初的优势。今年九月，马舵想要参加三级消防战士晋级考核，冬季大练兵成为他恢复体能的最佳机会。一再被新队员赶超，他感到压力倍增。

同期声　马舵：

感觉有时候撑不下去，就会想起我爸，然后感觉自己就能坚持下去，然后我爸就是我们的后盾一样。

同期声　李海昌：

第一名，出列。

解说词：

较为年长的李海昌，随着体能的下滑，对于新增训练项目同样感觉吃力。

同期声　李海昌：

身体不要晃啊。

解说词：

作为保障班的班长，不但要保证训练成绩，还要兼顾伙食质量。多方的压力使得李海昌疲惫不堪，工作上也出现了瓶颈。

同期声　张天民：

跑步器械不行的，就会一直陪着我们练，跑步不行的，就帮扶我们，一直到终点。

同期声　支队领导：

关超，让我们的人员动作紧张起来。

解说词：

打火是检验一个森林消防员的标志。年关将至，过年对于消防员而言就是过关。今天，一直渴望打火的洛松旺修将第一次直面火场，心中充满了忐忑。

同期声　关超：

跑。

解说词：

火场心理行为训练，是为了帮助新消防员克服火场恐惧、锤炼心理素质，也能在训练中帮助他们更好地融入团队灭火作战。然而，渴望打火的洛松旺修，在穿越火廊时，还是感到了害怕。能不能成为一名真正的消防员，现在他自己也不知道。

同期声　李郑剑：

主要的职责就是防火灭火，要克服对火的恐惧，到时候我们在森林灭火的时候，才能拉得出，打得赢。

解说词：

保障班在周会操上的彻底失利，让李海昌终于意识到，这些日子的懈怠，给班里年轻的队员做了不好的表率。为了缓解之前的气氛，李海昌在操作间里开起了玩笑。夜训前 30 分钟，李海昌就带着保障班开始了训练。

至于洛松旺修，在他面前还有更大的困难。

同期声　李永权：

向右转。

解说词：

新入伍的消防员，很难接受老兵嘴里的“是”和“到”。他们不会把老兵的话当作“生存宝典”，与中队的老传统格格不入。先前，感染六个月风寒的母亲打来电话，告诉洛松旺修父亲住院的消息，中队长批准洛松旺修回家一天。去往察雅县的路上，洛松旺修在考虑去留的问题。

而今年九月，马舵也将面临着同样的问题。负重五公里的测试成绩不能让他满意，马舵完全没有了过年的心情。

同期声　马舵：

今年我九月份也面临退伍，我也打算能进二级，主要是，如果现在回家去，在面对社会上一些问题的话，可能适应起来要困难一些。

同期声　李海昌：

你们，新消防员藏族的，主要是挺你们。你们想吃啥，你们说出来，我们能买的，能做到的，一定给你们满足，啊！

解说词：

除夕一早，保障班已经开始张罗除夕会餐。李海昌重新制定了保障班的工作制度，每天三人在食堂操作间工作，负责一天的饭食，其余两人参加训练。为了保证做一顿高质量的年夜饭套餐，保障班都在操作间里忙活。

同期声　李海昌：

一二三，干！

解说词：

会餐后，忙碌一天的李海昌，特意邀请藏族新队员们喝家乡茶。过年的几天，战斗班轮流帮忙做饭，保障班迎来了可贵的休息日。但由于疫情在全国的肆虐，李海昌非常担心，一直叮嘱妻儿不要出门。

因为疫情，新年的假期延长，中队也实行了封闭式管理。新老消防员多日来积累的“情绪”终于在一次搭帐篷的比赛中得到了释放。新老队员不仅都没有在这次比赛中“耀武扬威”，相反，他们都看到了自身存在的问题：新同志训练效果还不明显，老同志传帮带还不够，中队的老传统“传帮带”还需要继续发挥能量。只有融入新生力量，他们才能成为更好的集体。

同期声　孙武：

现在举行试行考核，第一名，马舵。

同期声　马舵：

到！

同期声　孙武：

开始。

解说词：

新的一年，马舵长了一岁，他的信心也增加了一倍。

同期声　马舵：

报告。

同期声　孙武：

1 分 42 秒，考核合格。

解说词：

李海昌在大棚里播下了新的种子。洛松旺修重新回到了队伍中，等待六月的授衔。

（创作者：郭春江　李重谦　李金莉）

视频截图：消防队员正在进行火场心理行为训练

第二部分

剧本创作篇

一、族际通婚:《父母爱情》

二、民族团结:《石榴花开》

三、“访惠聚”:《都塔尔变奏曲》

四、扎根基层:《青年胡杨》

五、非遗文化:《土陶与艾德莱斯》

六、兵团情结:《回家》

七、乡土人情:《锁麟囊》

八、反对形式主义:《班长来了!》

一、族际通婚：《父母爱情》

故事梗概：

本剧本为广播剧剧本。男女主人公一个是维吾尔族，一个是哈萨克族。本剧以倒叙形式就主人公及其父辈生活展开，主人公相爱后，在那个思想还比较守旧的年代，因为民族不同而受到了很多方面的阻挠。父母无奈同意二人结婚后，婆媳之间又因为文化习俗、思想、语言等差异发生一系列矛盾，最后相互理解相互包容过上了幸福生活。通过这条故事线，展开叙述新疆族际通婚家庭的生活现状，反映各民族团结和谐的幸福生活。

第一场

场外音：烟花爆竹声、电视里春晚的声音、家人一起聚会的声音

热米兰（推门声）：爸妈，我们回来啦！这是我男朋友张豪！

张豪（略紧张）：叔叔阿姨好。

古丽努尔（开心）：好好好，来来来，快坐！

艾山江（沉稳）：来孩子，往上坐。

张豪：叔叔阿姨新年好，早就应该来拜访二位的，真是太不好意思了。我和热米兰在一起也有三年了，是时候该定下来了，所以来问问你们的意见。

古丽努尔：这……

张豪：叔叔阿姨，我知道你们的疑虑，我和热米兰民族不同，很多习俗都不同，但是我相信只要有爱一切都不是问题！

艾山江：孩子啊，其实民族不算任何问题，你看，我和她妈妈两个民族一起生活了二十多年了，不也好好的吗？

古丽努尔：来来来，先吃饭。

热米兰：哎妈，您给张豪讲下你们的爱情故事吧。

古丽努尔：老头子，你去把相册拿来。

（翻相册的声音）

张豪：阿姨年轻的时候好漂亮啊！

艾山江：那可不，想当年啊，她可是我们街道的黑珍珠呢！

古丽努尔：当着孩子面可别瞎说。

艾山江：瞧你妈，还害羞了！

（欢笑声）

随着翻相册的声音，热米兰的父母开始回忆起了往事。

第二场

时间：22 年前

地点：大街上

场外音：具年代感的音乐

（街道嘈杂的声音）22 岁的艾山江，也就是热米兰的爸爸，穿着花色的衬衫和牛仔大喇叭裤，脚穿尖头皮鞋，头发已过肩，还用发胶给自己梳了个中分。他此时正百无聊赖地和几个兄弟站在电影院门口，看着来来往往的姑娘们，时不时地吹个口哨，气得路过的姑娘们都快步走过去。

兄弟甲：哎哎，看，阿布大叔家的小姑娘！

几个男生一起说：在哪？

兄弟乙：过去了。

艾山江：兄弟们，你们在说谁？

兄弟甲（新疆话）：阿达西，阿布大叔家的小女儿啊！这阿布大叔的三个女儿，一个比一个漂亮，特别是这小女儿啊，是出了名的好看，看她那双大眼睛，黑黑的亮亮的，像一颗黑珍珠一样太好看了！谁要是娶了谁家有福了。

兄弟乙：阿达尼佛撒的呢？（新疆话，意为：兄弟你说什么呢？）人家是哈萨克族，你跟人家民族不一样，就别打她的主意了。

甲：哎，说得也是，太可惜了。

第三场

时间：第二天

地点：电影院门口

艾山江在电影院门口等电影院开门，这时，随着一股杏仁香水的香味，一抹倩影进入了艾山江的视线。美丽的古丽努尔就这样缓缓从艾山江身边走过。

古丽努尔刚到电影院门口，自然也看到了眼睛直勾勾地盯着自己的艾山江，穿着花衬衫留着长发的艾山江在古丽努尔眼里就是个小混混。看到艾山江的眼神，古丽努尔恼怒地瞪了艾山江一眼就进去了，但是就这一眼却让艾山江沉醉了。

艾山江在心里暗暗地想，这个女孩，我一定要认识。

艾山江（气喘吁吁地跑过来）：嘿！Kezqak（维吾尔语：姑娘），等一下！

艾山江拉住准备回家的古丽努尔。

古丽努尔：你干嘛！

艾山江紧张地搓着手：那个……那个……我想知道你的名字，我就想和你做个朋友。

古丽努尔看着艾山江紧张的样子说道：呵呵，你好，我叫古丽努尔，并落落大方地伸出手。

艾山江看着面前这个直爽的女孩，并在心里得意道："好直爽的女孩，我艾力（艾山江的自称）的眼光准没错。"

自从古丽努尔认识了艾山江，直爽大方的她便和艾山江还有他的兄弟们都打成了一片。他们三五个男生经常会去古丽努尔上班的百货公司去接她上下班。可是，那个年代，人们思想还没那么开放，所以，不免有一些流言开始在街道上传开。

第四场

时间：一个月后

地点：街道上

古丽努尔的母亲努尔汗出去买菜回来，路过街口时，坐在树下乘凉的邻居们开始看着她窃窃私语。

邻居甲：真不知道这父母咋想的，也不管管自己的女儿。

邻居丙：我姑娘要是这样乱来，非打断她的腿不可。

努尔汗虽然没上过学，不懂太多，但是她知道，他们在说的正是自己的那个"乖女儿"。

努尔汗：这丫头，看我回去不收拾她！

第五场

时间：当天晚上

地点：古丽努尔家

等古丽努尔下班回家，瞬间感觉家里气氛不对。

古丽努尔：爸妈，你们怎么了？家里出啥事了吗？

阿布别克：你，过来坐下。

努尔汗：说，你和那几个维吾尔族娃娃咋回事！

古丽努尔：啊！疼疼疼！

阿布别克：你这个老婆子先别打孩子，孩子，听说你交了几个维吾尔族男孩做朋友是吧？

古丽努尔：妈妈你打疼我了，我是交了几个朋友，可是你们咋知道的呀？是不是邻居们又开始倒我是非了。

努尔汗：阿布，你看这就是你宠坏的丫头，还好意思说人家邻居。

古丽努尔：哎呀，妈妈，我和他们只是朋友啊，就一起聊聊天什么的，没别的！

阿布别克：孩子，我知道你不会乱交朋友，但是也要有个度，可不能给留下什么话柄。

古丽努尔：我知道了，爸爸你放心吧！

努尔汗：行了，过来吃饭吧！哎哎，你这脏丫头，先去洗手。（声音渐出）

第六场

时间：过了一周

地点：歌舞厅

场外音：嘈杂的歌声吆喝声。

大大咧咧的古丽努尔并没有把这件事放在心上，这天，他们一群人在歌舞厅玩茶会。

兄弟甲：现在是不是该让我们的大歌星艾山江来一首啊？

艾山江：恭敬不如从命，那我就来一首。

艾山江上台，拿起麦克风，深情地望着古丽努尔，缓缓地唱起了那个年代的情歌。古丽努尔没想到这个看似痞的男孩唱起情歌竟如此深情。她不知道自己怎么了，感觉自己的脸烫的，心扑通跳个不停，古丽努尔甚至都不敢抬头看艾山江。就这样，一种不一样的情愫在他们之间开始慢慢蔓延。

第七场

时间：半个月后

地点：咖啡厅门口

艾山江今天准备陪兄弟去买个录音机，刚好路过咖啡馆门口，这时兄弟叫住了他。

兄弟甲：哎呀！你看那是不是古丽，我去，她对面那男的是谁？兄弟，你的姑娘不会被人抢走了吧！

艾山江驻足看着那两个人，心里很不是滋味，便一言不发地走开了。

第八场

场外音：蛐蛐的叫声。

这一天，古丽努尔在下班路上和艾山江撞个正着。

艾山江：那天，我看到你和一个男的在咖啡厅聊得挺开心。

古丽努尔：所以你就不理我了？

艾山江：我不知道怎么面对你。

古丽努尔：我是被家里逼着去相亲的，再说我也没看上那男的！

艾山江：以后别去了！

古丽努尔：啊？

艾山江：我不想让你去！

古丽努尔(暗喜)：为啥呀？

艾山江：我……我喜欢你，做我女朋友吧！

古丽努尔：我……我，好，我答应你！

这一对年轻人就这样相爱了，和所有的年轻人一样，他们偷偷摸摸地约会，一起去河边散步，一起爬到屋顶去看星星，还一起憧憬美好的未来。就这样，转眼过了三年。

第九场

场外音：晚上的蛙鸣。

古丽努尔：时间过得好快呀，我们认识都三年了。

艾山江：是啊，那会你还是个可爱的小姑娘啊，如今越来越像母老虎了。哎哎，别掐我，疼疼疼。

古丽努尔：让你再说我凶！

艾山江：我错了，来，我给你开罐头吃。（开罐头的声音）

古丽努尔：算你有良心，对了，你那几个兄弟都结婚了，你咋想的？

艾山江：这不等你呢吗？

古丽努尔：讨厌，我可没说嫁给你。

艾山江：再不结婚你就成老姑娘咯！

古丽努尔：老姑娘我也不怕！

艾山江（一本正经）：那美丽的老姑娘，你愿意嫁给我吗？

古丽努尔：可是我们两个民族，家里人不会同意的！我姐姐为了跟我回族姐夫结婚都跟家里断绝关系了！

艾山江：只要你答应我，我们可以一起说服他们。

第十场

地点：艾山江家

艾山江：爸妈，这是古丽努尔，我想娶她。

艾母（起身摔门出去）：不行！我不答应！

艾父：孩子，不要生你妈的气，说实话，这件事，我也不能答应。

艾山江：为什么啊！

艾父：儿子，你是维吾尔族，古丽努尔是哈萨克族，这两个民族虽然看着像，但一起过日子会有很多矛盾，你们结婚也会被人说三道四的！

艾山江：我才不管别人怎么说呢！我就要娶她。

艾父（生气，拍桌子）：这件事由不得你们，不行就是不行！姑娘，你回去吧，我相信你父母也不会答应的！”

第十一场

古丽努尔（低声抽泣）：你说他们为撒不同意我们，都拿民族当借口，不是一个民族有那么重要么？

艾山江：古丽，这么多人都反对我们在一起，你会退缩吗？

古丽努尔：结婚是我们的事情，我才不管别人咋说呢。

艾山江：我有个办法。

两个人开始窃窃私语。

第十二场

时间：第二天白天

地点：艾山江家

趁着妈妈在院子里午睡，艾山江（开门声咯吱）他蹑手蹑脚地来到柜子前，左翻右翻就是找不到户口本。

艾父：你在找这个吗？

艾父靠在门上，手里拿着的正是那户口本。

艾山江吓了一跳：啊？爸爸……那个……我……对，我就是来找户口本的！

艾父（叹一口气）：孩子，你不会后悔吗？想好后果了吗？结婚不是两个人的事情，以后会有很多麻烦的。

艾山江：这些我都知道，可是我就想跟她在一起，我觉得我们一定会很幸福！

艾父：好吧，户口本给你，你们这几天去红旗的大伯家待几天吧！

艾山江(雀跃)：好的，爸爸，谢谢您能理解，那我走了啊。

第十三场

地点：艾山江伯父家

时间：过了一个星期

人物：艾山江、古丽努尔、艾山江伯父、双方父母。

(一阵催促的叫门声)

艾山江伯伯(气喘吁吁)：艾山艾山！你爸妈还有古丽爸妈坐着马车正往这边赶得呢。

古丽努尔：艾山，怎么办，怎么办呀？

艾山江：该来的还是会来，没事，我们已经是法定夫妻了，他们不会把我们怎么样的。

(一阵马蹄声)

阿布别克：臭小子，我女儿呢？

艾母：是你家狐狸精把我儿子骗走的，我儿子现在家也不要了，魂也被勾走了，真是个祸害！

努尔汗：你骂谁呢？要不是你儿子拐走我女儿，事情怎么会变成现在这样，真是没家教！

艾母：你……你……

艾父：行了，都少说两句吧！

艾山江和古丽努尔牵着手走到众人前，手里拿着鲜红的结婚证。

艾母：你们……你们真的领结婚证啦？

努尔汗：你个臭丫头，咋就这么着急啊，老头子啊这可咋办啊？

阿布别克：哎，总不能让他们再去领离婚证啊！这婚，我们不同意也没办法了。

艾母：不行，我坚决不同意！

艾父：孩子都结婚了你能怎么办？再说结婚了马上离婚像什么话！也不怕别人笑话！

第十四场

时间：半个月后

地点：古丽努尔家

阿布别克：亲家，来，喝奶茶。

（喝茶声，随后将杯子放在桌上的声音）

艾母：这两个人已经生米煮成熟饭了，我虽然不太乐意也没有办法，但是我先说清楚，古丽努尔结婚以后就是我们维吾尔族的媳妇了，婚礼就该按维吾尔族婚俗办。

阿布别克：您这话是没错，可我们就剩这么个小女儿了，再说您也知道，我那二女儿当初死活要嫁给回族，婚礼也没办就直接领证结婚了。这个女儿不管怎么说我也要风风光光把她嫁出去，按维吾尔族婚俗办你让我们那些亲戚朋友怎么来参加婚礼？

艾父：他妈，亲家说得也没错。如果按我们的婚俗办不是难为古丽努尔他们家了嘛！反正咱们家老大老二结婚都是按维吾尔族婚俗办的，要不就随古丽努尔家按哈萨克族婚俗办吧。

艾母：不行，那像什么话？按哈族婚俗办岂不是被别人看笑话！

古丽努尔：爸妈，要不这样吧，婚礼不是男女方各有一天吗？第一天我们家的婚礼按哈族婚俗办，反正请的都是我们家的亲戚，第二天在艾山江家就按维吾尔族婚俗办。您看怎么样？

艾父(思考)：也好，我们两家都各退一步，那就这么办吧！

解说：古丽努尔和艾山江的婚礼就这样顺利举办了，两个民族的生活能碰撞出怎样的火花呢？

第十五场

时间：婚后

地点：艾山江家

(开门声、脚步声)

艾母：你出去一下，我跟古丽努尔有话要说。

艾山江：妈，有什么话现在就说呗，当着我的面不能说啊？

艾母：呦，这刚结婚就开始护着你媳妇了？你妈又不是老虎能吃了她不成？快出去！

艾山江：(笑音)瞧您这话说得，行，我这就走。

(脚步声、关门声)

艾母：古丽努尔，之前你和艾山偷户口本领证的事就不跟你计较了，现在你已经是我们维吾尔族的媳妇了，那午饭就由你来做吧，正好让我们尝尝新媳妇的手艺。

古丽努尔：放心吧妈，我做的饭吃过的人都说好吃呢！

第十六场

人物：男女主，男主父母

时间：午饭时间

地点：男主家中

解说：古丽努尔走出房间才想起来忘记问婆婆要做什么了，准备返回房间去询问时，耳边响起婆婆的那句“正好让我们尝尝新媳妇的手艺”(用男主母亲的声音)。

(走路声、敲门声)

古丽努尔：爸妈，饭做好了！

艾父：（屋内音）好，来了！

（伴随跑步声）

艾山江（小声）：古丽努尔，你怎么做了纳仁啊？

古丽努尔：纳仁怎么了？你在我家不也吃了吗？

艾山江：我吃没什么，关键是我爸妈没吃过，怕他们吃不惯啊！

古丽努尔：那怎么办啊？我只想着做我拿手的菜，忘了这茬了！

（开门声）

艾母：怎么了？你们俩在那儿嘀咕什么呢？

艾山江（呵呵几声）：没事儿妈，咱们去吃饭吧。

（脚步声）

艾父：这……

艾山江（强装镇定）：爸，妈。这是古丽努尔的拿手菜纳仁。

男主父亲随即附和道：哦，是嘛，我还没吃过纳仁呢！

艾母：什么没吃过，上次邻居送来的纳仁你不是吃一口就吐了吗？

古丽努尔：爸妈，对不起，我只想给你们做我的拿手菜尝尝，忘了考虑你们的喜好了！

艾父：嗯，古丽努尔做得比邻居送的好吃，他妈，快尝尝！

艾母（疑惑）：是吗？（拿起筷子的声音）

艾母（噗，吐饭声）：这什么味儿啊？他爸，你也别吃了，省得到时候上吐下泻地闹不舒服！

古丽努尔：妈，对不起，我再给您重做！

艾母：行了，你还是歇着吧，本以为有了儿媳妇我能轻松点，没想到连个正经饭都吃不上，到头来还得我这个老婆子饿着肚子去做饭。

艾父：他妈，差不多行了，孩子也不是故意的，以后注意点不就行了！

艾母：做错事还不能说了？我成恶人了是吧？行，那你们在这儿吃吧，我就不打扰你们了。

（摔门声）

艾父：古丽，别跟你婆婆一般见识，她就这脾气。你做的饭真挺好吃的。（被腥到的咳嗽声）

古丽努尔：（哭腔）爸，您别吃了！

第十七场

解说：古丽努尔就这样跟公公婆婆在磕磕绊绊中，相处了一年，这天她下班回家路过婆婆房间时听到了婆婆在和艾山江谈话。

艾母：儿子，你媳妇还没回来吧？我跟你说，你媳妇偷了我的金项链！

艾山江：妈，您可别瞎说，古丽不会做这种事的！

艾母：我没瞎说，昨天放在我们屋抽屉里的盒子里就不见了。家里就她一个外人，不是她偷的是谁偷的？

艾山江：您再找吧！

艾母：我都翻遍了还没找到，肯定是你媳妇嫌结婚的彩礼不多，把我的项链偷走了！

古丽努尔：（伴随推门声）妈，我没偷您的金项链！

艾母：谁知道你偷没偷，贼偷东西会承认她偷了东西吗？

古丽努尔（哭腔）：我真没偷，我怎么会偷自己家人的东西。

艾母：那可不一定，刚你不还在偷听我们讲话吗？结婚一年没给家里生个一儿半女，也不在家老实待着做家务。坏毛病倒是学了不少！

古丽努尔（哭腔）：我……

（撞门声，跑步声）

艾山江：哎呀，古丽古丽！

艾山江：妈！无凭无据的您怎么能冤枉古丽呢？

（跑步声）

（柜子开关声）

艾山江：古丽，收拾东西干什么啊？妈只是丢东西一时心急才这么说的，你理解一下嘛！

古丽努尔：我被冤枉了还要我理解她？那谁来理解我？现在被当成小偷以后还指不定被当成什么呢？这日子过不下去了，艾山江，我要跟你离婚！（推门离开，脚步声）

艾山江：古丽，古丽！

第十八场

时间：三天后

地点：百货店

这天，古丽努尔正在百货店上班。

同事：古丽，有你的电话！

古丽努尔：谁啊？

同事：说是你丈夫！

古丽努尔（有点生气）：不接！

同事：你还是接一下吧，听你丈夫语气火急火燎，好像家里出什么事了。

（急促的跑步声）

古丽努尔：什么？我马上过去！

第十九场

（急促的跑步声）

古丽努尔：艾山，爸，妈怎么样了？

艾山江：医生说手骨折了，得住院观察几天。

艾父：古丽，前几天你妈在自己衣兜里找到项链了，可能是摘完项链顺手装进去了，人上了岁数就容易健忘。你妈也知道她错怪你了，只是她好面子，没好意思去找你。

古丽努尔：项链找到了就好，倒是你，怎么让妈一个人去买菜啊？

艾山江：今天下班晚了，我也是接到爸给我打的电话就赶过来了！

（推门、脚步声）

艾山江：妈，古丽努尔来了。

艾母（假装生气，喜悦的语气）：古丽！哼，你还知道有我这个妈！

古丽努尔：妈，您的手还疼吗？

艾母：能不疼吗？不就错怪你了嘛，这么点小事就闹离婚往娘家跑，害得我一个老眼昏花的老婆子黑灯瞎火去买菜，幸好命大要是没人救我，你就见不到我这个讨人嫌的婆婆了！

艾山江：古丽，别听妈的，她就是嘴硬拉不下这个面子。

第二十场

解说：二十世纪九十年代正好赶上工厂不景气，改革减员时期。艾山江所在的良繁场也没能幸免，他下岗后便跟兄弟一起下海经商做进口商品生意。刚开始赚了一点钱，艾山江尝到甜头后便决定大干一场，没想到跟他合作的那小子竟然拿着进货的十万块钱跑了。那钱都是艾山江在银行用房子抵押贷的款。

艾母（哭腔）：当初让你不要做生意你不听，现在这么多钱我们怎么还啊！

艾父：哎，事情都已经这样了。赶紧想想怎么还钱吧！

艾母：那么多钱上哪儿去凑啊！

艾山江：这钱是我借的，我来想办法，你们就别管了！

（走路声、出门声）

艾父：艾山，艾山！

艾母：古丽，艾山怎么这么晚还没回来？

古丽努尔：妈，您别担心，一会应该就回来了。

艾母：我能不担心吗？他欠那么多钱也不知道怎么还，万一想不开怎么办？你作为他媳妇搞得跟你没关系似的。是不是想趁这个节骨眼跟他撇清关系，打算找下家了？

古丽努尔（生气）：妈，您怎么能这么说？艾山是我丈夫，自从跟他结婚我就没想过离开他；我出去找他。（关门声）

艾母：儿子，昨晚你们回来太晚了也没来得及问你，钱凑得怎么样了？

艾山江：钱已经凑齐了，古丽一大早就去银行还钱了。

艾父：啊？你哪来那么多钱啊？

艾山江：多亏了古丽啊！

艾母：就她？她能帮什么忙？

艾山江：古丽昨天让她爸把家里的羊和空地给卖了。一共六万块，再加上我向亲戚朋友借的四万正好凑齐了十万。

艾父：我们这下可欠了古丽家一个大人情啊！

艾母：真是她借的六万？

艾父：这还有假？你昨天还那么说人家孩子，要不是她，我们一家可真要露宿街头了！

解说：下午，古丽下班回到家后。

艾母：孩子，来，坐！

古丽努尔：妈，有什么事吗？

艾母：多亏有你，咱们房子才能保住。自从你嫁到我家，我处处看不惯你，昨天还说了那么难听的话。

古丽努尔：您别这么说。都是一家人，有什么困难一起解决是应该的。

艾母：那你能原谅妈妈吗？

古丽努尔：妈，什么原谅不原谅的，我知道您也是一时着急才说的气话。

艾母（激动）：好孩子，有你这么好的儿媳妇是我们的福分啊！

第二十一场

时间：一年后

地点：艾家

古丽努尔：妈妈，能不能把 kimper awuz（哈语扳手，维语可译为老太太的嘴巴）给我一下！

艾母：啊？你这个丫头，让你修个鼓风机你要老太太我的嘴巴干啥呀？我的天啊！

古丽努尔：不是的妈妈，我是说修鼓风机的 kimper awuz。

艾母：嘴巴咋修鼓风机呢！你这个娃娃。

艾父：你们又在争什么呢？

艾母：我让这丫头修一下鼓风机，她非要说拿我的嘴巴修呢，你说这像话吗？

古丽努尔：不是的爸爸，我只是让妈妈拿一下 kimper awuz。

艾母：你看，她要老太太嘴巴说的呢！

艾父：哈哈哈哈哈，你们这两个人哦，老婆子，儿媳妇让你找扳手呢，扳手的哈萨克语就是 kimper awuz。

艾母：啊，这样啊，哎呀你个丫头，说清楚不就行了嘛！等等啊，我现在去给你找！

（众人哈哈大笑）

第二十二场

古丽努尔：后来啊，我们就有了这丫头，日子也就越过越好了。张豪你看，这是热米兰百天照，可爱吧？这还是她奶奶专门请人来家里拍的呢！

张豪：真可爱，跟洋娃娃似的。

艾山江：我和你妈不会反对你们结婚，讲我们的故事也是为了告诉你们，你们以后的生活难免会因为民族不同而磕磕绊绊。但是希望你们明白，结婚过日子和谈恋爱不一样，需要相互包容。只要你们足够爱对方，什么困难都会迎刃而解的。

热米兰：爸妈，我记住了，我和张豪一定会像你们一样幸福地过一辈子的。

张豪：对，您就放心把热米兰交给我吧！

古丽努尔：呵呵，有你这句话，我们就放心了。

（创作者：安艳丽、阿丽亚·艾力肯）

二、民族团结：《石榴花开》

本片根据民族团结典型人物先进事迹改编。

主要人物：阿拉尔市十二团职工　李秀芳（三十八岁左右）

和田策勒县努尔乡英巴格村农民　买买提·吐尔洪（三十岁左右）

买买提的妻子　阿依木尼沙（三十岁左右）

群演：大刘（中年人声音）

一对维吾尔族夫妇：阿布都（二十五岁左右）

妻子古丽巴哈（二十五岁左右）

其他维吾尔族农民　年龄不限　若干

第一场　日　内　李秀芳家

“咣”！一声清脆的石榴花花盆破碎的声音，从一住宅小区中传出，一盆石榴花摔碎在地板上，随后一声沉闷的摔门声，李秀芳无奈地望着摔门出去的丈夫。

李秀芳：大刘，你听我给你解释……

此时，电话铃声响，电话那头传来买买提急切的声音。

买买提：姐姐，你能不能来一趟英巴格劝阿依木尼沙，她偏要自己开服装厂，我一个大男人怎么能让自己的老婆抛头露面呢？别人都会笑话我的。

李秀芳：买买提，阿依木尼沙也给我打过电话了，我正准备坐车去你那儿呢。

第二场　日　外　买买提家庭院里

庭院里，一棵石榴树长势良好，郁郁葱葱。

阿依木尼沙坐在炕边上抽泣，买买提蹲在地上挠头。

李秀芳带着简单的行李，顾不得休息来到了买买提家，李秀芳推开院门。

李秀芳：买买提。

买买提和阿依木尼沙都迎了过去。

买买提：姐姐来啦，坐了五个多小时的车，累了吧。

李秀芳：不累。

阿依木尼沙拉着李秀芳的胳膊，带着哭腔。

阿依木尼沙：姐姐，快先坐下。

买买提一把拉过妻子阿依木尼沙，发脾气。

买买提：快点给我做饭去！

阿依木尼沙：我不去，凭什么我做？

买买提指着阿依木尼沙，很是气愤。

买买提：女人在家就是做饭带孩子的，你这个女人不做饭，还想让男人做饭吗？

阿依木尼沙：姐姐都能出来干活，我为啥不行？

买买提：你还想和姐姐比？

李秀芳：买买提，怎么能这样对老婆说话，阿依木尼沙有自己的想法是好事儿，你要是再这样我可不认你这个弟弟了。

买买提敢怒不敢言地站到了一旁，李秀芳停了停，话语柔软了下来。

李秀芳：弟弟，你不是烤肉烤得好吗？今天姐姐就想吃你做的烤肉，快去把门口的羊腿拿进来收拾一下。

买买提：你每次来都给我们带东西，怪不好意思的。好，我这就去。

买买提走出去，李秀芳拉着阿依木尼沙坐下。

李秀芳：你给姐姐说说，你为啥想开服装厂？

阿依木尼沙马上擦干眼泪，露出激动的神情。

阿依木尼沙：姐姐，我不想待在家里，围着买买提和孩子转。你看，我会做衣服，可以自己养活自己，如果做得好了，还可以像你一样带着好多人一块干。

李秀芳：我哪有你说得那么好。

阿依木尼沙：有，比我说得还要好，当初我出车祸，要不是你救我，我早塔西囊（不行）了。还有，你一趟趟地跑来教我们咋样种地，咋样挣钱，还帮助村里那么多人到你们十二团学技术，大家都夸你是这个（竖立大拇指）。

李秀芳：看你夸的，我都要飘起来啦。姐妹俩爽朗地笑了。

阿依木尼沙：对了，姐姐，你让我们帮忙打听的那个维吾尔族大叔，还没有消息。

李秀芳：妹妹，人一定要知恩图报，你知道他是我的救命恩人，我一定要找到他的。

此时，手机短信响起。

秀芳（短信字幕）：对不起，我不该对你发脾气。可是，这是我俩最后的机会了。王医生那里我已经重新约好了时间，等你回来，大刘。

李秀芳开心地笑起来。

李秀芳：好了，不说以前的事儿了，姐姐支持你开服装厂，你就放心吧，买买提会同意的，这个事儿咱们这么办……

李秀芳和阿依木尼沙开心地交流。

第三场　日　外　服装厂

服装厂挂牌成立了，维吾尔族的乐器敲打起来，周围不少人在看热闹。

李秀芳：今天，阿依木尼沙服装加工农民专业合作社成立了，现在我聘请阿依木尼沙为社长管理合作社。同时，我们还需要大量的社员。我们的少数民族姐妹们心灵手巧，现在你们不需外出打工，在家门口就能挣钱了，我们欢迎你们加入，每人每个月 1200 块钱的工资。

一旁一位维吾尔族男子阿布都和买买提聊天。

阿布都：买买提，你太不是男人了，你们家现在那么有钱，还让你老婆出来干活吗？

买买提：这么多年都是姐姐帮我，教我种棉花、种红枣，现在姐姐开合作社缺人手，我肯定要帮忙啊。

阿布都的妻子古丽巴哈：买买提，我们也跟着姐姐学了不少东西，现在还有那么高工资，我也来帮忙吧。

阿布都：你想啥的呢，回家去。

第四场　日　内　买买提的家

买买提坐在炕上，脚上包着纱布，正在仔细地扒拉一包草药，一边自言自语。

买买提：有了它，姐姐的病就不愁了。

此时，阿依木尼沙凑了过来。

阿依木尼沙：你确定这个药会有效吗？不会像上次那样让姐姐拉肚子吧。

买买提：不会，这个秘方是那个库车（地名）的很出名的维医家里祖传的，从不外传，要不是看我帮他上山采药摔坏了腿，他才不会给我呢。

阿依木尼沙：真的？太好了！

第五场　日　内　李秀芳家客厅

李秀芳斜靠在沙发上，正在喝中药，旁边放着买买提拿来的药包。

李秀芳拿着餐巾纸擦拭着，痛苦的表情，另一间房间传来大刘的声音。

大刘：秀芳，我也知道买买提的苦心，这么多年给咱们寻了不少方子，可是这个药真的不行，别吃了。咱们还是听王医生的，做手术吧。

李秀芳(想了想)：好，我听你的，咱们明天就去医院。

第六场　日　内　李秀芳家卧室

李秀芳心情很好地哼着小曲，在卧室阳台上浇着一盆开得很艳丽的石榴花，撒着娇。

李秀芳：大刘，你快来看，买买提送的石榴开花啦！

大刘：是吗，等会儿啊，我把水果洗一下。

李秀芳：大刘，我想吃杏子。

大刘：不行，要拉肚子。

李秀芳：我就想吃，就吃一点儿。

大刘：不行，听话，从现在开始啊，你要听我的，就好好养着，哪儿也不准去啊！你睡会儿，我出去给你买只鸡回来(关门声)。

李秀芳露出甜蜜的笑容。此时，阿依木尼沙打来了电话。

阿依木尼沙：姐姐，已经两个多月了，就收了几套衣服，你说怎么办？

李秀芳：好，我知道了，你别急，我们一起想办法。

挂断电话，李秀芳放下手中的水壶，李秀芳开始打电话。

李秀芳：杜老板，有个事儿，想和您商量一下。

哦，已经做好了是吧，没关系，没关系。

喂，小薇姐，你们舞蹈队现在怎么样啊？刚买了一批服装啊……

刘大哥，只要你把这单生意放到合作社，保证你满意……

第七场　日　内　合作社内

合作社里一派繁忙的景象，四五个社员正在加工服装，阿依木尼沙给古丽巴哈讲解如何裁剪，买买提拿着饭碗偷偷看着妻子忙碌的样子，很满足。

阿依木尼沙：你看这个地方要这样。

古丽巴哈：哦。

此时，有社员说：阿依木尼沙，我要回家做饭去了。

几个社员都跟着说，要回去了。

古丽巴哈也走了，瞬间，合作社里空空荡荡。

阿依木尼沙很生气也很无奈，一个人坐在缝纫机前发呆，丈夫买买提拿着饭送到阿依木尼沙面前。

买买提：怎么了？

阿依木尼沙：他们都回去做饭了，你说，姐姐好不容易联系了一批工装，下个礼拜就要货了，时间那么紧，我都急死了。

买买提：别着急，想想办法，总能解决，先吃饭。

阿依木尼沙：你做的？

买买提：我看你最近为合作社那么操心，还想着照顾我和孩子太辛苦了，以后这饭我来做。老婆，你快吃，吃完了我们去取钱，给她们先垫付点工资。

第八场　夜　内　杜员家

买买提和阿依木尼沙到社员家送钱做解释。

第九场　日　内　合作社

合作社里忙碌的画面，随着最后一件衣服的成型，所有的服装全部完成了。

阿依木尼沙和姐妹们高兴地相互手拉手，拥抱在一起，欢呼雀跃。

大家一起：太好咯，做完咯，提前完成咯。

阿依木尼沙：姐妹们，姐妹们，今天我请客。叫上你们家里的男人和孩子都到我家吃饭去，我们庆祝提前完工。

第十场　日　内　合作社　清晨

阿依木尼沙和两个姐妹早早来到合作社，发现合作社的门大开着，房间里十分凌乱，剩下一些边角料，阿依木尼沙和姐妹们顿时慌乱。

阿依木尼沙：这门怎么开着，天啊，这是怎么回事？

古丽巴哈：怎么办？怎么办？阿依木尼沙怎么办？

另一个姑娘：我们怎么办？

三人开始哭泣。

第十一场　日　内　李秀芳家

李秀芳接着订货商的电话，电话那头订货商很不高兴。

客户：我不管是什么原因，是你们毁约在先，如果按期交不了货，咱们法院见。

李秀芳：刘老板，您别生气，都是我们的错，求求您再给我们一个礼拜的时间，一定给您交货，还有您的损失费，我们出，只要您不去法院。

客户：行吧，看在你这么多年生意场上的口碑不错，就再给你一个礼拜吧。

李秀芳：好，谢谢，谢谢了。

第十二场　夜　内　合作社

挑灯夜战，合作社一派繁忙的景象。

阿依木尼沙：姐妹们咱们加把劲，一定不能给姐姐丢脸。

姐妹异口同声：好，加油。

一组女工忙碌。

第十三场　日　内　合作社

李秀芳拿着一包钱、一张法人写有“阿依木尼沙”的经营许可证，兴冲冲地走进合作社，买买提正好给妻子送饭，也在合作社。

李秀芳：阿依木尼沙，姐妹们快来，哟！买买提你也在。

李秀芳看到买买提拿着饭盒，很欣慰。

李秀芳：这就对了嘛，好男人就得上得了厅堂，下得了厨房，表现不错。

买买提不好意思地挠了挠头。

李秀芳：你们看这是什么？

李秀芳把装有钱的包袱放在桌上，阿依木尼沙小心打开。

阿依木尼沙：哇，那么多钱！

李秀芳：都是你们自己挣的，刚刚结算回来的服装费，他们看了你们做的衣服质量，说很好，还说冬季的工装也让你们做呢。

阿依木尼沙和姐妹们异口同声：真的，太好了！

李秀芳：我这儿还有一个好消息，阿依木尼沙，我们合作社的经营许可证办下来了，给。

李秀芳递上了印有阿依木尼沙照片和法人的许可证。

以后这个合作社就是你的了。

阿依木尼沙拿着许可证看了一会激动而疑惑。

阿依木尼沙：我的？这怎么能写我的名字？

买买提：不行，不行，姐姐，你当初就说你来办合作社，让阿依木尼沙帮你管理，现在……

李秀芳：好了，好了，就这么办，我离得远不方便，阿依木尼沙有技术，通过几个月锻炼我看她管理得也不错，再说还有你帮忙，没问题。

阿依木尼沙(一脸犯难)：可是这场地费、材料费、人工费，我……

李秀芳拉过阿依木尼沙的手：妹妹，你放心，就当我入股了。

阿依木尼沙(眼含泪水)：姐姐，我……

阿依木尼沙和姐姐拥抱。

买买提：姐姐，我一定和阿依木尼沙好好干。姐姐，上次给你带去的药，你吃了吗？效果怎么样？

李秀芳迟疑了一下，马上露出笑容。

李秀芳：挺好的，你看我的气色是不是好多了……

此时电话响了，是李秀芳的爱人打来的，李秀芳忙打手势让买买提夫妻不要出声。

电话那头：秀芳，我听妈说你一天都没在家，你手术才做完不久，不在家休息跑哪儿去了？

李秀芳：啊？我，我去买些农药，顺便到李叔地里去看看，一会儿就回去了。

电话那头：好，你自己多注意，可不能累着，我这边可能还有两三天就回家了。

李秀芳：好。

买买提很诧异为何不告诉大刘李秀芳来了他这里。

买买提：姐夫吗？出差啦？

李秀芳：嗯。

买买提：怎么不告诉姐夫你来我这儿来了？

李秀芳：你们谁都不许给他说。

买买提：为什么？

李秀芳：别问了，以后你就知道了。

第十四场　日　室内　李秀芳家

李秀芳躺在客厅沙发上，脸色不好。大刘在厨房里忙着剁肉，同时传来大刘埋怨的声音。

大刘：那个合作社不是已经走上正轨了嘛，你还经常跑什么呀，医生可说了，让你多休息，你要是再不听话，我可真生气了。

此时电话响了，是阿依木尼沙的电话，李秀芳看了一眼后马上挂断了电话。

大刘：谁的，怎么不接？

李秀芳：对方可能打错了，挂了。

第十五场　日　室外　姊妹花开服装展舞台

维吾尔族的音乐响起，阿依木尼沙和姐妹们穿着漂亮的衣服走秀。

买买提一会儿鼓掌、一会儿用手机拍照，很是自豪。

李秀芳穿着一套艾德莱斯新式服装，坐在台下观看，虽眼中带有笑意却十分疲惫。

买买提：姐，你穿上这件衣服真好看。

李秀芳笑笑点头，没有言语。

买买提：姐，你快看，多好看，这些服装都是阿依木尼沙他们自己设计自己做的。

李秀芳的表情更加痛苦了。

买买提：真漂亮，阿依木尼沙今天真漂亮。

买买提兴奋地跟着音乐舞动着。突然，李秀芳就晕了过去，坐在一旁的买买提慌张地搀扶住李秀芳。

买买提：姐姐，姐姐，你怎么了？

第十六场　日　内　医院

买买提、阿依木尼沙、合作社的许多姐妹以及家属，十几个人，买买提抱着李秀芳冲进医院。

买买提大声喊着：医生！医生！快救人！

医生将李秀芳送进抢救室，病房外大伙焦急等待，经过诊断医生出来了。

医生：谁是病人的家属？

买买提：我是。

医生：你是病人什么人？

买买提：我是他弟弟。

医生：弟弟？哦，现在病人有流产先兆，血小板又太低，孩子不一定能保得住。

买买提：孩子？姐姐真的怀孕了？医生我求求你无论如何要保住这个孩子啊，我姐姐姐夫结婚七八年了，就盼着有个孩子。

阿依木尼沙：怀孕了？都怪我，都怪我，偏要开厂子，如果孩子没有了我也不活了。（阿依木尼沙突然跪倒在医生脚下）医生，我求求你，一定要保住这个孩子。

医生：我们会尽力的。

买买提扶着阿依木尼沙：别哭了，姐姐是好人，老天爷会保佑她的。

医生：好了，快起来，我们会尽力的，病人现在急需输血小板，我们的库存不够，你们谁愿意捐献？

买买提和一众人纷纷伸出胳膊：输我的，输我的，输我的。

字幕：6 个月后

第十七场　日　内　李秀芳家

卧室内一棵石榴树结满了红红的石榴。买买提带着阿依木尼沙来家中看望李秀芳。

李秀芳：石榴，快看谁来了。

买买提：小石榴，买买提爸爸来看你咯！呦，还笑了。姐姐，这是我今天早上刚从院子里的石榴树上摘的，可甜了，我们那儿的老人说生完孩子的女人吃石榴好。

李秀芳：每次来都带那么多东西，以后可不许这样了。

阿依木尼沙：这算什么呀，比起你给我们的少多了。姐姐，我先跟你说好了，小石榴以后的衣服我全包了。

买买提：诶，我姐夫呢？怎么没在家。

李秀芳：他啊，一早儿去阿拉尔找律师了，看能不能给你们的服装注册一个品牌商标。你姐夫说了，这样一来就不用再担心有人冒充你们合作社偷偷加工服装了。

阿依木尼沙：真的，太好了！前一阵我还为这事儿发愁呢。商标？对，买买提，我们合作社的那个商标就叫“小石榴”好不好。

买买提：小石榴，好，就叫小石榴。

李秀芳（逗着孩子）：石榴，你听，你的名字都成品牌喽。

一大家人其乐融融，开心地笑着。

（创作者：杜新民、王中伟、梁燕）

三、“访惠聚”:《都塔尔变奏曲》

主人公:工作队队长李建军

工作队队员张清虎

托喀依乡二队贫困户尼亚孜·艾力

托喀依乡二队贫困户如仙古丽·尼亚孜

第一场　日　内　村队部双语教室

9 月,天气晴朗,托喀依乡 2 队的队部“双语”教室,传来朗朗的读书声,张清虎带领着全队青壮年男女正在学习普通话。

张清虎:幸福是奋斗出来的!

全体学员:幸福是奋斗出来的!

张清虎:同学们,你们知道这句话是谁说的吗?

个别人回答:习近平总书记!

张清虎:对了,习近平总书记。那你们觉得什么是幸福?

大家争先恐后地说:“有钱”“有好多羊”“住大房子”“没有病”……

如仙古丽·尼亚孜:听爸爸弹都塔尔。

大家议论纷纷。

张清虎:如仙古丽,你咋来了,不都开学了吗?

如仙古丽·尼亚孜神情有些落寞,犹豫地说:我……我不上了。

张清虎：为什么？

下课钟敲响，张清虎对如仙古丽招了招手，继续说着：如仙古丽，你等一下。下课了，大家把今天学的内容，要好好复习，不懂的，可以随时来找我，星期四上午还在这里上课。

张清虎一边说一边走到如仙古丽身边，问道：你为什么不去上课，是不是你爸不让你上了？

如仙古丽有些犹豫：不……不是的，是我自己不想上了。

张清虎：这怎么能行，你才十几岁的娃娃，不上学，以后到哪儿找好工作。

如仙古丽·尼亚孜：我放上两年羊，然后，就找个人嫁了。

话没有说完，如仙古丽·尼亚孜就跑着出了教室。

张清虎：哎……这孩子。

第二场　日　内　如仙古丽·尼亚孜家

昏暗破旧的小房子里，悬挂着一把都塔尔，床边放着一副拐杖。尼亚孜·艾力躺在床上喝着酒。如仙古丽·尼亚孜小心翼翼地靠近床边，向他讨要生活费。

如仙古丽·尼亚孜（用维语）：爸爸，家里没有面了，我们今天吃啥？

尼亚孜·艾力（用维语）：滚，滚一边去。

尼亚孜·艾力发着火，将手中的酒瓶砸到了地上，翻身继续睡，如仙古丽·尼亚孜胆怯又担忧地看着父亲。

第三场　日　内　“访汇聚”工作队办公室

张清虎：队长，今天我见到如仙古丽了，她说她不上学了，我猜一定是她那个好吃懒做的爹不让她去的。

李建军：别瞎说，你不知道，那都是因为尼亚孜·艾力老婆的死，才让他变成这样的。

张清虎一脸疑惑，听李建军缓缓道来。

李建军：听村里人说，尼亚孜·艾力特别痴迷都塔尔，弹了一手好琴。半年前，他带着大着肚子的老婆回家，走在路上还在想他创作的新曲子，结果出了车祸，老婆孩子都没了，他也残废了。从那以后，就像变了个人，再也不弹都塔尔了。

张清虎：难怪呢？我每次去他家，他都把我往外轰。

李建军：嗯，明天，我们再到他家去看看。

第四场　日　外　如仙古丽·尼亚孜家院子

如仙古丽在院子里切着南瓜，李建军和张清虎带着面和油走了进来。

李建军：如仙古丽，你爸呢？

如仙古丽用手指一指屋内，做了一个"嘘"的动作。

张清虎：给，拿着。

如仙古丽：叔叔，你咋知道我们家没有粮食啦。

李建军：我们是亲人呀，所以心相通嘛，以后要是有困难不来找我们，我们要肚子胀(新疆方言，生气的意思)的，还记得我们的电话吧，133……

尼亚孜·艾力虽然躺在床上，却将这一番话听得仔细，掩面而泣。

第五场　夜　内　"访汇聚"队员宿舍

夜晚，月朗星稀，蛐蛐鸣叫。

李建军躺在床上，若有所思。张清虎坐在书桌旁和孩子打着电话。

电话声音：爸爸，你都两个多月没有回来了。我下个礼拜过生日，你能回来吗？

张清虎：下个礼拜啊，可能不行。最近工作特别忙，爸爸回不去啊。

电话声音：为什么？为了工作，你都不要我了？我不喜欢你！

张清虎：喂？喂？儿子……哎。

张清虎有些失落，看见队长想着什么，开口询问起来：队长，你想啥呢？

李建军：清虎，你看马上就国庆节了，今年可是咱们国家改革开放 40 年，我们在队里搞个文艺汇演，用文艺节目给大家宣传宣传咱们国家的发展变化，大伙一定爱看。还有，咱们可以邀请尼亚孜·艾力表演一个都塔尔，说不定，他就能接受我们了，然后，再慢慢给他谈加入养羊合作社，帮他脱贫致富的事儿，你说呢？

张清虎：办法嘛是个好办法，不过我觉得有点儿"难"。

李建军：难就对咯，咱们的工作就是攻坚克难。

两人相视一笑。

第六场　夜　内　宿舍

正当宿舍内两人交流的时候，如仙古丽带着哭腔跑了过来，拍着宿舍的大门。

如仙古丽：李叔叔，快开门，我爸爸生病了，你们快去看看。

李建军：快，清虎，走。

两人迅速跑出了宿舍。

第七场　日　内　如仙古丽家

尼亚孜·艾力缓缓地睁开眼睛，看见了围坐在炕边上的女儿、李建军、张清虎。

如仙古丽（小心而又兴奋地用维语说）：爸爸，你醒了，是工作队的李叔叔、张叔叔救的你。

李建军：这次多亏抢救得及时，酒精中毒可不是闹着玩的，你要是走了扔下如仙古丽一个人，她可咋办呀？尼亚孜·艾力，别总想不开，人走了不能复生，你老婆孩子在天上天天看着你呢！她们可不希望你这样啊。

张清虎：就是啊，你看多危险呀。

尼亚孜·艾力（流泪）：我是罪人，是我害死我老婆的，我没用。

李建军：谁说你没用，你养羊技术好，都塔尔弹得又好，是个大能人。

尼亚孜·艾力：我是个瘸子，什么都干不了，你们别管我了，你们走吧……

双方交流了许久，没有结果。

李建军和张清虎无奈地摇着头，离开了如仙古丽家。

第八场　日　内　如仙古丽家

李建军、张清虎又来到了尼亚孜·艾力家，和他交流。

第九场　日　内　教室

如仙古丽坐在教室里，认真地上着课。

第十场　日　外　羊圈

尼亚孜·艾力拄着拐杖在喂羊。

第十一场　日　外　养殖农民合作社

尼亚孜·艾力和养殖农民合作社的人不停地交流着。

第十二场　日　内　如仙古丽家

尼亚孜·艾力静静地看着挂着墙上的都塔尔，思考着问题。

他慢慢从墙上取了下来，坐在炕上摩挲着，轻轻地拨动着琴弦，一下又一下，唱起了“思念妻子”的歌。

第十三场　日　外　村队部

今天的大队部十分热闹，人山人海，队部悬挂着“欢度国庆暨庆祝改革开放40周年文艺汇演”的横幅。

尼亚孜·艾力带着女儿如仙古丽，正坐在台下。

话筒声：下面有请尼亚孜·艾力和他的女儿如仙古丽·尼亚孜，为大家带来了一首都塔尔变奏曲《村里来了工作队》。

歌词响起：村里来了工作队，党的政策暖心间，弹起我心爱的都塔尔，说说家乡的变化大。你看，新修道路宽又宽，农民小院花正艳。你听，新校园里欢笑多，合作社里牛羊欢，还有那加工厂里机器鸣，大棚蔬菜真新鲜。弹起我心爱的都塔尔，脱贫攻坚不怕难，幸福的生活比蜜甜……

（创作者：梁燕、王中伟）

四、扎根基层:《青年胡杨》

第一场　日　教室　内

“车窗外是茫茫的大戈壁,没有人烟,到处昏黄一片……”胡杨朗读一遍,学生们跟着读。

胡杨突然难受得无法站立,找了一个桌角扶了过去,同学们看到老师难受的样子连忙起身前去搀扶。

同学们:老师,你又难受了?

胡杨嘴角微微一笑:同学们不用担心,老师缓一缓就好了。(深吸了一口气,挺起了腰板,微弱地)同学们,来,咱们继续学课文。

第二场　日　教室　外

教室的房屋比较简陋,玻璃大部分都是已经坏掉的。放学后,胡杨独自一人在修理窗户。

买买提走了过来:胡老师,没必要修这个窗户,玻璃钱可花不少呢。

胡杨边修边笑着说:村长,只要孩子们舒服些,花多少钱都是值得的。

买买提:好了,好了。胡老师,我有急事找你,跟我去我家吧,家里准备好了好饭等着你呢。

胡杨不解地:村长,什么事情需要您做上好饭等着我啊?

买买提拉着胡杨的胳膊拽着他往家拉：走走走，有非常重要的事情和你商量。

第三场　日　买买提家　内

饭桌摆放在铺有鲜艳地毯的炕上，桌上摆放着馕、馕坑肉、抓饭、羊肉串等美食。

买买提与胡杨坐在炕上的饭桌旁。

买买提高兴地说：胡老师，别客气，先吃饭。（边说边往胡杨碗里放羊肉）

胡杨充满疑惑地说：村长，有事您就说吧，您这样弄得我挺不好意思的。

买买提：政府发放一批教学资助金，马上就要下来了，这可不是一个小数目啊，胡老师年纪轻轻，结婚需要不少钱呢。（边说边给胡杨倒酒）

胡杨充满疑虑地说：村长，您这是什么意思啊？

买买提：只要你愿意，咱俩平分怎么样？

胡杨：这可不行，有了钱才能更好地建设学校，孩子们才能有好的学习环境。

买买提：孩子们能认识几个字就好了，环境好不好无所谓的。

胡杨：不行，我是不同意你把学校的钱占为己有的。

买买提：你要是不同意，到时候你一分钱也别想拿到。

胡杨愤怒地把筷子放到了桌子上，气冲冲地说：无论如何我都是不会同意的。村长还有什么事情吗？没什么事我就先走了。（说完，愤怒地穿上鞋走了）

买买提自言自语：就算这个学校没有老师，这笔钱也是照发的，要是学校没有老师，这钱就都是我的了，我得想办法把他赶走。

第四场　日　教室　内

胡杨正在上课。

石榴提着大包小包来到了教室门口，石榴见胡杨在上课，便敲了一下教室的窗户，示意胡杨出来一下。

胡杨慌张地对学生们说：大家先自习，老师过会就回来。说完走出教室。

第五场　日　教室　外

胡杨看着石榴：你怎么来了？

石榴：（略微有些撒娇）这不是想你了嘛。

胡杨：来来来，先去我宿舍吧。

第六场　日　教室　内

学生们围在窗边看着石榴与胡杨，不一会儿，教室里就炸开了锅，议论纷纷。

有学生猜测道：胡老师的女朋友是不是要带胡老师回城？

阿里木江：这个漂亮阿姨肯定是来接胡老师走的。

图荪古丽：我们不能没有胡老师，没有胡老师就没人教我们学习了。

阿里木江：胡老师不走就没人给他做老婆了。

图荪古丽：只要胡老师肯留下，我长大了愿意给胡老师当老婆。

大伙儿一起笑了起来。

阿里木江：我们想个办法让胡老师留下来吧。

大家围成一团悄悄地讨论起办法来。

第七场　日　胡杨宿舍

石榴把她带来的东西往桌上一放：前几天你跟我说你生病

了，我过来看看你。

胡杨：小毛病，忍一会儿就过去了，没什么大碍。

石榴：明天周末，我陪你去看看吧。

胡杨：也行，正好可以去巴扎（集市）上给孩子们买些文具。

第八场　日　放学路上　外

放学路上，图苏古丽和阿里木江在路上边走边商量，走着走着，阿里木江把手放到图苏古丽耳边，说完两人一拍即合，并且做出了拉钩的手势。

第九场　夜　图苏古丽家　内

图苏古丽一人坐在炕上的方桌旁认真地写信，脸上不时地露出甜美的笑容。

图苏古丽画外音：胡杨老师威胁我，让我给他做老婆，希望你们做主，让胡杨老师娶了我吧……（画外音）

第十场　日　诊所　内

维吾尔族老医生耐心地为胡杨做着检查：我建议你去大医院检查一下，你这个病我也不好下结论。

胡杨看似潇洒地说：医生，麻烦您帮我开点止痛的药吧，我自己的身体我清楚，休息一段时间就好了。

石榴：咱们去大医院做个全面检查吧，放心一点。

胡杨：做一个全面的检查，费用太多了，都够给孩子们买很多学习用品了，咱就别花那冤枉钱了，我自己的身体我清楚，没什么大事。

第十一场　日　诊所　外

胡杨与石榴出了诊所，往巴扎的方向走去。

石榴：胡杨！跟我回去吧，不要再在这个落后的小乡村了。

胡杨：不！现在我还不能离开……

石榴：要不是你在这么艰苦的地方没日没夜地工作，你也不会生病。

胡杨：这病和我来这没有关系。

石榴：胡杨！听我的吧，咱回去吧。你走了，政府会找新的老师来支教啊。

胡杨：现在暂时还没有老师愿意来。

石榴：实话跟你说吧，我这次来，是因为爸妈又催我结婚了，咱俩都老大不小了。

胡杨：可是，我现在不能回去……

石榴：你也该为我们的未来好好想想吧，我不可能在这里陪你一辈子。

顿时，两人陷入沉默，一前一后地向前走着。

第十二场　日　巴扎　外

胡杨买了一个小孩的玩具，拿在手上逗石榴开心，石榴知道胡杨是在为刚才的事儿哄自己开心。

两人在巴扎上，东瞅瞅，西瞧瞧。

两人来到地摊，给学生们买好了文具。

胡杨又陪着石榴逛了买了些特色物品。

石榴：唉，这里其实也挺好的。

胡杨：嗯，这里的老百姓很淳朴，孩子们很可爱，也很喜欢学习。

石榴听完胡杨的话后陷入了沉思。

第十三场　日　公安局　外

阿里木江和图苏古丽来到公安局门口，图苏古丽在墙角躲着，阿里木江悄悄地跑到了大门口，把信扔给了看门的警察，立马往回跑。

图苏古丽见阿里木江跑于是也跟着一块跑了。

警察看见两个小孩送了一封信来，于是捡起地上的信件往办公楼走去。

第十四场　夜　胡杨宿舍　内

胡杨在批改学生们的作业，突然肚子又痛了起来，胡杨用手捂着自己的腹部，急忙吃了几片药便缓缓地走到床边撩起被子躺了上去。

第十五场　晨　村子　外

太阳从东方升起，伴随着公鸡打鸣声，太阳的光芒渐渐地洒在了校园里，照亮了整个学校。

第十六场　日　学校教师办公室　内

几名警察坐在胡杨面前，在询问问题。

警察：有人写信控告你要挟图苏古丽给自己做老婆。

胡杨听了之后懵了，非常生气：有这种事？我强烈要求公安机关对这事进行全面调查。

警察：胡老师请放心，我们一定会认真处理这件事情的。

第十七场　日　图苏古丽家　内

警察在询问图苏古丽有关信件的事情。

警察：胡老师有没有要挟你让你做他老婆啊？

图苏古丽低着头，并且故意地点了几下头。（她看了看问她的警察）不许你们伤害胡老师，只要求你们给我做主，让胡老师娶了我就可以了。

图苏古丽父亲：你这说的是什么啊？

图苏古丽母亲：警察同志，胡杨为人正直，待学生如亲兄弟姐妹，此事几乎没有可能，不要相信小孩乱说。

图苏古丽父亲生气地说：这事儿要传出去，胡老师连人都没法儿做了，如果是真的，他还要被判刑。

警察：别难为孩子了，我会把事情调查清楚的。（耐心地问图苏古丽）请你详细说说，胡老师是怎么要挟你的？什么时候，在什么地方，他是怎么说的？

图苏古丽：这个嘛……（支支吾吾说不出什么）

第十八场　日　村中　外

几个警察在与村民以及学生的家长交谈，村民们特别积极配合警察的询问。

村民：警察同志，胡老师可是个好人啊！

村民：胡老师对学生们真是像自己孩子似的，那人心善着呢。

第十九场　日　买买提家　内

床上摆上了一桌酒菜。

见到警察来到家里，买买提急忙拉着两名警察往酒桌旁坐：我知道你们今天要来找我了解情况，所以，饭都准备好了。来，咱们边吃边谈。

警察：买买提村长，您太客气了。我们只是来了解情况，饭就不吃了，我们是有规定的。

买买提：警察同志，这也快到吃饭的时间了，你们也得吃饭啊。啥规定不规定的，又不是什么盛席大宴，再说，也没有别人知道。

警察：不行啊！村长。咱们还是谈谈胡老师的情况吧。

买买提只好作罢，说：人心隔肚皮啊，别看外表上胡老师像个人似的，真的没想到他为人师表竟然干出这等事。让我说，不论平时他胡老师表现怎么样，就凭这事，也一定要抓走他。

警察：带走胡杨老师倒不至于，经过我的调查，这肯定是有人恶作剧，我们再了解了解。

买买提：他今天要挟图苏古丽做他老婆，明天说不定又迫害谁呢？

警察：关于胡老师的为人我早有所闻，今天我走访了许多村民，大家对胡老师的评价还是蛮高的，还请你放心，这事胡老师肯定做不出来。我们这次来主要是想让你在村里给大伙说一下，不要叫大家乱造胡老师的谣。

两名警察离去。

第二十场　日　教室　内

胡杨一人坐在教室中，表情凝重，皱着眉头，陷入沉思中。

第二十一场　日　买买提家　内

买买提在接电话。

电话里：买买提村长，你好，教育资金下周就会打到村里的账户上，请村长注意查收。

买买提：好好，我知道了，辛苦你了。（放下电话，来回地在屋内转悠，自言自语）想个什么办法才能除掉胡杨呢？

第二十二场　夜　买买提家　内

买买提问老婆：这么晚了，儿子放学怎么还没有回来？

买买提媳妇：胡老师把他留下辅导作业了，这么晚了，你去把他接回来吧。

第二十三场　夜　胡杨宿舍　内

胡杨正在指导图苏古丽、阿里木江等学生作业。

买买提进来。

胡杨：村长来了，快请坐。

买买提：我是看见孩子还没有回家，我打算把他接回家吃饭。

阿里木江：快写完了，等我一会儿。

突然，胡杨的肚子又痛了起来，他用手捂着自己的肚子。

图苏古丽看见老师难受的样子，立马拿着胡杨的杯子给胡杨倒水，小心翼翼地给胡杨端了过去。这一瞬间被买买提悄悄地抓拍了下来。

胡老师看图苏古丽穿得单薄，拿着挂在椅子上的衣服给图苏古丽披上：谢谢图苏古丽，晚上冷，你把老师的衣服披上吧，别冻感冒了。

这一瞬间也被买买提给抓拍了下来。

第二十四场　日　邮局　内

买买提不停地环顾四周，来到邮箱前，把一封举报信谨慎地投入邮箱中。

第二十五场　日　公安局　内

办公室内，一名警察打开举报信，从中取出一张信纸和两张照片。

信纸上写着："胡杨与图苏古丽关系亲密，并且胡杨威胁图苏古丽与其同居。"

两张照片分别是"图苏古丽给胡杨端来一杯水"和"胡杨为图苏古丽披衣服"。

警察看着照片沉思。

第二十六场　日　教室　内

胡杨在上课,突然,他手按肚子,脸上一副痛苦的神情。

两名警察与校长来到教室门口,隔着玻璃向教室内观望,他们看到胡杨的样子,两人低声说了几句,立刻冲进教室。

一警察：胡老师,你这是怎么了?

另一警察：看来是急症,得马上去医院。

两名警察搀扶着胡杨向教室外走去。

校长对学生们说：同学们,胡老师会得到及时治疗的,咱们继续上课……

第二十七场　日　学校操场　外

一些学生正在上体育课。

不远处,胡杨被两名警察搀扶着带上警车。

学生们都停止了活动,惊异地观望着,见警车开了,学生们高喊着：胡老师！胡老师！(向警车追去)

第二十八场　傍晚　村庄　外

太阳西沉,村庄被黑夜所笼罩。

第二十九场　夜　医院病房　内

两名警察在病床边陪着病床上的胡杨,石榴急匆匆地跑了来,她看到穿着制服警察在胡杨的病房里,显得有些疑惑。

石榴：警察同志,你们怎么在这呢?

警察：有人举报胡杨和学生图荪古丽有不正当的关系,这不,我来调查原因,没想到正巧碰上胡老师病倒了。

石榴：我们胡杨的为人大家可都是知道的,请你一定要为我们做主啊!

胡杨：这肯定是有人诬陷，请你们一定要帮我查出这个人，我还想去给孩子们继续上课。

警察：胡老师的人品我早有耳闻，你们放心，我肯定会把事情查清楚的。

医生走了进来：经过诊断，胡杨是因为长期劳累引起的严重胃病，要按时吃药，好好调理一下，不久就能康复。

石榴坐到病床边：你啊，就是平时太劳累了，又不好好吃饭。

胡杨表情沉重，轻声地回答着警察的问话。

第三十场　日　买买提家　内

阿里木江趴在桌子上哭，买买提和他老婆围了过来。

买买提：你怎么不去上学？是不是有人欺负你了？

阿里木江不说话，趴在桌子上哭。

买买提媳妇把阿里木江抱在怀里：乖孩子，发生什么事情了。

阿里木江边哭边说：胡老师病倒了，被警察带走了，我们以后没有老师给我们上课了。

买买提媳妇：胡老师为了学生那么操劳，肯定是累出病了。

买买提一脸无奈：胡老师为了学生都累倒了，我为了钱还陷害他，我做得太不对了。

买买提媳妇生气地说：你必须向胡老师去道歉，咱们感谢人家还来不及，你竟然去陷害他，你真是太过分了。

第三十一场　晨　村庄　外

旭日东升，太阳的光芒洒满了整个村庄。

第三十二场　日　学校　外

刚刚康复出院的胡杨出现在操场，孩子们看见胡老师回来了，高兴得跳了起来，并且围到了胡杨的身边。

学生们：胡老师回来了！胡老师回来了！

买买提来到胡杨面前，歉疚地说：胡老师，都是我不好，你为了我们大家付出了那么多，我却为了自己的私心一心想要害你，我做得太不对了。胡老师，那封举报信是我写的，我错了，请你原谅我。

胡杨紧紧地握住买买提的手：人最可贵的品格就是知错就改，过去的事情就让它永远过去吧，这个学校的建设还需要村长的帮助啊！

学生们齐声问：老师你还会走吗？

胡杨：同学们放心吧，老师是不会离开大家的。

大家开心得跳了起来。

学生们齐声喊着：胡老师不走了，胡老师不走了……

图苏古丽和阿里木江来到了胡杨旁边。

图苏古丽拉了一下胡杨的袖子腼腆地说：老师，对不起，之前那封信是我写的。

阿里木江挽着胡杨的胳膊：那主意是我出的，我们是怕老师离开我们，没想到……

胡杨没有怪图苏古丽和阿里木江，反而脸上露出了开心的笑容，他刮了一下阿里木江的鼻子，看着大家说：调皮鬼，放心吧，老师不走了。

大家一起笑了起来。

第三十三场　日　石榴家　内

石榴在家中看电视，此时，电视上正播放着有关支教老师胡杨的内容。

记者：支教老师胡杨大学毕业后做出了与绝大多数学生不一样的选择，他选择到新疆南疆的乡村中支教，他也是那所学校中唯一的老师，在那所乡村学校里并没有多少学生，但是每个学生都很热爱学习。学生们的淳朴与对学习的热爱，使得胡杨感受到了支教老师的责任重大，因此胡杨不顾女友的反对毅然决定留在这所小乡村中支教……

石榴很是高兴，连忙发短信给胡杨。

石榴：亲爱的，我在电视上看见你了，真为你骄傲！（画外音）

胡杨回复短信：谢谢你的理解与支持！

第三十四场　日　教室　内

学生们正在认真地读课文。

学生们：雷锋是中国人民解放军战士，是全心全意为人民服务的榜样。毛主席号召全国人民向雷锋学习，学习他全心全意为人民服务的精神……

第三十五场　日　村口　外

一辆公交车缓缓地停在了村口，石榴拎着行李箱下了车，拉着箱子往学校走去。

（创作者：张智慧、王中伟）

五、非遗文化：《土陶与艾德莱斯》

故事梗概：

萨米的一家生活在喀什高台民居上世代做着土陶工艺。然而，作为第七代传承人的萨米在女友的影响下对艾德莱斯产生了浓厚兴趣。他想要做艾德莱斯设计师，这使得坚持做土陶手艺的父亲与萨米产生矛盾。与父亲闹崩的萨米痛苦不已。在一次夜里萨米无意间得到了将两者结合的想法，并在做出新土陶后，取得了父亲的信任，终于，父子两人合作，将两者完美结合，取得了成功。

主要人物：

萨米：土陶世家的第七代传承人，想法独立新颖，敢于突破创新。

萨米父亲：土陶世家的第六代传承人，数十年如一日研究土陶制作技艺，关爱儿子，希望其早日子承父业。

萨米女友：萨米的女朋友，美丽可爱，喜欢艾德莱斯绸。

第一场　日　内景　萨米家楼上

南疆喀什的高台民居由各式各样的古老土木房组成。

萨米在父亲一旁看其做土陶。

一双长满皱纹的手捏合固定着土陶。

父亲笑着看向萨米。

父亲拿起笔描绘土陶图案。

萨米看向父亲。

萨米拿着笔开始描绘土陶。

灯光下萨米在土陶上画起了图案。

给土陶描绘着图案的萨米抬头若有所思。

第二场　日　外景　公园里

喀什城内，车辆川流不息。

公园里萨米和女友一起散步。

萨米女友面露笑容，身上的艾德莱斯裙子格外显眼。

两人拉手散着步，萨米看向女友。

女友（笑着看向萨米）：好看吗？

女友转起裙摆翩翩起舞。

第三场　日　内景　艾德莱斯店

艾德莱斯店内，萨米在电脑上设计着艾德莱斯。

萨米拿起设计好的艾德莱斯给旁边注视着的女友看。

萨米（笑着）：好看吗？

女友（看后，鼓掌，笑着）：很好看，就拿这件去参赛吧。

第四场　夜　内景　萨米家

萨米和父亲在屋里看电视。电视上播着介绍艾德莱斯的节目。萨米仰头认真看着墙上的电视。

父亲看到后皱着眉看向萨米咳了一声。

萨米猛地一惊，看向父亲。

父亲对萨米说：今天就到这，去睡吧。

萨米扔了电视遥控器离去。

父亲关掉了电视。

一脸郁闷的萨米回到房间。

第五场　日　内景　萨米家　萨米

萨米认真看着电脑上的艾德莱斯设计图。

萨米托腮思考着。

门猛地响了。

萨米快速拖动鼠标，电脑上的设计图被关掉。

萨米快速从桌子上拿起土陶，慌忙间和土陶放在一块儿的一张照片掉在地上。

萨米假装在研究土陶。

父亲推开门对萨米说：过两天在村里有展览会……

萨米（不耐烦打断父亲说）：知道了！

父亲看到了地上掉落的照片并捡了起来，那是萨米和女友的合照。

父亲拿着照片离去。父亲离去后，萨米的口袋里的手机响了，萨米拿出手机看。

手机上是女友发来的短信：亲爱的，明天一起去选艾德莱斯布料，还有记得把我拍得美美的。

看完后萨米露出笑容。

第六场　日　内景　艾德莱斯布料店

灯光映照着艾德莱斯布料店内的各种款式花纹。

萨米和女友在店里逛。

女友（拿起一款布料又放下对萨米说）：对了，萨米，北京艺术学院有个服装设计大赛，我给咱们报名了，估计邀请函这几天就到了。

萨米看着布料，双手不停捻动着。萨米看了下表，表上显示中午 12 点。

萨米(看过表后，看向女友说)：家里还有事，咱改天再来吧。

女友转过头叹了口气，不情愿地放下了手中的布料。

第七场　日　内景　萨米家院

喀什艾提尕尔广场的塔上，一群白鸽飞舞着。

萨米回到家中。

正在检查土陶的父亲对萨米说：站住！

萨米停下脚步。

父亲(指向旁边的快递)：你的快递到了！这几天来你的心思不在土陶上！父亲生气地看向萨米。

萨米(快速上前)：为什么拆开我的快递？

父亲(生气皱眉)：你是我儿子，我怎么不能看？

萨米转身离去，父亲说：过几天必须参加土陶展览会！

回到房间的萨米生气不已，看向桌子，桌子上是写有他名字的艾德莱斯大赛邀请函。

第八场　日　内景　萨米家院

父亲拿走了萨米桌上的邀请函。

父亲拿着邀请函来到院子，坐下看着邀请函又无奈摇了摇头，小心地收了起来。

第九场　日　内景　萨米家院

萨米和父亲在院子里做着土陶。萨米口袋里的手机响了，他放下手中的土陶掏出手机。

看到手机内容的萨米笑了，起身欲离去。离去的萨米无意间撞到了做好的土陶，土陶被撞碎。

萨米回头看了看碎土陶，又看向父亲。

父亲对萨米说：别找了，我已经扔掉了。

萨米质问父亲：为什么扔掉？

父亲（拿着画笔指着萨米）：因为你是我们家族中唯一的第七代传承人！

萨米看着父亲无言以对。

父亲继续怒斥萨米：你觉得你现在的样子，对得起土陶，对得起你母亲吗？

萨米叹了口气无奈离去。父亲看到萨米离去亦无奈叹出一口气。

回到房间的萨米坐在桌前看着墙上，墙上是萨米土陶艺家的照片，以及他去世的母亲。看着照片的萨米落下了泪水。

望着父亲做土陶的那张照片，萨米回忆起了和父亲做土陶的点点滴滴，萨米越看越伤心，眼角充满了泪水。

第十场　夜　内景　萨米家

夜幕降临。萨米房间的灯还亮着，父亲路过掩开门缝。透过门缝，父亲看到了熟睡在桌子上的萨米。

父亲推开房门进入屋内，只见萨米的电脑开着，上面是艾德莱斯与土陶的设计图。父亲望着电脑上的内容眉头紧锁，还是取下了身上的外套披在萨米身上，然后转身离去。

醒后的萨米，发现了身上的外套，又看到电脑上的设计图，忽生灵感，笑了，萨米开始了他的新一轮设计。

时间在流逝，完成设计的萨米倒在沙发上睡着了。

第十一场　日　内景　萨米家楼上

桌子上设计好的有艾德莱斯花纹的土陶被萨米拿走。

楼上的父亲正在检查土陶。父亲注意到了来到楼上的萨米，萨米上前把拿走的土陶递给父亲。父亲接过土陶观察一番。

父亲(观看后笑着对萨米说)：行，试试这个吧。

萨米接过土陶，阳光下土陶反射着光芒。萨米回以笑容。房间一隅的各种土陶见证着这一切。

第十二场　日　内景　萨米家院

萨米在院子描绘着新土陶，父亲在旁指点。萨米看了眼父亲，把描绘好的土陶放在了桌上。

父亲注意到土陶(指着土陶说)：几天后的展览会就拿这个去吧。

萨米拿起土陶，点了点头，欲言又止。

父亲看到犹豫的萨米，指了指桌布。

萨米掀开桌布，拿出了邀请函。

萨米打开邀请函，发现上面还附带了机票。

父亲对看着邀请函的萨米说：前面骗你的，我知道你不会放弃。

父亲转头对萨米说：去吧，孩子。

微笑的父亲看着萨米，萨米看着父亲笑着放下邀请函，又陷入沉思。

桌子上，一边是邀请函一边是土陶。

第十三场　日　外景　展览会会场

喀什市布拉克贝希社区第四届土陶展览会开始了。展柜上艾德莱斯花纹的土陶格外显眼。

一对情侣注意到了萨米的土陶，穿着艾德莱斯裙子的女孩拿着土陶问男朋友：好看吗？

展览会上越来越多人被艾德莱斯土陶吸引，纷纷拿起相机拍摄。

此时一旁萨米的手机响了，萨米拿出并打开了手机。手机上直播着女友正在穿着萨米设计的艾德莱斯参加比赛。

萨米和父亲相视一笑。

（创作者：付东海、王中伟）

六、兵团情结：《回家》

故事梗概：

林枫带着阿依古丽来到贺建令家“认亲”，贺建令以为自己找到了走失多年的小古丽，对她很关心。而林枫却在一次次催促阿依古丽骗到贺建令的钱财。

阿依古丽在经历了贺建令做饭、送平安扣、准备学费等事件后，开始慢慢反抗林枫的压迫。后来林枫偷偷进贺建令家找钱，与阿依古丽一番拉扯后，阿依古丽受伤，林枫跑了，回到家的贺建令看到受伤的古丽报警了。

原来，当年沙哈提家发生火灾，小古丽走失。贺建令一直愧疚地认为是自己找沙哈提喝酒造成的，所以一直在坚持寻找小古丽，对儿子程海疏于照顾。一切真相大白后，程海和贺建令和好了，阿依古丽和程海坦白了自己的罪行，林枫得到了应有的处罚。

第一场　日　室内　贺建令家(时间：90 年代冬)

贺建令在街上贴寻人启事。贴好一张后，往下一个地方走。

小程海背着书包准备回家，看到贺建令走来，开心地跑上前说：“爸，你来接我吗？”

贺建令笑一下，整理一下程海衣服，说：“哎……这天怪冷的，你先回家吧。”

小程海点点头:“走吧”说着拉着贺建令的手。

贺建令说:“我这还有事,你自己先回去”边说边把手抽出来。

小程海有些失望,撇嘴:“又是我一个人。”

贺建令用有些哄的口气对小程海说:“古丽妹妹不是丢了嘛,我们要找到她。”

小程海抱怨道:“都这么久了,他们都说找不到了。”

贺建令有些生气,声音有些大地说:“你别听他们胡说,一定能找得到。”

小程海生气地说:“他们说得对,我不是你亲生的,你不想管我。”说着就自己走了。

贺建令看着小程海的背影叹了口气,没有追去,继续贴寻人启事了。

第二场　日　室内　贺建令家(2017 年)

一转眼多年过去了。贺建令还在贴寻人启事,启事从手写的变成了打印纸张。

贺建令贴好寻人启事就走了,与林枫擦肩而过。

林枫戴着帽子在看墙上贴的启示,转头看看周围,撕下寻人启事就走了。

墙上剩下的寻人启事被撕下的痕迹,旁边还有一张通缉告示。(通缉告示上的照片有些像林枫)

第三场　日　室内　贺建令家(2017 年)

艳阳高照,阳光照得人暖暖的。林枫拿着寻人启事,带着阿依古丽来到贺建令家。

林枫指着阿依古丽给贺建令介绍:“贺叔叔,她就是你找的人!”说着把寻人启事放在桌子上。

贺建令看了一眼桌子上的寻人启事,说道:“找了二十多年了,都认不出来了。你是古丽吗?”

阿依古丽紧张地捏着衣角没有说话。

林枫胳膊怼了一下古丽。

阿依古丽紧张地点了点头,说:“嗯,我是。”说着气息有些喘,拿出兜里的药吃。

贺建令看到阿依古丽吃药,关心地问:“你怎么了?”

林枫赶紧解释:“她身体不太好。”又赶紧说回话题:“这些都是小事,阿依古丽她记着自己就是因为家里失火才走丢的。”

贺建令上下打量着小古丽,想说什么又说不出口。

林枫拍了下阿依古丽的胳膊,语气有些加重说:“你快和贺叔叔说说小时候的事。”

阿依古丽缓过来,有些紧张地回答:“嗯。”

贺建令给林枫和阿依古丽倒上水,说:“不急,边吃点东西边说。”说着挥手示意他俩喝水,吃东西。桌子上摆着一些花生和水果。

时间过去了一个多小时,贺建令和阿依古丽聊了不少。

阿依古丽喝了口水,说:“我现在半工半读。”

贺建令叹了口气说:“那挺好的,只可惜沙哈提看不到了。”

阿依古丽有些紧张,不知道说些什么,低下头看着自己的手,双手紧握。

贺建令还不相信阿依古丽和林枫,又不知说些什么,于是客套道:“说这么久,来吃点东西。”说着就抓花生给两位。

阿依古丽看到贺建令抓给自己的花生,用手接着,自然而然地说:“我对花生过敏。”放下花生,抓了把瓜子。贺建令听到阿依古丽这句话,想起了以前沙哈提也这么说过。眼前一亮。笑着说:“那很好,那很好。”

阿依古丽听到贺建令这么说,有些尴尬,礼貌地笑了一下。

第四场　日　室内　贺建令家(2017 年)

屋里,贺建令在厨房做饭,这时传来开门声。

程海走进屋,看了眼在厨房忙碌的贺建令,没有说话,自己走进了卧室,拿文件。

贺建令听到有人进屋,问道:“这么早就来了?”说着自己转过身看看。

贺建令看到程海走进屋。赶紧在围裙上擦擦手,走了跟上,笑着说道:“小海,你回来了?”

程海在书桌上翻东西,没有回话。

贺建令站在程海身后,接着说:“刚好做了你爱吃的,在家吃个饭吧。”

程海还在翻东西,冷漠地说:“还有工作!”

贺建令有些讪讪地说道:“那……”突然想到小古丽找到了,又说道:“对了,小古丽找到了,一会儿就来,你等会见见吧。”

程海找到了文件,听到贺建令说找到小古丽,莫名有些生气,语气有些重:“可算找到了! 你别被骗了。”说着走出门了。

贺建令看着程海说:“不会的。”程海没有理贺建令,只听到关门的声音。

第五场　日　室内　贺建令家(2017 年)

开门,阿依古丽走进屋,看到没人,问道:“贺叔叔?”

贺建令从厨房出来,笑着说:“来了呀。”

阿依古丽把包放下,也笑着回答:“我来帮你。”

贺建令笑着说:“没事,快好了。”说着自己又走进了厨房。

阿依古丽看到贺建令走进厨房后,自己看着贺建令的背影,小心翼翼地问道:“那我可以到处看看吗?”

贺建令没有回头,就回了一句“好。”依旧在厨房做饭。

阿依古丽一边注意着贺建令,一边蹑手蹑脚地走进卧室里。

阿依古丽环视卧室，目光落在床旁边的柜子上。

阿依古丽打开柜子，发现最里面有一个旧盒子，眼前一亮，转头看看身后，怕被贺建令发现，轻轻地拿出盒子。此时她呼吸有些重，小心翼翼地打开查看盒子里的东西，里面都是一些旧照片、作文、小玩具等。

阿依古丽没有找到钱，好奇地自言自语道："在哪呢？"

卧室外传来贺建令的叫声："小古丽，吃饭了。"

阿依古丽一惊，有些气喘，赶紧转头看向门，同时赶紧拿出兜里的药吃，一颗药掉在抽屉里，阿依古丽没来得及捡就着急地走了出去。

贺建令正在放碗筷。

阿依古丽怕自己翻东西被发现，有些紧张，不自觉地两只手紧紧握在一起。

贺建令看到阿依古丽想起来说："哎，对了。"

阿依古丽听到贺建令的关心，点点头。

贺建令突然想起什么，边走向卧室。

阿依古丽看到贺建令走进卧室，心里紧张，看着卧室的方向，打岔道："家里平时就你一个人吗？"

贺建令打开衣柜，在衣柜里拿出一块平安扣，回道："小海他平时工作忙。"拿着东西走了出来。

贺建令把平安扣递给阿依古丽说："来把这个平安扣给你，希望你以后平平安安的。"把东西放到古丽手上。

阿依古丽愣住，眼光一直停留在平安扣上。

贺建令走进厨房，笑着说："来，吃饭了。"

第六场　日　室内　贺建令家卧室(2017年)

夕阳西下，天快黑了。贺建令一个人在家里，屋里很安静。

贺建令坐在床边，手里拿着一个招生简章，看好了就放在了床头柜上。打开床头柜，发现里面的盒子没盖上，盒子里的东西有一些乱，一颗药丸在盒子里。

贺建令表情有些疑惑，叹了口气，把盒子盖好，接着拿出盒子下压着的存折。

第七场　日　室外　贺建令家楼下(2017 年)

夕阳西下，楼下没有人。

阿依古丽从楼里走出来，林枫突然伸出一只手阻止阿依古丽向前走。

阿依古丽推开林枫的手，向周围看看。

在拐角处偷偷观察的人，看到阿依古丽转头，赶紧往后藏了藏。(主观镜头)

阿依古丽看见周围没有人，问林枫："你怎么来这里了?"说着自己从包里拿出药吃。

天冷，林枫把手揣回兜里，说："东西呢?"

阿依古丽咽下药，说："没找到。"盖上药瓶。

林枫有些不信地用胳膊肘怼了一下阿依古丽，说："都这么久了，你动作快点。"

阿依古丽："我知道。"把药品装回包里，自己就往前开始走了。

角落里偷偷观察他们的程海背着手，看着两人走开的背影。(主观镜头，不拍人物正脸)

程海背着的手里，拿着一张纸，纸上写着阿依古丽的基本资料。(孤儿、学历初中等资料)(程海视角的主观镜头)

第八场　日　室内　贺建令家(2017 年)

屋里，电视没有开。阿依古丽在电视柜里找东西。

贺建令从里屋走出来，阿依古丽没有注意还在翻东西。

贺建令以为阿依古丽在找遥控器，说："遥控器在这呢。"说着拿起茶几上的遥控器。

阿依古丽听到贺建令说话，尴尬地笑笑说：“刚没注意。”

贺建令打开电视，悠闲地坐在沙发上，古丽坐在旁边。

电视里播放着江歌案的新闻。（电视背景声）

贺建令突然说“对了，这个给你。”他从茶几的抽屉里拿出东西，说：“这是给你准备的学费。”把一张银行卡递给阿依古丽。

阿依古丽看到卡，没有伸手收。

贺建令又把卡递给阿依古丽，说：“上学也别太辛苦。”

阿依古丽还是不收，把老人的卡还给他。

贺建令把卡放到阿依古丽手里，说“就当是父亲给的。”

阿依古丽这次没有拒绝，静静地看着手里的卡。

贺建令看到阿依古丽收了卡，笑着说：“一起看电视吧。”

阿依古丽只好把卡收到兜里。

第九场　日　室内　贺建令家楼下(2017年)

正午时分，太阳照着人暖暖的。

阿依古丽准备进楼，林枫坐在单元门口的座椅上看到她来就起身拦住她。

阿依古丽看到林枫笑容突然顿住了，脚步也停了下来。

林枫站起来问：“东西找到了吗？”用手示意钱是否拿到了。

阿依古丽：“还没。”

林枫笑了一声，伸手捏捏阿依古丽的肩膀。“你要想清楚，我能把你送过来，也能把你送回去。”

阿依古丽生气不说话。

林枫威胁地说：“时间久了，我不能保证他会不会出现什么意外！”

阿依古丽看着林枫说：“你敢？”

林枫笑嘻嘻地说：“试试？”

阿依古丽想起老人给自己的学费，于是拿出兜里的存折给林枫，一边拿，一边说："只有这个，贺叔叔给的学费。"

林枫拿着存折，看着阿依古丽说："学费？学费能有多少？"

阿依古丽觉得只知道钱的林枫无可理喻，冷冷地说道："你要的不就是钱嘛，给你，我们两清！"说完，就走了。

林枫看着阿依古丽的背影，看着存折，说："你知道我要的是多少！"

阿依古丽没有理林枫，走了。

角落里偷偷观察林枫和阿依古丽的程海看到他俩不欢而散。

第十场　日　室内　贺建令家(2017 年)

阿依古丽进到屋子里，喊道："贺叔？"

没有人回答，阿依古丽换上拖鞋，看了看卧室，没有人。抬头看了看表，走向厨房，准备做饭。

阿依古丽在盛米准备煮饭。此时有开门的声音。

门开了，林枫走了进来。

阿依古丽以为是贺建令回来了，并没有转头，还是在干自己的活。问了句："贺叔，这么早就回来了。"

林枫直接走进屋，环顾客厅，往卧室走去，并没有理阿依古丽。

阿依古丽没听到贺建令回话，出厨房去看。看到要走进卧室的林枫。上前阻止道："你怎么进来的？"

林枫笑着说："钥匙呗！"说着还把手上的钥匙拿给阿依古丽看。

阿依古丽生气地说："你偷配我钥匙，快出去。"

林枫不说话，径直走进屋。

阿依古丽着急地阻止林枫进门。

林枫推开阿依古丽，直接走进卧室。

阿依古丽追进卧室，拉着林枫说："东西我会找到手的，你出去。”

林枫打掉阿依古丽拉着自己衣服的手，要翻箱倒柜，一番拉扯，阿依古丽结果被林枫推倒，撞到床角。

这时开门声响起，贺建令进屋。

林枫没听到有人进屋，依旧在翻柜子。

阿依古丽扶着额头撑起自己，额头有少许血流出。又上前拉扯林枫。

此时贺建令在屋里问道："小古丽？"

林枫听到声音，看到她头上的血，见状有些不知所措，就急匆匆地走了。

贺建令看着林枫从屋里跑出，又看见古丽额头受伤出来，于是报了警。

第十一场　日　室外　街上(2017 年)

街上没有人，十分安静。林枫一个人走在路上。

突然警察冲出来制服了他。

第十二场　日　室内　贺建令家(2017 年)

电视上放着新闻。阿依古丽在处理伤口，贺建令坐在一旁看电视。

阿依古丽一边处理伤口，一边说："贺叔，有件事我想和你说。"贺建令看向她。

此时程海气喘吁吁地跑回家，阿依古丽没有说下去，看向程海。

程海着急问："爸，你没事吧？"

贺建令摇摇头，看向阿依古丽："受伤的是小古丽。"

阿依古丽看程海在，不好意思说下去，就没有说话。

贺建令说道："小海，你帮忙处理下伤口。"

阿依古丽没有说话，程海坐在一旁，帮忙处理伤口。

电视依旧在播报新闻。今天，大兴区西红门镇发生重大火灾事故，接下来请听本台记者追踪报道……（新闻声音做背景）。

贺建令看着电视，叹了口气，说：“唉，这都怪我。”

阿依古丽安慰地说：“没事的，贺叔。”

贺建令看看受伤的阿依古丽说：“其实当年……你也不会走丢……”

第十三场　日　室外　街上（90年代冬　回忆）

大冬天，街上只有两三个人。贺建令背着包拉着程海走在街上。贺建令松开程海的手，从兜里拿出一张纸条看地址，再看看周围。

沙哈提在把馕坑里的馕拿出来。

程海走向沙哈提，舔了舔嘴唇，伸手拿了一块馕吃。这时小古丽从旁边走来，大声说道：（维语）“爸爸，有人偷馕。”

沙哈提停下手里的活，看着程海，两手撑在桌子，问：“小朋友，你怎么一个人？在这干什么？”

程海吃着馕，没有说话。

贺建令收起纸条，发现程海不在身边。看到不远处的沙哈提和程海，赶紧走了上去。

贺建令看着程海，说：“吃的哪来的？”

小古丽说：“他偷我家的。”

沙哈提看着贺建令。

贺建令有些凶地说：“你这孩子怎么偷人家东西。”，又看看桌上的馕，问沙哈提：“同志，这个怎么买呀？”。

沙哈提两手撑在桌子上，说：“你要买吗？”

贺建令回答：“多少钱？”。

沙哈提说：“一个五毛钱。”

贺建令从手里抽出钱，递给沙哈提，这时沙哈提问道“你是从内地来的吗？”

贺建令点点头回答：“对。”

沙哈提从旁边拿吃的馕递给贺建令，看到贺建令还有小程海，说道：“来，同志，给你送一个，这是我的心意。”

贺建令把钱放下，拉着小程海走了。

沙哈提拿起钱，对着贺建令说：“同志，你的钱！”

贺建令拉着小程海没有回头走了。

第十四场　日　室内　贺建令家(时间：90年代冬)

天空中有些许雪花飘落，天气有些冷。

贺建令拎着两瓶酒，一袋花生来到沙哈提家，找他喝酒。贺建令走进屋里，坐在毛毯上，对沙哈提说：“来这真高兴认识了你，来咱喝两杯。”

沙哈提不好意思地拒绝道：“不了，我酒量不好。”

贺建令拉着沙哈提的手，热情地说：“没事，喝一杯暖暖嘛！”

沙哈提还是推辞地摆摆手，贺建令直接自已就倒上了酒，递给沙哈提。

沙哈提看着贺建令如此热情也不好意思推辞，说道：“那就少喝点吧。”

贺建令和沙哈提各坐一方，花生袋子打开，酒已经倒在碗里。

小古丽进屋，看见沙哈提和贺建令，向贺建令问好：“叔叔好。”

贺建令笑着招手说：“来，小古丽吃花生。”

小古丽有些腼腆地走到沙哈提身边，看着贺建令，没有说话。

沙哈提笑着说：“她呀，过敏吃不了。”

贺建令听到沙哈提这么说笑了笑。

小古丽拉拉沙哈提的衣角，声音有些小地说：(维语)“dada(爸爸)，我想出去玩。”

沙哈提捋了捋小古丽的头发，说道：(维语)"去吧。"

小古丽开心地跑出门了。

贺建令举起酒杯说："来，我们接着喝。"

沙哈提也举起酒杯，碰杯。两人依旧一边喝酒一边聊天。

酒过三巡，贺建令和沙哈提都喝醉了，贺建令有些醉的对沙哈提说："不行了，不行了。"说着指着旁边还未打开的一瓶酒接着说："不行了，这瓶下次再喝。"

沙哈提笑道："再来一杯"说着就给贺建令倒酒。

贺建令挥挥手表示不能再喝了，但是沙哈提还是豪爽地和他干杯。

贺建令只好拿起杯子说："最后一杯。"然后喝下了酒。

喝了酒后，贺建令打了个嗝，说："我先回家了。"然后就起身离开了。

贺建令走了，沙哈提一个人醉醺醺地看着酒瓶，动手打开酒瓶倒酒，说："我继续自己喝。"

沙哈提感觉屋里有点冷，下炕在炉子前打着火柴点火取暖，火烧着了，他就回屋了。

屋里火烧起来了，但沙哈提却醉醺醺地睡了过去，没有发现。

第十五场　日　室内　贺建令家(2017 年)

贺建令还在说当年发生的事，说："就是因为那场火灾，你走丢了……"

阿依古丽此时伤口已经处理好了，她和贺建令解释："对不起，我……"

程海打断道："爸，这事不怪你，事情都已经过去了。"

贺建令："还好找到你了。"

阿依古丽想解释，但是不知道怎么说。"我……"

贺建令接着说："你也受伤了，早点回去休息吧。"

程海："那我送她回去。"说着程海和阿依古丽起身出门。贺建令还在看新闻。

第十六场　日　室外　街上(2017 年)

阿依古丽和程海走在路上，突然阿依古丽停下，对程海说："对不起。"

程海停下脚步看着她。

阿依古丽低下头说："我不是贺叔叔找的人，我和林枫都是骗子。"

程海对她说："我们需要你转为污点证人，指证林枫。"

阿依古丽笑笑，说道："好。"又把兜里的平安扣拿出递给程海："麻烦你转告贺叔叔，我不是小古丽，把这个还给他。"

程海把古丽递过来的东西推了回去，说完"我们回家吧"，然后离去。

阿依古丽站在原地看着手里的平安扣。

（创作者：牛绿林、赵师师）

七、乡土人情：《锁麟囊》

故事梗概：

多年前因为命案入狱的李学树在被无罪翻案后返回家乡，在村民的冷漠氛围中思索如何开始新的生活。

在获得国家赔偿金之后，亲侄子李勇想让李学树投资开饭店，起初李学树并不支持，在偶然看到李勇被呵责后决定出钱。

李学树深知老母亲命不久矣，打算给老母亲风光地过个寿辰。寿宴上，饭店突然倒塌，老母亲和一些街坊重伤去世，村里街坊堵门索要赔偿。

母亲的离世，侄子的跑路，唯一信任的朋友李建设又说出当年的真相，李学树再次跌入谷底，生活又该如何进行下去……

主要人物：

李学树：故事主人公，四十多岁，十三年前因故意杀人罪入狱，后无罪释放。

老太太：李学树母亲，七十四岁，多年来一直等着儿子翻案出狱。

李勇：李学树的亲侄子，二十多岁，父亲去世后一直对家庭没有归属感。

李建设：医生，四十多岁，曾指出溺水儿童是他杀，导致李学树蒙冤入狱，一直认为自己有愧李家，李学树入狱期间默默帮助老太太。

第一场　晨　河边　外

清晨，河边鸟叫此起彼伏，岸边芦苇里窸窸窣窣的虫叫。

一名男子背着农药水桶从远处走到河边，男子把药桶取下在河里取水。

突然男子似乎发现了什么，放下药桶扒开芦苇，随后转头边跑边喊。

男子：淹死人了！快来啊，淹死人了！

一双苍白的腿浮在水草里，不时有蝇虫飞过。

几件衣服四下零落，浸泡在河水里。

黑场：出现片名《锁麟囊》

第二场　日　菜地　外

村委的大喇叭正播放着豫剧《锁麟囊》。

“他教我收余恨、免娇嗔且自新、改性情，休恋逝水，苦海回身，早悟兰因……”（画外音）

菜地里，一只蜜蜂正竭力尝试从蛛网上挣脱出来。

不远处李学树正在铲菜，一只手把刚拔出的菠菜抖掉土壤、揪掉败叶。

李学树掐起菠菜放到簸箕里，把铁铲上的泥土抹掉，端起簸箕离开。

第三场　日　学校后厨　内

装满蔬菜的簸箕放在厨房门口，李学树站在门内和食堂厨师说话，电视发出隐约模糊的声音。

良久沉默后，厨师无奈道：学树，学校说了，为了学生的饮食安全，以后从超市进菜，下星期别这么麻烦来送了。

李学树不解地说：这菜很好啊，都自家种的，没有打药，很新鲜。

厨师：哎呀，咱俩老同学了，我给你说实话吧，学生的家长都知道你出来了……

李学树：国家已经说我无罪释放了，你再跟领导说说。

厨师：你侄子不是在饭店当服务员吗，饭店肯定要菜啊。

见李学树不说话，厨师掏出550元递给李学树。

厨师：哎呀，学树，我多给你500块钱得了，这事儿真帮不了你。

厨房窗外的玻璃倒映着李学树的脸，李学树面露难色，苦涩地看着手里的钱。

李学树将500元钱塞在了窗格里，装起卖菜所得的50元钱，拎起簸箕无奈地离开。电视声音变大，播放着电视剧《铁齿铜牙纪晓岚》。

“颜骥之案，正是人间最大之不平，微臣是奉皇上之命，求太后平反哪！”（画外音）

“好，纪晓岚，这个案子，哀家为你讨回公道！”（画外音）

第四场　日　路边　外

三轮车停在街边，李学树将菜放到电动车上，汽车远去，仅剩路边的油菜花随风飘摇。

第五场　日　卫生所　内

卫生所里光线有些晦暗，李学树母亲打开一层层卷着的布，拿出一小捆卷起的钱，医生李建设语重心长地规劝老太太。

医生：婶啊，你光吃药挂针不中啊，我建议你去人民医院，再去做个彻底检查。（边说边对着药柜取药）

老太太也不说话，从卷起的钱里拿出二十元钱放到了桌子上。

李建设拿好药后，转身看到老太太掏钱，皱了皱眉头。

李建设无奈地说：婶，这钱你还拿着吧，我还先给你记着账就行。

李建设把钱和药推了回去，在处方本上再一次记下买药的钱。

第六场　日　街头　外

街头的喇叭上播放着李学树获得国家赔偿的新闻。

“三十日上午，河南省高级人民法院向赔偿请求人李学树送达了国家赔偿决定书，依法决定向赔偿请求人李学树支付赔偿金2060521元，赔偿金包括侵犯人身自由赔偿金、精神损害抚慰金，其中精神损害抚慰金的商定综合考虑了李学树被限制人身自由及精神损害的具体情况……”（画外音）

李学树从三轮车上卸下蔬菜，把装着蔬菜的簸箕放在地上。

李学树一屁股蹲在街边，点起一根烟抽起来，想出声叫卖，又没好意思张口，抽着烟沉默了起来。

过往行人匆匆，菜摊无人光顾。

第七场　日　李家门口　外

邻家的两只土狗慵懒地躺在巷口，听到开门声，其中一只土狗爬了起来。

李学树从门缝里刚探出头，立刻就被蜂拥而上的记者主播团团围住。

记者A：李先生，请问你在狱中这十几年是怎么过来的？

记者B：有这二百万之后，有什么打算吗？

记者C：十年来你的哥哥为你写了一千多封申述信，能给我们展示一下吗？（被围堵的李学树寸步难行，无奈只能退回家里）

李勇拉着行李箱正往二叔李学树家走去，远处二叔的关门声、记者提问声、土狗叫声此刻混在一起显得极为戏谑。

李勇提高自己的声音说：让一让，让我过一下啊，过一下。（边说边提着面条挤开人群向里走）

第八场　日　李家客厅　内

李学树吃着李勇带来的面条，记者堵在门前，李学树也是刚吃上饭。

李家客厅里比较简陋，没有什么家具，里面的桌柜上供奉着观音菩萨的雕像。

客厅中央放置着一张破旧餐桌，李学树和老母亲坐在一侧吃饭，李勇坐在另一侧点起一根烟，边抽烟边看手机抽了一口吐槽道：这记者都疯球了吧……

三个各忙各事，也不说话，良久，老太太打破安静道：勇啊，你咋不在饭店住了，咋搬回来住了。

李勇：饭店住的人太多，事多，还是回来吧。（略带无奈及心虚）

又是长久的沉默后，李勇抬头叫了一声李学树。

李学树抬头看了看李勇，应了一声，继续吃面。

李勇心虚地说：能不能借我点钱，我想开个饭店。（说完低下了头，不敢看李学树眼睛）

老太太质疑地说：想一出是一出，现在有吃有喝的，开饭店干啥。（老太太放下碗，把筷子敲在了碗上）

李勇继续心虚地说：不想干了，窝囊。（愈发抬不起头）

良久的沉默，只有李学树抽着烟沉思。

老太太语重心长地说：你叔这钱，坐十几年牢换国家赔的，不用惦记着了。

李学树低着头看手机，手机上播放着李学树获得国家赔偿金的新闻。

（依法决定向赔偿请求人李学树支付赔偿金……）

场面陷入僵持，三人相顾无言。

第九场　日　李勇工作的饭店后厨　内

饭店后厨光线并不是很好，菜架上随意搁置着一些蔬菜和塑料袋。李学树走进后厨，把送来的大葱放在菜架旁边。

看到李学树进来，厨师笑着打趣：树哥又下来体验生活啦，你这么有钱还给我们送菜啊。（边说边洗碗碟）

李学树憨厚一笑说：哎呀，我就会种个菜。

厨师：这是个信球，这么有钱了还不知道怎么花。

李学树透过后厨窗户，看到了自己的侄子李勇。正在倒茶水的李勇被客人碰到，茶水洒了客人满身，顾客大发雷霆。

厨师：树哥，你这么有钱了这种日子还过啊，像没事打打麻将，唱歌跳舞……（画外音）

李学树一边应和着厨师，一边看着窗外，笑容逐渐收敛，心中想起了豫剧《锁麟囊》的唱词。

"人情冷暖凭空造，谁敢移动他半分毫，我正富足……"（画外音）

窗外，饭店老板正伸出指头呵责李勇，李勇埋下头唯唯诺诺不敢说话。

第十场　日　李家客厅　内

院子里葡萄藤的枝叶一半是经冬后的枯萎，一边已经是入春后转青，葡萄架上几只麻雀叽叽喳喳地叫着。

李家三人围坐在一起吃饭，这一次李学树和李勇坐在了同侧。

李学树从兜里掏出一张银行卡推给了李勇。

李勇看到银行卡愣了一下，接着往嘴里扒饭。

老太太也注意到了银行卡，她心里并不想让李学树把钱给李勇，持续咳嗽暗示李学树不要给钱。

听到曲中之意，李勇又看了看银行卡没有说话。

见状，太太又咳嗽了几声示意李学树收回银行卡。

李学树置之不理，说：你看你都咳嗽成啥样了，明天说啥也得让医生给看看。

三人各自吃着饭，相顾无言。

第十一场　日　卫生所　内

病房里，吊瓶里的药液一滴一滴下落，电视里播放着关于国家健康扶贫的新闻。

“国家卫生健康委昨天举行了新闻发布会，介绍了健康扶贫和贫困地区健康促进工作情况，近年来我国强化健康保障……”

老太太挂着吊针睡着，李学树在病房窗外看着老母亲，良久转身去了诊断室。

李建设感慨道：唉，学树啊，恁娘这病可是耽误的时间不短了啊。（边说边在药柜上取药）

李学树叹息道：唉，我知道，多年不在家，我也知道以往也没少在这里拿药，欠的药钱，这钱给你，你拿着。（边说边从钱包里拿钱）

李建设瞟了一眼说：用不了这么多。（边说边把钱退给李学树）

李学树：哎呀，放着吧（又把钱递给李建设）

李建设：真用不了这么多。

李学树：以后还用得着，放这吧。（老太太睁开眼睛，听着诊断室二人的谈话）

李建设：收起来吧，收起来，用不了。

李学树：哎呀，搁这儿吧，搁这儿吧。

李建设：哎呀，咱俩这关系，是不是，收起来吧，收起来。（边说边写着诊断单）

李学树：平常就没少麻烦了，放着吧。（吊瓶里的药液一滴一滴滴下）

第十二场　日　李家客厅　内

客厅里供奉着观音菩萨的雕像，老太太站在佛前烧香祷告

老太太：观音菩萨，保佑着，我的孩子学树，早结婚生孩子。保佑孙子李勇，做生意发大财，生意兴旺。

李学树和李勇坐在餐桌两侧，一边吃着花生，一边抽着烟。

李学树：妈，不用拜了，菩萨也知道你的心意了，这两天你74大寿呢，咱们找个地方请客，我多年不在家，今年给你过，操办。

老太太转过身说：过啥呢，不过了，不花这钱。

李学树：咱自己家李勇开的饭店，也不花啥钱。

李勇：是呀，咱自己家的饭店了，买点菜做做，花啥钱啊，到时候好好过就中了。

第十三场　日　饭店　外

饭店外，李勇请的戏班子正在演唱着豫剧剧目《铡判官》，许多村民围坐在一起看大戏。

第十四场　日　饭店　内

饭店走廊里的安全出口指引牌没有通电，天花板上的电源排线显得乱糟糟的，远处除了戏台热闹的唱戏声，隐隐约约响起了救护车远去的声音。

宴客厅里亲友邻里围坐在一起准备给老太太过寿宴。

李勇高兴地说：今天是俺奶的74岁大寿，人生古来稀，过了这个坎，大家今天能来呢，我也非常高兴，大家吃着喝着，也祝我奶年年有今日，岁岁有今朝，以后了咱加把劲再活50年，好，我端啦，

我端啦。

老太太满脸喜悦，高兴地说：大家能给我过生日，谢谢您，都吃好喝好。

众人高兴交谈，碰杯饮酒。

李学树只是默默地一杯一杯地喝酒。

戏台休息过后唱起了豫剧《大登殿》。

“至如今孩儿我可登金殿，我把母亲你宣上金銮，抬头来观见了养老院，我的娘无福……”

李勇给奶奶夹菜倒水送红包，李学树依旧一个人自顾自地喝酒。

此时房间灯管闪烁、灯光忽明忽暗，房间发出“卡兹卡兹”的声响。

灯管愈发晃动，伴随着轰隆声，宴会厅突然坍塌……

第十五场　日　李家客厅　内

手机里播放着“过寿塌房事件”的新闻内容。

“五月二十四日，河南襄城县茨沟乡聚财饭店发生部分坍塌，事发时一名老人正在饭店举行七十四岁庆寿宴。截至二十五号三时，河南襄城县茨沟乡聚财饭店坍塌事故救援结束，共救出十五人，其中包括过寿老人在内的三人已确定遇难，两人重伤，十人轻伤。失去至亲的李先生心中悲痛，内疚中向参加寿宴的村民下跪道歉……”

李学树无力地躺在椅子上抽烟，李勇在门外看手机上播放的新闻，突然大门外的敲门声打断二人的沉默，李勇赶忙起身。

第十六场　日　李家门口　外

李建设的母亲大力敲门后，站在李学树家门口破口大骂。

老太太：李学树，你个鳖孙给我出来，老少爷们，观众们，都看着，俺建设他爹在医院躺着哩，他个鳖孙门都不开。

李学树坐在椅子上听着外面的骂声，眼中满是内疚。

李母：人都受伤了，他也不给俺拿钱，他就不要脸，也没人情。

李勇站在平房二楼骂：你这死老太婆大白天给谁哭丧呢。（李学树坐在椅子上惆怅地抽烟）

李母上前：跟恁奶哭丧哩，想着恁家人死完了，你这鳖孙不是还活着吗！（边骂边指点）

李勇：你可真有脸说啊，当年要不是恁儿那时候多嘴，啥都说，哪有后边俺爹给俺叔翻案累死这事，现在恁老头才是住院，真死了才是给俺爹一命偿一命，活该！

老太太被气得头昏脑涨，另一个村民也开始声讨李勇。

村民 2：你这个孩儿，你别这么狂，你饭店塌了，你这个老板也跑不了。

李勇对着二人吐了一口唾沫。

第十七场　日　街头　外

街头戏台上正在唱豫剧剧目《斩单雄信》，戏班子敲锣、打鼓、吹唢呐、拉二胡等，豫剧演员打起了花枪。

“我不杀光尔等，誓不为——人也！”

第十八场　日　李家客厅　内

李学树听着门外戏曲和对骂声，把手里的香烟抽完，把客厅餐桌下的报纸拿出来准备包钱。

门外和李勇对骂发难的街坊越来越多；戏台上花枪对打的演员也越来越多；李学树包钱的动作也越来越快……

第十九场　夜　李家客厅　内

天色已经入夜，客厅电视上播放着《三国演义》。

“……便流落到了这涿州县界，定居于楼桑村……”

"楼桑村？俺知道，那村中有一株千年古桑，树高冠大，楼桑村即由此而得名。俺还曾听人说，那古桑庇护人家必出贵人！"

李学树看着桌子上用报纸包好的钱，抽了口烟，思索一番之后叹了口气，拿着纸包出了门。

躺在内屋的李勇听到出门声，确定李学树已经离开后，返回房间带上行李匆忙离开家……

第二十场　夜　街上　外

街上的路灯发着暗淡的光，拉着行李准备离开的李勇手机响了起来，李勇置之不理。

第二十一场　夜　李家客厅　内

李学树坐在沙发上等待着李勇接通电话，电视上依旧播放着《三国演义》。

"唉，单丝不成线，独木难成林啊，这势单力薄……"

"如蒙不弃，某愿相随！"

李学树拨出的电话依旧没能打通，但此时李学树却收到了来自李勇的短信。

"叔，我去挣钱去了，别找我了。"

李学树看着信息，点起了一根烟，坐在沙发上陷入沉思……

第二十二场　夜　街上　外

路灯依旧亮着，农村的空旷街道上时不时传来几声狗吠，夜猫也嘶鸣不止，突然李学树家的大门被人敲响。

第二十三场　夜　李家客厅　内

客厅门被推开，李建设拎着钱袋走进客厅，并把钱袋放在了桌子上。

李建设走到牌位前，烧了几捻香，对着牌位拜祭了三下。

李建设坐在李学树对面，拿起桌子上的钱递给李学树。

李建设：学树，你给俺娘拿的钱我不能要。

李学树：拿着吧。（边说边把钱退回给李建设）

李建设：你搁里头这么些年，恁娘搁村里啊，过得挺难哩。（边说边接过李学树递过来的烟）

李建设：李勇今天给俺娘说的话，一点也没错。（雷声响起）谁知道，把你冤枉进去了哩。（说完低下了头）

李学树没有回答，拿出打火机点着一根烟。

李建设：那小孩儿，咱村里人都想着是……淹死哩，我一看，这小孩脖子上发紫，（雷声又响起）我就知道，肯定不对。

李建设：这事儿，是我给警察说哩。（雨声混着雷声响起）

李建设：那个小孩儿，是被勒死哩。（李学树突然起身一把掐住李建设的脖子）

李学树抑制不住自己的情绪，和李建设扭打在一起，客厅里的东西被打落在地发出各种各样的声音。

桌子上的菩萨雕像无声地目睹着一切。（一声惊雷过后，二人停止厮打，雷声雨声和喘息声混杂在一起）

第二十四场　晨　田间　外

清晨，虫鸟的叫声在田间此起彼伏，李学树拿着锄头在翻松土地。

李学树抬头向前看去，乡间小道两边的油菜丛尽头，探出了一个脑袋。

李学树盯着前方小道走来的人，是李勇背着书包回来了。李学树杵着锄头，等着李勇走来。

第二十五场　晨　村口　外

村口的喇叭一大早就播放着豫剧,《锁麟囊》剧目的唱词在安静的清晨听得尤为清晰。

“这才是今生难预料,不想团圆在今朝,回首繁华如梦渺,残生一线付惊涛。柳暗花明休啼笑,善果新花可自豪,种福得福如此报,愧我当初赠木桃,赠木桃……”

李学树肩扛锄头走在田间小道前面,李勇跟在身后,两人向远处走去。

（创作者：牛绿林、张鹏浩、李豪飞）

八、反对形式主义:《班长来了!》

故事梗概:

本片试图用幽默、搞笑故事探讨重要、严肃的主题。故事主要内容如下:在班级里,班长哄骗同学、欺瞒老师,各种活动胡乱安排,走过场、看表面,把班级搞得乌烟瘴气,最后被同学举报,受到处理,班级生活归于平静。

1. 班会日记

第一场　日　宿舍　内

班长正坐在宿舍的摇椅上玩着手机。

"叮咚""叮咚"屏幕上弹出班群消息。

班长坐直身子,不耐烦地说:又艾特我,又有什么屁事情了?

小框弹出三条一样的信息:"通知全班同学到教室开班会,必须全班到会,班长统计,不到的名字记下来。@班长"

班长看到是班主任发的消息立马变了脸色。

小框继续弹出信息,"叮咚""叮咚""叮咚"一条接着一条。

王小月:班长,我身体不舒服要请假。

李二:班长,我在校外,赶不回来啊。

组织委员小刘:班长,我们班同学大多数人正忙着考研学习呢，您看能不能和老师说下开会能不能改个时间呀。

班长看完消息后，烦躁地拍拍自己的脑袋。

班长：你们都给我请假，我给谁请假去啊。说完把手机扔在桌子上。

班长拉着椅子往前坐了一点，拿起手机给班主任张老师打电话。

班长：喂，张老师，我是郑毅。是这样的，您前面发的通知，现在我们班很多同学在备考，都要请假，您看我们是不是改天再开，或者改成线上开展？

张老师：小郑啊，上面来的通知，我们必须马上落实，这个会下午就要召开，一个都不能请假，谁请假就来和我说。

班长（表现得十分乖巧）：好的，张老师，我马上安排。

班长在班级群里发出消息：下午会议全班同学都必须到，不能请假。

第二场　日　教室　内

全班同学都到教室了，班主任张老师却还没到，大家三三两两相互聊着，教室里声音嘈杂，乱成一片。

时钟转动，不一会十分钟过去了。

王小月对李二说：都过了十分钟了，张老师咋还没来，不让我们请假自己却迟到。

李二点点头：要不你问问班长？

王小月：班长，张老师咋还没来，我还要复习呢。

李二扯着脖子也向班长喊道：就是啊，班长，我正在医院看病呢，这周末都不让人休息。

其他同学们也跟着一起附和：就是，就是。一群人开始叽叽喳喳。

班长听了眉头紧皱。

组织委员小刘赶紧向班长提议：班长，要不你给老师打个电话问问？

“叮铃铃铃”，张老师来电。

班长大呼：大家安静一下，张老师来电话了。

班长：喂，张老师，您怎么还没来呀？

班主任：小郑啊，我突然有事，来不了了，你先替我开下班会，总结什么的别忘了，还有记得让宣传委员拍下照片，发给我留档。

班长：好的好的，张老师，我办事，您放心。

班长：好了同学们，张老师不来了。咱们先坐好，宣传委员拍几张照片。

咔！咔！咔！立马拍完。

班长：现在我宣布我们这个会议开得很成功，希望大家要继续努力，回去好好复习，班委再留一下。会议结束。

字幕、旁白：

治理形式主义要动真格，就是要学生干部以身作则，守住精文减会的硬杠杠，莫要落实工作流于形式。

2. 校园游记

第一场　日　教室　内

班长同其他几个班委围坐在一起商量着什么事情。

班长：铁子们，这学期学院安排我们班带新生逛校园，大家有什么想法？

体育委员随意地说：班长，了解校园还用我们带吗，一回生二回熟，他们慢慢就了解了呗。

文艺委员附和：就是，我们都没有被带着了解校园呢。

班长（烦躁地抓抓头发）：别说这些没用的，有没有什么实质性的建议?

团支书:班长我有一个想法。

班长:快说,快说!

团支书:了解校园,咱们可以带他们逛逛呀,走几圈,拍几张照片,再走几圈,再拍几张照片,换一个地方,再拍几张照片,回头把照片交给上面,这任务不就完成啦!

班长:哈哈哈,还是团支书思想觉悟高啊,有想法,有想法啊!

大家集体点头。

组织委员小刘默默地问了一句:那班长,谁带着新生逛校园呀?

班长(低头想了想):我是必须要去的,再带两个人。这样吧,小刘同学,就你和小祖同学跟我去。

组织委员小刘:不是,班长,为什么是我和小祖啊?

班长:组织委员组织队伍,宣传委员拍照打卡,多么完美的配合呀,到时候我们早点回来就行了。大家还有什么意见?

团支书:没有没有,班长好主意。

体育委员:好的班长!

组织委员和宣传委员面面相觑,无奈地摇摇头。

第二场　日　图书馆前　外

班长走在最前面,小刘跟在后面带新生逛校园,小祖则负责拍照。

班长悄声对小祖说:过会儿,你就多拍些我们带新生逛校园照片,懂得吧!

小刘:大家跟着往前走啊,前面这栋楼是图书馆,大家以后可以在这里自习。

小张:来来来,大家站好了在台阶上合个影吧,班长你站中间。

新生1:学长,我们现在能进去看看吗?

班长：呃呃，现在不行啊，我们还要去下一个地方呢，先带你们熟悉熟悉环境，等有时间了你们自己来看。

新生1：好吧。

小祖：拍好了我们就去下一个地方。

第三场　日　小市场　外

小刘：前面这个人多的就是小市场，咱们可以在这里买需要的东西，不想吃食堂的也可以来这边吃饭。

操场上，小刘组织大家站队。

小祖：大家快站好，来一张。

第四场　日　校史馆　内

小刘：同学们，前面就是我们今天的最后一站了，校史馆。

小祖：大家站好拍张照我们就回去了。

新生：学长，校史馆总可以进去看看吧，我们也想了解学校的历史呢。

其他人一起附和：就是就是，我们也想去看看呢。

小刘：这……

班长：这个时间进去怕是比较麻烦，没有讲解员，也没啥意思，有啥好去的。

新生转头看看小刘：学长你给我们讲吧。

小刘：啊，这……

班长：你们自己进去看看，拍几张照片，学长们还有事，就先走了。

字幕、旁白：

凡事要求“工作留痕”本身就是一种形式主义，除了必要的工作档案，不能要求处处留痕，否则容易让留痕重于工作、形式大过内容，使其他干部有样学样，误人误己，没有实际效果。

3. 民主评议会

第一场　日　宿舍　内

班主任在群里发通知。

通知："咱们班带新生逛校园的活动办得很好，受到了院里领导的表扬，咱们班长也是院里推荐的校级先进班长的候选人，后面会有领导安排同学来了解咱们班长的优秀事迹，同时呢，咱们班这学期的助学金评选先进行班级评议，班长着手办吧。"

第二场　日　教室　内

班长和同学们坐在教室里准备开会。

班长：同学们，下午咱们班要召开一个民主交流会，院里一会安排宣传部同学过来参会。

同学小声嘀咕：不是下午才开会吗，为啥这会就把咱们叫来开会。

班长：咳咳咳，民主交流会，就是了解班长的生活和学习，给班长提意见，大家都知道，我正在参加校级先进班长的竞选，为了保证会议开得有质量，有水平，可以更好地配合宣传，咱们先彩排一下嘛。

同学们互相看着，撇撇嘴。

小刘：班长，这会议还带彩排的？

班长：好，下面，大家给我提意见吧。小刘，你先来。

组织委员小刘：啊，班长，真说啊。

班长：那是啊，一定要讲真话，讲实情。

组织委员小刘：哦哦，我觉得，班长，你应该少打游戏，尽量不要逃课，大家还得帮你圆谎。

王小月：班长，我觉得你工作上要有担当精神，不能什么事情都推到我们底下办，有些事就需要班长来拍板。

学生3：我觉得，班长应该……

班长：好！好！行啦！别说了，都别说了，今天这个会就开到这里，下午准时来参加会议。班长生气地把本子拍在讲台上。

学生：不是让我们畅所欲言嘛。

学生：是啊，这……（底下一片嘈杂）

班长生气地说：小刘、小张、还有你，留一下。

第三场　日　会议室　内

大家坐得整整齐齐。

班长：今天，我们召开民主交流会，听取同学们对我作为班长的意见和建议，也欢迎院里宣传干部来指导我们工作。

好！好！好！大家在底下鼓掌称好。

院里宣传干事：班长，不是来指导的，我就是旁听，为你做个宣传报道。

班长：好的好的，接下来会议开始，大家实事求是，畅所欲言，小刘，你带个头吧，你先说。

小刘：班长，我觉得，你最大的缺点就是太重视工作了，宿舍里根本就找不到你的人，完全不注意自己的身体，长此以往，这怎么能行呢，这是我们的重大损失啊。

班长点头，给小刘的助学金申请后面画了个同意。

学生2：班长，我觉得你过于公正无私了，你这么努力，班里说有些奖励评选报你的名字您都不肯，把机会让给大家，大家都很信服你呢。

班长点头，给学生2的助学金申请后面画了个同意。

学生3：班长，我觉得……（被班长打断）

班长：好好好，感谢同学们对我存在的问题和不足的批评指正，今后，我一定在工作中，吸取教训，认真整改。

大家鼓掌叫好。

会后，同学们都离开了会议室。

班长：小王啊，您看我们今天这个会开得怎么样啊？

小王：呵呵，我觉得咱们的会开得真有水平。高，实在是高！

班长大笑：哈哈哈哈哈。

字幕、旁白：

形式主义蔓延，势必会助长弄虚作假之风，助长思想懒惰。让更多人讲真话，首先要有能保证讲真话的制度。其次，要加强干部队伍的思想道德建设，加强问题导向的制度建设，明确将语言腐败纳入政治纪律的惩治范畴。

4. 文山会海

第一场　日　宿舍　内

组织委员小刘在宿舍睡觉，被手机消息声音吵醒，他拿起手机一看，全都是各种会议通知和安排，小刘不知如何是好，下床去找班长。

小刘：班长，你转发给我的这周会议有十几场，收到院里的各个通知二十多份，我怎么组织啊。

班长：哎呀，不要慌啦，工作要有思路、有章法，俗话说得好，兵来将挡水来土掩嘛。

小刘：那班长，你有好办法？

班长：不就二十多场会嘛，你按照班里的人头，一个人安排去一场。

小刘：咱们班有三十个人，谁去谁不去，这要遭人说闲话的啊。

班长：你啊，思想觉悟还有待提高啊，按学号安排不就行了啊。

小刘：那班长，那这些通知材料，怎么处理？

班长：一样啊，按学号从后往前排，一人写一份总结，交上去不就行了。

小刘：班长，这能行吗？

班长：你是班长还是我是班长？听我的，你先排个表给我吧。

第二场　日教室　内

第二天早上，班长召开班会。

班长：同学们，今天主要有三个事情，大家耐心听一下。

上次的助学金名单出来了，我一会发到群里，大家没什么问题就上报了，有问题的去找老师。

这周事情比较多，会议也比较多，虽然内容跟咱们没关系，但是人必须去，咱们就按学号来排，轮到谁了我直接私聊你们。

最近院里下发的文件材料比较多，写总结材料也按学号来，从后往前排，到谁了就自觉写完上交。

话音刚落，同学们吐槽声不断。

学生1：班长，这些事情不都是您的工作吗，怎么都推给我们了。

学生2：就是啊，这开会我们的级别也不够啊。

学生3：而且，总结材料我们也没写过，啥内容啥格式啊。

学生4：就是啊，怎么能这样呢！

班长：大家安静一下，我呢也是没有办法，既然通知下来了，大家就好好完成，开会呢就是凑人数，人到了就行，写材料直接套模板就行，大家不要担心，我会帮助大家的。

同学们实在没什么说的了，班长满意地点点头。

班长：好了，就这些了，大家没啥事就走吧。

字幕、旁白：

惰性引发漂浮思想，只管形式红火，喜欢把功夫下在形式上，只管快，不管效果。用文件传达文件、用会议落实会议，解决不了实际问题，只能导致形式主义继续蔓延。要想根治文山会海，必须转变作风，脚踏实地调查研究。

5. 正义降临

第一场　日　宿舍　内

李二和同学们回到宿舍。

同学们看了助学金的名单，觉得很不满意，贫困库里的同学一个都没有，名单上的都是跟班长关系好的，他们决定向老师反映这些问题。

第二场　日　教学楼　内

走廊里空无一人，李二把举报信塞进了廉政信箱。

第三场　日　办公室　内

李二和同学们向学办老师反映情况，说明实际情况。

学办老师：你们班长的问题还不止这点，之前就有学生反映过，我们正在着手调查呢，请同学们放心，会给大家一个合理交代。

王小月：就是，她一直是那种作威作福的姿态，太势利了。

李二和同学附和：就是就是。

第四场　日　教室　内

学办老师来到教室。

学办老师：我院A班班长郑毅，在班级内部大搞形式主义，收受贿赂等问题，正在接受学院纪律审查和监察调查。会给大家一个公平公正的回答。

班里同学们都轻松了起来，嘴上露出笑容。

字幕、旁白：

要解决形式主义问题，必须先从提高思想觉悟入手。其次破除形式主义积弊，要聚焦基层反应强烈的突出问题对症下药，精准发力，要从“关键少数”的领导干部抓起改起。

（创作者：何佳敏、李勇）

第三部分 影像解读篇

一、纪录解读 1：《塔里木河》的叙事内容

二、纪录解读 2：《塔里木河》的叙事结构

三、纪录解读 3：《天山脚下》的故事创作

四、纪录解读 4：《新军垦战歌》中风景的三重书写

五、电影解读 1：《天山儿女》的视听艺术

六、电影解读 2：《远去的牧歌》的符号建构

七、电影解读 3：《亲爱的》之构图艺术

一、纪录解读1:《塔里木河》的叙事内容

纪录片形式灵活、表现力强,能更好地挖掘文化内涵,表现文化与意蕴。纪录片天然具备客观的纪实属性,通过搜集资料和人物访谈对社会事件或现象进行呈现,用一种全新的外在形式丰富记忆信息,在潜移默化的视听过程中建构出公众心目中符合时代面貌的集体记忆。面对时代背景与自然环境的不断演变以及影像手段的更新换代,新疆题材纪录片作为集体记忆的重要表征,为实现更加广泛的传播效果,其尝试与探索的脚步始终未曾停歇。

由新疆电视台摄制的纪录片《塔里木河》是一部人文气息浓厚,创作理念先进的新疆题材纪录片。《塔里木河》从自然风貌、历史文化和物产资源等方面立体化地展现出新疆人的真实生活,更演绎了他们对生命、身份、信仰的不懈追问和深入骨髓的精神力量,以此不断塑造和强化着民众对于新疆乃至整个中国的集体记忆。《塔里木河》从不同层面对新时代新疆的社会发展、政治建设等做出了提炼和表达。

党的十八大提出了五位一体的中国特色社会主义总体布局:坚持以经济建设为中心,在经济不断发展的基础上,协调推进政治建设、文化建设、社会建设、生态建设。深入宣传“五位一体”总体布局的重大意义,全面展示“五位一体”取得的成效,关注研究“五位一体”落实中的难点问题,推动“五位一体”总体布局贯彻落实,

是治国理政的需要，也是主流媒体舆论工作的重要责任。

“没有优秀作品，其他事情搞得再热闹、再花哨，那也只是表面文章，是不能真正深入人民精神世界的，是不能触及人的灵魂、引起人民思想共鸣的。”[①]《塔里木河》记录了塔里木河流域“过去与未来，传统与现在，世俗与神灵，生命与自然”的激荡旋律，在播出后受到了广泛好评，有着很好的口碑与质量。《塔里木河》叙事内容上对“五位一体”的呈现表达，为新疆题材纪录片创作提供了重要参考。

1. 政治建设：突出国家认同意识

内容的非虚构性、表现手法的纪实性与视听呈现的直观性，使纪录片成为传播文化观念、促进文化交流的重要载体，也是构建认同的一种重要方法和途径，在以往纪录片对新疆的塑造上，大多以呈现“文化奇观”“异域风情”为主，有意无意地将新疆形象建构得特殊而又遥远。虽然记录某种区域性、民族性的文化片段具有深远的意义，但如果在较长的时间里，一个地方的纪录片创作大多局限于这些区域性、民族性的文化片段，那么很可能在客观上塑造了一个文化、习俗、信仰上的多重“他者”形象。这在无形中可能导致如下后果：过分突出区域文化的特殊性弱化了中华文化的普遍性，强调了地方民族却忽视了共同的情感文化联系，突出了地域认同但缺少了国家认同。

《塔里木河》强调突出国家认同意识。新疆各民族是中华民族血脉相连的家庭成员，实现中华民族伟大复兴的中国梦是各族人民的共同利益。[②]《塔里木河》通过讲述一条河，串联起两岸的故事，并且在阐释地缘文化的过程中将主流价值观念内化其中，地缘

① 习近平，在文艺工作座谈会上的讲话. http://culture.people.com.cn/n/2014/1015/c22219-25842812.html

② 本刊评论员，筑牢社会稳定和长治久安的思想基础. 实事求是，2017(05).

为表、国家为核，讲述新疆风貌，传递中国精神。第一集，出现了一位叫“香港·买买提”的塔吉克族少年，他出生于1997年，父亲为了纪念香港回归祖国，给他起名为“香港”。住在偏远地区的香港·买买提，每年要徒步30公里、穿越有野兽出没的雪谷才能到外面的镇子上学。即使在这样恶劣的生存环境下，他们依然关心祖国，拥有着强烈的国家认同感。第六集，阿瓦克热的三个儿子学习成绩都很优异，并考上了内地的学校，一家人的愿望就是到北京观看一次升国旗仪式。最终，他们如愿来到了天安门广场，当老两口齐唱“我爱北京天安门”时，脸上洋溢着略带羞涩的笑容……可以说，《塔里木河》将“国家”这一叙事母题融入纪录片中，传达出了强烈的国家认同感。

在2018年自治区文学艺术界联合会第八次代表大会上，自治区党委书记陈全国指出，做好新时代新疆文艺工作，首先要强化政治担当，才能更好地肩负起新疆文艺发展的历史使命。[①] 要坚定文化自信，充分发挥文艺鼓舞精神、凝聚力量的重要作用，培育社会主义核心价值观，高扬爱国主义主旋律，传承中华文化好基因。在新疆题材纪录片的创作上，《塔里木河》走在了前列。

2. 文化建设：倡导多元文化交流交融

第一，挖掘多元文化。复杂多样的地缘、血缘、神缘、语缘，使新疆各族人民拥有着各不相同又相互影响、多元一体而又各具特色的文化遗产，为包括《塔里木河》在内的新疆纪录片创作提供了丰厚的土壤。如何把那些“超越时空、跨越国度、富有永恒魅力、具有当代价值”的内容挖掘出来、弘扬起来和传播开来，《塔里木河》从三个方面做出了有益的探索和尝试：以人物为中心，构建文化场域；以时空为轴线，展现文化背景；以技艺为图景，记录文化事项。

---

① 姚彤、董少华，自治区文联第八次代表大会开幕.新疆日报，2018-06-25.

第二，倡导交流交融。“所谓文化，就是要有变化，而不能使文化成为化石。至于如何更好地变化，人类应该做出自己的选择。与其悲观感慨，不如积极面向未来，思考如何把不同民族中有益的文化基因提炼出来，将其融入现代文明中去。”[①]文明因交流而多彩，文明因互鉴而丰富。文明交流互鉴，是推动人类文明进步和世界和平发展的重要动力。[②] 新疆各民族文化扎根于中华文明沃土，是中华文化不可分割的一部分。[③]《塔里木河》所展现的多样民族风俗也呈现了这一点。乌什县萨满教的匹儿舞一直传承到现在，在人们心中仍占有很重要的地位；虔诚信奉佛教的蒙古族土尔扈特部落数百年前东归，现在依然澎湃着祖先跋涉回国的热血；在被誉为“小布达拉宫”的黄庙，藏传佛教依然香火鼎盛，诚心礼拜的善男信女络绎不绝……佛教、基督教、伊斯兰教、甚至道教等，都在这片土地上相逢相遇，祆教遗风、拜火教习俗也留下了清晰印记，各种传说、信仰在这里扎根生长，将塔河流域包罗万象的文化景观塑造得愈发流光溢彩。

3. 经济建设：提供文化发展的有力支撑

《塔里木河》将中央新疆工作座谈会召开以来新疆外部发展环境、生产生活方式的重大变化呈现在观众面前，这是对主流价值观落地生根的有力支撑和印证。内地人来新疆追求丰收，新疆人在这里期盼收获，水乳交融的文化、生活、经济往来也让这片土地更加欣欣向荣。

第一集《源起》中，随着新修公路的陆续投入使用，香港·买买提和妹妹可能是最后一次穿越 30 公里雪谷去上学了；第四集《宝物》中，世界舞台上引人瞩目的艾德莱丝绸，化身时尚元素的代表；

---

① 孙曾田、徐竞涵，纪录片创作．中国传媒大学出版社：2017：22．

② 包心鉴，新文明观：面对新全球化的价值选择．理论视野，2017(06)．

③ 本刊评论员，筑牢社会稳定和长治久安的思想基础．实事求是，2017(05)．

第七集《水土》中，曾经缺水的地区，在渠水的灌溉下，迎来了新的丰收，七仙女村娇美的玫瑰花开遍整个山头，村民们走上了致富之路；第十三集《改道》中，昆仑山上的110户人家即将抓阄选择居所，新房子设施便利，也让搬迁居民对未来的生活更加向往；第十四集《收获》中，焉耆盆地作为新疆最大的辣椒种植基地，为农民带来巨大收益，每当丰收季节，辣椒就是农民心中火红的希望。新疆的发展日新月异，灵动的河水所孕育出的崭新未来已经逐渐形成。

4. 社会建设：具象呈现创新社会治理

习近平总书记指出，“新形势下，新疆工作的着眼点和着力点要放在社会稳定和长治久安上。这是做好当前新疆工作的总目标”。总目标是新疆工作的总纲、核心任务、着眼点和着力点。宣传思想工作必须紧紧围绕总目标想问题、做决策、办事情，筑牢社会稳定和长治久安的思想基础。①

自治区2011年提出了“靓丽工程”，给新疆女性的美增添了新的内容，也是创新社会治理的重要举措。在《前方》一集中，选取了墨玉县举行一年一度的“长辫子”大赛，广场上上千名大辫子女孩穿着艾德莱斯丝绸裙，维吾尔姑娘美丽的脸庞露出来，美丽的头发飘起来，传统观念的禁锢与现代生活的解放，与她们相伴而生，而一条大辫子就是她们绽放的时刻。在比赛中夺得第三名的热撒来·居马不仅受到奖励，她还主动走出家门融入社会，事业也随之发生了变化。

习近平总书记在第二次中央新疆工作座谈会上的讲话中指出，“各民族要相互了解、相互尊重、相互包容、相互欣赏、相互学习、相互帮助，像石榴籽那样紧紧抱在一起。”习近平总书记用“像石榴籽紧紧抱在一起”来比喻“各民族团结”，形象贴切、寓意深刻，

---

① 田文，筑牢社会稳定和长治久安的思想基础.党建，2017(04).

饱含期望、意境深远。[1] 在《水土》一集中，到了石榴成熟的季节，和田地区皮山县皮亚勒玛乡党委书记童管锁跑到田间地头跟农民们聊天，问问各家今年收成怎么样，还号召大家带着自家最大的石榴去参加乡里举办的“石榴王”大赛，全乡一起庆祝今年的大丰收。石榴既是当地的特产，更是民族团结的象征。画面记录的是石榴，也是民族团结，“石榴王”大赛是创新基层社会管理的新形式、新方法。人的精神、思想、意念和感情，要想“纪录”，只有将其具象化，也就是将抽象的思想观念，化作观众可以直接感受到的具体事物，或将只能意会难以言传的思想情感，化作观众真实可见的屏幕形象。[2]

5. 生态建设：传递敬畏自然和谐共处观念

“今天全人类最关心的问题之一正是环境问题，是人与自然的关系问题。”在《塔里木河》中，自然与人的关系尤为密切。

第一，敬畏自然为生态建设之基础。从塔里木河源起之处起，神灵与自然就开始在《塔里木河》中接连出现，这种诗意的自然观是少数民族特殊的生态文化。无论是已经搬到城镇的蒙古族，还是居住在沙漠戈壁的克里雅人，自然界依然对他们的生产生活影响巨大。正因为如此，大自然成为了人们心里的神灵，“敬畏自然”是他们遵循的共同法则。第一集《源起》中，在传统肖公巴哈尔节上，年长者向雪山顶礼膜拜，感谢山川赐予人们雪水，让民族得以延续，对自然的感激已经变成了节日仪式，成为民族集体记忆的一部分；第七集《水土》中，更是认为“人与自然从来就是互相供奉”，83 岁的阿布都会用泉水浇灌已经逝去的亲人坟墓，因为传说“没有水，亡灵都不会安息”；第十集《家园》中，托乎提一家对水的敬畏与生俱来，每年插秧之前，都会带着妻子来神木园饮用泉水祈

---

① 张时空，习近平：各民族要像石榴籽那样紧紧抱在一起. 内蒙古日报，2015－09－28

② 孙曾田、徐竟涵，纪录片创作. 中国传媒大学出版社：2017：5.

祷……这些世代传承的朴素自然观，化为一种与大地、天空、河流、生死攸关的"神谕"，被敬畏，也被传承。

第二，和谐共处为生态建设之追求。我国古人极早便开始了有关生态问题的论述，而和谐共生的传统理念更在当今的生态实践中起到重大的指导意义。生态文化是《塔里木河》所表达的文化理念中的重要一环。如第一集《源起》中，塔吉克人自述说："我们敬畏生命，无论鹰还是其他动物，也等同于人的生命，我们不会有意去杀害它们。"而对于柯尔克孜族来说，猎鹰驯养到5年，就会被放归野外，从而维持种群数量；在第八集《礼物》中，护林员艾山江每次都会花大量时间给野生沙棘除去伴生植物，并告诫女婿，采摘沙棘时不能伤害新长的枝丫，如果保护不了这绿色，生活又将在哪里？沙雅县的乌斯曼老人所居住的地方有着最完整的野生胡杨林，依靠打鱼为生的他，数十年如一日，每天都只打一网鱼，对自然的索取一直节制如初。塔里木河包容万物，滋养众生，与自然和谐共存之道已经融入人们内心深处。

边疆，既是地理上的边疆，也是文化上的边疆。在文化全球化背景下，传统地理疆域概念被模糊，文化边疆概念不断凸显，为我们带来了全新的文化安全挑战。① 所以，包括新疆在内的边疆纪录片，更要做时代风气的先觉者、先行者、先倡者，更要举精神旗帜、立精神支柱、建精神家园。《塔里木河》用新疆特色的文艺作品描绘了时代旋律，为呈现新疆政治、社会、经济、文化、生态等各方面的发展交出了一份优秀的答卷。

（作者：王中伟、叶颖文）

---

① 刘春呈，中国文化新疆的发展. 法制与社会，2017(27).

二、纪录解读 2:《塔里木河》的叙事结构

亚里士多德称,“叙事有开端、中间和结尾”,这是文献上最早谈论叙事结构的观点。不管这个故事是由个人讲述的,书中讲述的,还是银幕上讲述的,结构都是故事建立的基础。正如央视《生活空间》制片人陈虻所言,“建构这个片子中的相关人物、相互关系”,以此“引导观众对结论的判断”,这是纪录片的基本创作方法。①

在电视纪录片《塔里木河》中,我们能够很直观地看到,其全篇由明暗两条主线贯穿始终,其中明线为地理线,16 集内容于整体上按照塔里木河从源头到尾闾的地理顺序安排布局,导演团队划分为 5 个小组分别在不同区域进行拍摄,足迹踏遍新疆南部,用镜头展现出四源一干的独特风景。而暗线则为风情故事线,即塔里木河流域最具特色风情点及故事点的集合:使用一个个鲜活动人的故事展现出各少数民族新颖的生活风貌以及南疆五地州的“变化”与“变革”。

那么,相互交织的明暗两条线背后是什么样的结构在起作用呢?有学者将电视纪录片的叙事结构划分为内部结构与外部结构,“内部结构是体现文气的内部因素,思路、线索、情感、气韵、逻

① 徐泓.不要因为走得太远而忘记为什么出发——陈虻,我们听你讲.北京:中国人民大学出版社,2013:25—28.

辑等，它使作品上下连贯、过渡自然；外部结构则是表现电视纪录片外部形式的因素，如层次、照应、开头、结尾等，是对作品整体形式的把握，它使作品层次分明，结构完整。”下文将从内外结构两个层面对文本进行剖析。

1. 内部结构：多重关系整合发展

关系是客观的，为事物所固有。《塔河》由“河”“人”“事”“情”四个元素所组成的多重关系作为内部叙事动力，任何两要素之间都可以作为关系的一种。“河”即“塔里木河”，也可延伸为“自然”，是一切生命与故事的根基。人是一切社会关系的总和，当然也是“事”与“情”的核心。

在整部作品的观赏中，首先被观众所感知到的就是人与河的关系，正如解说词所言，塔里木河“营造绿洲，浇灌生命，用流淌的律动演奏人类最为宏大的命运交响曲”。中国有句俗语叫“靠山吃山，靠水吃水”，这 144 条大小河流养育了半个新疆的 1000 多万人，千百年来为无数沿岸百姓提供丰富的物产和生活条件，如第 7 集《水土》中的石榴、玫瑰、红枣、葡萄等大自然带给我们最初的馈赠，至今依然是人们赖以生存的宝物。此外，《塔里木河》所展现的沙漠、戈壁、湖泊、大河等异域自然环境以及人与自然和谐相处场景推动着生态文化理念共享，也动态地、真实地向世人表露着当下生态新疆的实际面貌。

而最能勾起观众兴趣并吸引他们持续关注的就是生动的故事。塔里木河冲击出包罗万象的大城喀什噶尔、盛产美玉的和田和千佛聚集的龟兹等，这些古老而又充满活力的城市中每日则上演着一幕幕悲欢离合。《改道》中世代居住于高山的牧民在政府的安置下从此守着土地过上定居生活；《造物》中土陶艺人阿卜都从不会上网到用电脑和手机尽情设计陶艺图案；《前方》中 26 岁女孩热撒来离婚后重新学习技艺实现生活自立。人物命运、生活际遇、感情冲突等成为故事的切入口，而中国与西方、民族性与现代性、传统与个性发展之间的矛盾与碰撞的背后，则反映着近年来新疆南部社会、经济、政治、生态、文化等各个领域的沧桑巨变。

关于人与故事的关系，总导演谢君文在策划阶段就做了充分考虑，“时代背景是我们片子的经线，个人命运及人生经历是纬线，我们关注的是人，通过人的故事和命运呈现出人物所处的时代背景，所以理清时代的经线和个人生命历程的纬线，找到他们交织在一起的点，就是我们要勾勒延展强化的叙事核心。这样时代的进程和变革，必将为个人人生历程铺陈出浓郁的生命底色”。这一原则的确立，既保证了作品的故事化叙事，又表达了政治意图，使主旋律作品摆脱古板、说教，并为之注入了更多艺术的表达和故事的色彩。

2. 外部结构：多种手段交融使用

第一，片段叙事结构承载丰富信息。

随着媒介技术快速的发展，当今传播中叙事交流变得更为复杂，且呈现出断裂、碎片化的新特点，同样作为传播媒介的纪录片也未能避免。不同于以往经典纪录片中广泛使用的用于过程记录的长镜头，《塔里木河》更多是采用片段叙事，即截取某个地区、某些人及其故事作为表述对象，再将不同空间的活动“拼”在一起进行有机统合，使得观众在关注部分的同时也兼顾到纪录片整体主旨的阐释。

这样一种依据空间变化“组合”而成的开放结构，其容纳的信息量是能够临时增减的，人物和事件的选取也可以在拍摄和编辑过程中根据需要增减，在生活自身戏剧性的碰撞中创造意义，以点带面地展现生活实质。

新疆地域辽阔的特点造就了其文化和物产的丰富多样性，《塔河》为了使有特色的人文景观在片中最大程度地得以展现，采取了较为松散的片段叙事结构。16 集纪录片每集独立成篇，内容互为依托但又不相互纠缠。整体以塔里木河地理沿线为线索，每个主题之下由 2 至 5 个不等的故事组成，这些故事之间是并列关系，不分主次，即使打乱顺序重新安排也无碍于整体叙事。每个故事又各有特色和侧重点，彼此之间互为补充，这种宗旨明确而带有散文特征的个体叙事也使得该片更为完整有力、详略得当。

例如第 7 集《水土》除了“石榴篇”中的两个小故事采用的是 A－B－A－B 交叉式叙述之外，其余几个段落都是基于空间跳跃而灵活进行编排，每个故事用时约 5 至 8 分钟，由此石榴、玫瑰、红枣、桑葚、青杏、葡萄等丰富物产作为主题“水土”的化身呈现在观众眼前。其特点是情节、人物情感和矛盾冲突虽然也常常在其中出现，却并非必不可少。同时每个故事的主角都会随着叙事的结束而消失，取而代之的是下一个“碎片”和从属于它的“主角”。

事实上这种片段叙事结构早已在纪录片创作中被广泛认可和使用，从国外优质纪录片《与龙同行》到国内成功作品《舌尖上的中国》等均是采用此种创作习惯。在文化快餐盛行的媒介环境中，于有限的时间内传达尽可能多的信息符合观众的需要和习惯，故事的不停跳转突破观众的日常生活经验，给他们带来陌生化的思维惊喜，也有助于迎合现代人好奇心重，却又缺乏耐心的电视观看心态。

第二，戏剧化结构塑造紧凑格局。

好莱坞电影工业最为推崇的便是三幕式结构，又称戏剧化结构。著名神话学家约瑟夫·坎贝尔提出，所有的神话其实都只有一种原型，故事情节都是一样的，只不过是用不同的方式不断地复述，即之后被好莱坞奉为圭臬的“千面英雄”理论。此理论称所有的英雄剧都只有三幕——出发、历险和返乡。具体来讲，故事中的主角从熟悉的环境出发，发生意外后踏上了不归路，在历险过程中遇到导师、伙伴和对手，最后战胜恶魔回归故乡。[①] 广受好评的好

---

① ［美］约瑟夫·坎贝尔. 千面英雄. 黄珏苹译. 杭州：浙江人民出版社，2016：13—18.

莱坞大片，如《绿野仙踪》《狮子王》《魔戒》甚至《阿甘正传》，都遵循了坎贝尔的故事原型。

三幕式结构的核心就是冲突，没有冲突就没有故事。目前业界普遍认同，向故事片进行借鉴，利用叙事作为一种手段，可以更好地将纪录片的内容和主题传递出去。接下来我们以第 2 集《造物》中阿卜都的故事为例，分析创制者以怎样的结构形式展现主人公与家庭和社会环境的外在冲突，以及他与自己思想情感有意或无意的角斗。

这个故事讲述的是负有盛名的古法模制土陶传承人阿卜都·热合曼面对市场萎靡以及家中无人传承技艺的双重压力，受到小儿子克热木使用 APP 设计土陶造型的启发，决心制作出一批传世之作，并利用网络将其推广出去。其整体结构在三幕式的基础之上，可具体分为布局——反应——进攻——结尾四部分。

第一部分，布局。主要通过建立重大危机、背景故事和对人物的同情，来对故事情节进行布局。故事一开篇便将主人公阿卜都的身份阐释清楚，观众知道他是古法模制土陶的传承人并且深爱着这份事业，同时老人面对生活的压力以及与儿子的矛盾等心理逐渐铺开在观众面前，引起观众的同情与共鸣。背景故事是纪录片创作者认为的能起到决定作用的关键材料，观众了解到土陶的历史、特色和地位，便会从更高一层的文化传承角度来审视整个故事，并产生自己的心理倾向。同时这一部分为之后的事件埋下伏笔。承载着老人最后希望的小儿子似乎依然不能如他所愿，而这种僵局不可能一直持续下去，那么接下来主人公阿卜都必须采取某些行动以完成新的任务与目标。

第二部分，反应。即主人公对冲突所带来的新障碍或新局面的反应。阿卜都的心魔——固有观念成为他在寻求事业成功和传承道路上的“拦路虎”，他也曾陷入瞻前顾后、担心忧虑的状态中，甚至试图找出修补局面和继续前进的办法，但总是徒劳无功。接着故事为了加快节奏直接来到了改变或决定其反应的关键时刻——一款可以任意设计土陶造型的手机 App 软件使得父子二人冰释前嫌，更成为阿卜都接触新科技并为之臣服的契机，他开始打开内心学习新鲜事物，并尝试着从年轻一代的角度去理解克热木的所思所想。

第三部分，进攻。此时阿卜都在明白了那些障碍是如何挡住他的去路后思路大开，为了做出更好的土陶作品，他积极主动地去征服心魔。随着情况的不断发展变化，主人公也变得更加强大，此时需要最后一次给故事注入新信息、新认识，赋予主人公所需要的一切。这个关键情节点是开采乔卡石，阿卜都拿出这项压箱底手艺为土陶的制作添砖加瓦，这是他为了心爱的事业付出的努力，同时在叙事上也完成了父子关系由隔阂到和解，再到最终认可的完整历程。

第四部分，结尾。故事发展到最后要逐渐释放所有的戏剧张力。一个好的故事结尾要体现出人物的成长，他在经历了一番变化之后达到了一种新的平衡状态或全新的境地。《造物》的结尾部分稍显仓促，但纪录片叙事的特点就在于：尽管故事结构可能会缺少一两个环节，但是真实的故事更富戏剧性，更加充满力量，并且观众知道故事是真实的，凭此就足以吸引观众紧紧跟随整条叙事弧线。

第三，释义性叙事阐述深刻洞见。

纪录片的情节类型多以复线、多线为主，又可具体划分为主副情节类型和交叉发展类型等。所谓主副线是指叙述中的几条故事线都是平行发展的，同时按照彼此分量不同区分为主情节和次情节。如第 16 集《楼兰》中有两条故事线：一条是博物馆讲解员热依拉寻访古城遗址的所见所闻，另一条则是展现楼兰这颗历史明珠的璀璨文明。这两条故事线一实一虚呈复调结构，后者是主线，前者是副线，前者的目的是使后者展现的历史具有真实性，同时使楼兰文化在“楼兰——热依拉”的关系发展中依次展开。

而交叉发展类型，则是指两条篇幅相同的故事线交叉发展，相互促进。如第 11 集《刀郎》中上海商人陈乃宝酿制葡萄酒的故事线与土生土长汉族人王小平创建刀郎部落的故事线既平行发展，又有交叉——他们在刀郎木卡姆上相会恰巧印证着刀郎文化的魅力令人不得不臣服。

在复线、多线的情节类型中，除了平行发展的故事线外，还有一些没有贯穿故事始终的故事线，它们只是作为背景的小故事出现在作品的一个或几个片段之中。有时这些叙事成分会在局部越出情节主线，不可避免地产生了“离题”现象。① “沿着一条动作线进行(在整个叙事弧线中一直跟随某一个特定人物，有主人公、困境、问题的解决)，在叙述动作的中途，时不时对话题做一些背景阐述(解释性内容)，这些抽象的解释或阐述，可以让读者对叙事中的话题获得深刻的洞见，并明白其中的意义，即离题”，杰克・哈特在《故事技巧》中将这种结构类型称为“释义性叙事”，其魅力在于将观众带到某个话题中为他们进行解读，让他们产生兴趣，并获得全新认识。②

如第 9 集《渡口》紧紧围绕着舞蹈编导玛自古丽创作全新《龟兹乐舞》的动作线展开，在此叙述过程中其他人物逐个登场，动作线推动叙事在时间和空间上向前发展，而每次新人物和新场景的出现则指示着一次“离题”。

故事主线：龟兹歌舞团编导玛自古丽前往克孜尔千佛洞寻找创作灵感，受到壁画上灵动舞姿的启发后，成功在同学婚礼上表演源于佛教的《龟兹乐舞》。

---

① 景秀明. 纪录的魔方——纪录片叙事艺术研究. 北京：文化艺术出版社，2005：427—435.

② [美]杰克・哈特. 故事技巧：叙事性非虚构文学写作指南. 叶青，曾轶封，译. 北京：中国人民大学出版社，2012：190—211.

离题 1：孜外热木与托乎提的订婚及婚礼仪式；

离题 2：从厦大毕业的梁冠松被千佛洞的精美壁画所吸引而终日研习龟兹历史；

离题 3：文物保护者叶梅二十余年与千佛洞石窟守护相望并悉心修复。

这些“离题”看似破坏了情节的整体性和关联性，但对于带有知识普及目的的纪录片来说则是至关重要的，既能够容纳更多的信息内容，更为重要的是可以增强人们对故事主线的理解。正如前文所讲，“释义性叙事”的特点在于解释说明背景知识，片中多次以画外音或字幕评论的方式对相关背景进行介绍、提供解释。“离题 1”的故事向观众展示了维吾尔族少男少女的甜蜜爱情及婚礼习俗，“离题 2”涉及的龟兹乐舞及壁画的历史背景则有助于观众扩大视野，如壁画中所融合的希腊、波斯、回鹘等多种风格的造型艺术，正是源于龟兹在古代的重要交通地位。“离题 3”则从叶梅小儿子的视角重新审视龟兹文化的意义及其传承价值。通过这几则“离题”故事的铺垫，当源于佛教的《龟兹乐舞》首次出现在维吾尔族婚礼上时，观众便能切实领会到不同文化融新疆文化为一体的文化大气象。正如《渡口》开头的解说词所言：“哪里有奔腾的河流，哪里就有世俗的欢乐，哪里就有相遇的渡口。”

（作者：曾洪玺、王中伟）

三、纪录解读 3:《天山脚下》的故事创作

广袤的土地和多民族共生孕育了新疆的多元文化，而纪录片对文化的保护传承发挥着重要的作用。2018 年 7 月首播的《天山脚下》不同于以往的风光片与历史文献纪录片，以 22 个故事作为线索，通过展现个体挖掘人类普遍的生存和情感状态。在研究纪录片《天山脚下》成功经验的基础上，下文将从故事主题、人物塑造和故事技巧三个方面进行阐释，以期总结部分以纪录片形式讲好新疆故事的方法。

1. 故事主题

主题是纪录片的重要部分。以主题驱动的纪录片每一集都有一个明确的主旨或论点，每一集都围绕一个主题展开，依据事件的逻辑一一道来，根据主题对素材进行取舍，以确保每一段素材都服务于同一个主题。《天山脚下》共分为五集，分别以“家园”“成长”“生活”“传承”和“寻路”命名，在每一集的大主题之下再展开叙述；以两条线平行前进：地理线和人物线。新疆地大物博，生态多样，奇观景象固然会引起观众的好奇心，单依靠特殊景色的叙事过于单薄，因此并行的第二条人物线联结了新疆的风俗、传统和人物。秉持“家国同构”的理念，《天山脚下》将目光锁定在个体身上，通过以小写大的叙事方式完成对主题的诠释。镜头聚焦于新疆平淡中藏着小小跌宕的日常生活，以局部描摹的方式推出了一个生活丰富、环境壮阔美丽的新疆。对大主题进行描摹是一大难点，现实世

界的纷繁复杂易使全景展现陷入空洞和无序。《天山脚下》选择了“板块式结构”，对材料进行分解，力图将其纳入特定的主题中，组成一个10分钟左右的小故事，而每一个小故事几乎都蕴含着意义价值与主题相匹配的段落。例如在“小骑手”故事中，主人公为了学骑马一次次从马背上摔下来，又一次次站起来，以“润物细无声”的方式表现孩子的坚强与勇敢。虽然片中所呈现的主体具有民族特色，但是在一定程度上已经成为超越民族和地域的共性表达，让中华民族坚毅、友爱、勇敢、爱国等品质成为贯穿始终的主题，上升到家国共生的高度。

2. 人物塑造

人是纪录片中的重要题材，冷暖关情，纪录片往往与人有着千丝万缕的联系，人与自然、人与命运、人的性格等，无一不呈现出繁杂性和多样性。因此，围绕人的价值和命运牵涉到方方面面来叙述，是纪录片常用的手法。同时，商业纪录片和以往的纪录片在操作模式上有很大的不同，摄制组无法每天跟着主人公拍摄，只能在有限的时间里讲一个完整的故事。因此在人物选择上需要极其审慎。典型性和立体化是主人公必须具备的特质。主人公需要代表一定的群体，且要有突出的特质和丰富的性格作为依托，若是主人公泯然众人矣，则失去了表达的意义。麦基认为：“性格或行为中的矛盾会锁定观众的注意力，因此，主人公必须是全体人物中一个最多维的人物，以将移情集中在这一明星角色身上。”在创作中，人物性格的丰富表达是通过多种技巧和方式来一一呈现的。人物需要具备独特的经历、独特的性格，甚至是独特的外貌都是展现立体人物的要点，这些特点可以带动叙事向前发展，使情节的发展具有足够的动力。“街舞者”讲述了克拉玛依一群爱好街舞的年轻人的故事，故事中的功能人物是卡德尔，他是这群爱好街舞的年轻人中的一员，在街舞领域的成就较高，长居在上海，经常参加国际性街舞大赛。他身上有着年轻人的激情与梦想，也有更多代表性的片段值得叙说，通过他可以联结起无地域之分的所有爱好街舞的青年，也通过他的经历传递出生活在克拉玛依的年轻人的活力与自由。在结构安排上，为主人公设置压力和障碍是人物塑造的重要方法。麦基对于剧作中的“人物”曾提到过“人物真相只能通过两难选择来表达。压力愈大，其选择愈能更加深刻而真实地揭示其性格真相”。通过压力和悬念表现人物是常用方式。普通人物也要寻找他们在生活中的变化和冲突，在平凡的人物的平淡生活中挖掘出真情实感并打动观众。在“木卡姆”故事中，年轻人布尔汗是一名小学音乐老师，他想召集老艺人让吐鲁番木卡姆再次响起，但是这些老艺人大多行动不便或是忙于农事无法抽身。但他依然没有放弃，执着地与老艺人沟通，到了约定的日子，老艺人们无一缺席地赶到了，共同奏响了古老的旋律。让故乡的吐鲁番木卡姆走出去的愿望可能还需时日，但布尔汗的坚守与不懈由此得以诠释。

描摹人物时应当用细节表现情感，有人情味的细节是塑造个性色彩形象的方式之一。人物的表情和心理状态在细节中凸显，成为构成人物性格的重要部分，同时也是增强艺术感染力的手段之一。“花儿绽放”讲述了一个学唱歌的小女孩的故事。她想让在边境派出所工作的爸爸去观看自己的演出，但由于工作繁忙，爸爸无法达成她的小愿望，小女孩只好在部队看望爸爸时为他唱歌。离别时，小女孩几度哽咽，不停地擦着眼泪，特写镜头给到小女孩的手，她摩挲爸爸衣服上的袖章，心中的羞涩与不舍在眼泪中倾泻而出，稚嫩的歌声配以边境的雪山和“公安边防”的字迹，让观众深深理解她无法言说的微妙心态，给予观众浓浓的感动。

3. 故事技巧

随着纪录片的故事化倾向，纪录片与故事片之间相互借鉴，情节上注重表现冲突。格里尔逊提出纪录片是对生活的创造性处理，他主张采用戏剧化手法对现实进行“扮演”或者“重构”。以真实性为基础对纪录片进行故事化处理，可以增强纪录片的戏剧效果，进而提高其可看性。纪录片的故事技巧有以下几种。

第一，设置悬念。悬念是叙事过程增加动力的重要方法。为增加故事中的悬念，在选择题材时主要遵循以下原则：一是被观众关注程度高；二是事件本身具备不可预测的结果。开篇设置悬念是抓住观众注意力的重要方式，如同“钩子”一般将观众牢牢吸引。“神马”故事中，开篇部分解说词就提示“这匹老马已经陪伴了他三十多年，犹如亲人一般，但老马可能熬不过这个冬天了”，几句话让事件进入充满悬念的状况，该怎样与老马告别？它的死去对于这家牧民来说意味着什么？以悬念开篇，可以激发观众探寻详情的欲望。在高潮部分植入具有悬念的情节，可以增强故事的表现力。“猎鹰”的最后一个场景，主人公带着雄鹰哈呐参加比赛，有了人与鹰前期配合不默契的情节，哈呐能否成功捕捉到猎物？比赛变得更加牵动人心，故事也充满了悬念。画面中依次重复出现放飞猎鹰的瞬间，在吾勒普汗将哈呐放飞的一刻，紧张而有节奏的音乐响起，哈呐捕捉到猎物之后音乐戛然而止，形成了微型“燃爆时刻”，激扬的情绪随着比赛的胜利猛然增加。

第二，利用误会。纪录片中极少出现真正意义上的反面角色，作为负面出现的可能是误会、灾害和对现实的无奈，引起矛盾与冲突的源头可能是彼此沟通上的不畅通。《天山脚下》利用人与人之间的误会搭建了一个个富有戏剧性和紧张氛围的场景。“婚礼服”故事中，一个跟着姐姐学做衣服的姑娘为了向朋友展示自己的能力，一口气接下了做 15 件婚礼服的重任，但是她面临着一个艰难的选择：姐姐店里的活做不完，她没有时间做这些婚礼服。为了不负好友的重托，她索性不去姐姐店里了，一心在家做衣服。当妹妹在家做完婚礼服后硬着头皮回到姐姐店里，两人之间的关系变得微妙。矛盾与尴尬如何化解，成为观众期待看到的场面，最终姐姐将悄悄改好的衣服递给妹妹时，这一切的不愉快顿时烟消云散。

第三，运用巧合。与因果关系相反，巧合强调世间万物的随意和荒诞，给人“阴差阳错”之感，但是最终会回归到“情理之中”。巧合带给主人公和观众意想不到的情景，常常在悬疑片、恐怖片中出现，但是在日常生活中巧合也是不可或缺的一部分。戏剧化地表现巧合及其带给主人公的一系列影响，将随意的反逻辑变成合乎生活现实的逻辑。来自俄罗斯的厨师供职于克拉玛依的一家餐厅，他拿手的是做海鲜，但克拉玛依的海鲜经过重重运输后味道会大打折扣，原材料的不新鲜给做饭带来了极大的障碍。机缘巧合下，他得知从印度洋运来的海鲜可以全程顺畅无阻地快速到达克拉玛依，可最大限度保证海鲜的味道。通过这种巧合的手段，在结局给了主人公和观众极大的安慰，弥合了期望与现实之间的鸿沟。

第四，发现意外。纪录片中有意或者无意呈现的意外情况，在一定程度上会突破观众的预期，带来惊奇或惊喜，为剧情增加推波助澜的效果，是加强戏剧效果的重要手段。“街舞者”中，主人公卡德尔回家要找一双可以带给他幸运的黑色舞鞋。按照惯例，应是围绕着主人公找黑色舞鞋展开，但大面积篇幅是在讲述他的家乡和他的小伙伴们。最后，卡尔德终于在不经意间找到了那双带给他幸运的舞鞋，但是他并没有将它带走，这是一个看似并不圆满的结局，但给出的解释又合乎情理：“克拉玛依还有这座城里的朋友才是他的幸运之源。”此刻，所有的问题都得到了解答，所有的情感都得到了满足，所展示的情感价值也回归了故事的主线，这种意料之外但是情理之中的结局契合主题，增加了戏剧性。

纪录片自诞生以来一直承担着传承文明、记录时代的任务，有着重要的史学价值和社会学价值。随着新纪录电影、剧情纪录片的出现和发展，用镜头记录连贯的有情节的内容，从而构建一个完整的故事成为纪录片常用的手法之一。纪录片在一定程度上具备了戏剧性和可看性，创作者适当采用故事化手法对素材进行加工，不再以单一的刻板说教的方式进行解说，而是从选题、剪辑、解说等方面设置悬念，使情节更加紧凑与完整。《天山脚下》讲述的 22 个故事都有明确的主人公、完整的情节链条，矛盾、冲突和悬念相交呈现，让观众在宏大的主题中感知到了贴近生活的细微情感。但需要注意的是，在纪录片创作中应该防止故事化泛滥，避免人为干预痕迹过于明显或者情节设置反常，使纪录片的叙事陷入模式化。选择平民化的视角切入主题，将人物塑造得更为立体和多样，合理平衡真实记录与创造性呈现之间的关系，将使讲好中国故事和新疆故事创造出更多的可能。

（作者：梁茗、王中伟）

四、纪录解读 4:《新军垦战歌》中风景的三重书写

一、问题缘起：意识形态如何通过风景自然呈现

新疆地处亚欧大陆腹地，幅员辽阔的面积使得它与众多国家接壤的同时，也赋予这里独特的气候环境和地貌特征，高山、湖泊、森林、沙漠是新疆题材纪录片中必不可少的风景元素。新疆生产建设兵团政论纪录片(简称“兵团政论片”)是由主流媒体制作的一系列阐释与宣传兵团政治理念、发展历史、思想文化等主流意识形态，集政治性、宣传性、教育性于一体的纪录片形态①。随着摄制技术的进步，传播理念的革新，兵团政论片与时俱进，更加注重观者的视觉体验和接受心理，形成了把美学和叙事融为一体的创作模式，其中无处不在的风景镜头也是兵团政论片的“常驻嘉宾”。当自然界中的风景转化为银幕上的风景时，风景的含义便发生了变化。它不再是客观景象的机械复制和简单还原，而是作为审美观照的对象，被赋予各种政治、情感和文化的指涉意义②。

风景是在意识形态的语境中被创造和破坏的，“如果要理解风

① 尚转，王中伟. 兵团政论片发展初探. 东南传播，2017，(6)：120—121.

② 马楠楠. 风景的发现：20 世纪 30 年代中国电影中的风景话语及意义. 北京电影学院学报，2020，(7)：96—103.

景，就必须进行历史的还原：回到具体地点的意识形态特殊性。”① 作为兵团成立60周年的最为重要的献礼纪录片，《新军垦战歌》无疑承载了较多的意识形态属性。当下对该纪录片的研究多集中于其新颖叙事技巧②与地域文化发展与建构③等，但是，作为政论片，其主要功能更在于主流意识形态的有效呈现。“意识形态工作是一项极端重要的工作”，在意识形态领域错综复杂的情况下，兵团政论片要实现春风化雨润物无声般的表达，借助包括风景在内的多种自然符号无疑是一种重要的途径。

作为米切尔笔下“权力代理”般存在的自然风景，如何实现与不同层次意识形态的有机融合——或者说，意识形态如何通过自然风景水到渠成般地生成或流淌，即实现中国传统文化中所言说和期待的“道法自然”——越来越成为当下需要面对的重要问题。

二、文献回顾：风景进入纪录片的历史与研究取向

风景指的是供观赏的自然风光、景物。“风景”(landscape)概念诞生于欧陆，源于一个古老的弗里斯兰语词汇：landscope，意为“被开掘的土地”(shovelledland)。“风景”的法文对应词 paysage，被界定为“自然呈现给一位观者的大地之局部”④。尽管观念史层面的“风景”意义不断扩容和嬗变，演进为能指和所指的概念迷宫，但一直保留着它的视觉属性⑤。

---

① *Wendy Joy Darby, Landscape and Identity: Geographies of Nation and Class in England. Oxford: Berg Publishers*, 2001. 2, 106.

② 周凤姣，王怀春. 新历史主义视域下兵团纪录片的叙事研究. 电影文学，2015，(18)：10—12.

③ 何星. 军垦文化变迁与新时代兵团文化建设——从《军垦战歌》到《新军垦战歌》. 石河子大学，2020.

④ 张文琪. “风景”与中国电影美学的四重建构(1984—2018). 陕西师范大学，2019.

⑤ 张箭飞，金蕊. 从“风景”到“风景文学研究”：一种跨学科视角. 长江丛刊，2020，(31)：99—102.

纪录片作为一种现代感官机制,风景作为“被凝视”的对象,二者在视觉传达上具有“摄”与“被摄”的天然联系。在影像诞生之初纪录片拍摄风景时,拍摄者就已经自主地把自然风景框定在拍摄镜头之中,人类活动的触角伸到之前没有涉及的领域:极地、热带、孤岛、沙漠等①。默片时代,卢米埃尔兄弟和他们雇佣的摄影师在世界各地拍摄表现异国风光的纪录短片。这些短片中蕴藏着大量的自然风光,其中的风景主要作为视觉陪衬而存在,为银幕前的观者提供赏心悦目且遥远的异域风情。在中国早期的纪录探索中,风景片虽然放在了与教育片、新闻片、短故事片同等重要的位置,并拍摄记录了中国多地的风景名胜,如《庐山风景》《北京名胜》《浙江潮》等颇受各界欢迎,但是技术上“光线似尚可用,唯摄影的手法太低”②。直到第一部公认的纪录片《北方的纳努克》问世时,茫茫冰原的自然风景成为表现“不毛之地、荒无人烟、狂风呼啸”的重要空间环境,并且成为推动故事叙述的原动力。正如马丁·列斐伏尔所言:自然的图像已经脱离了自然本身,摄像机、凝视、取景框共同参与了风景的建构。镜框把“自然”转化成了“文化”,“大地”转化成了“风景”③。由此可见,一旦土地上的自然之物被纪录片的摄像机取景和框定,便不再是纯粹的自然风景,而是兼具美学意义和文化内涵的产物。

近些年来,风景研究跨越了单一的地理学学科范畴,成为诸多学科热衷介入的议题,形成了风景与权力、认同、记忆等命题交织

① 王芳.跨越百年的致敬:从《北方的纳努克》到《冰冻星球》.出版广角,2016,(17):82—84.

② 柏荫.对于商务印书馆摄制影片的评论和意见.中国无声电影,北京:中国电影出版社,1996:1056.

③ *Martin Lefebvre (ed.), Landscape and Film, London: Roudedge*, 2006, p. xv. pp. 19 - 60.

的讨论和研究[①]。在文学领域，有研究者指出，作者可以利用叙事策略引导读者进入风景建构的意义场域，继而认同作品本身的道德倾向和价值立场[②]。在电影领域，有研究者认为目前已初步形成美学和文化两种研究取向[③]，也有研究者将“风景”的再现梳理为“伦理化”“文化化”“奇观化”三条研究路径。[④] 这两种观点不约而同地认可了文化取向研究的重要性。该研究取向更多地从功能论的角度，主张风景的再现是建构文化意义与文化价值编码的重要手段[⑤]，电影中的风景可以成为身份区隔的视觉符号[⑥]等。具体到带有政论性质的纪录片研究而言，有研究者以德国历史上曾经出现的“山川电影”为例，指出其通过风景叙事隐喻了雅利安文化的优越性[⑦]。另有研究者以人文地理纪录片《话说长江》为例，对其风景话语、形式构造及其背后的意识形态机制做出了解读[⑧]。这类研究从风景出发指向意识形态建构，表明了风景与意识形态的关联性。然而，在非地理纪录片中，尤其是带有中国特色属性的政论片中，由意识形态出发指向具体风景即意识形态统摄风景的色彩更为浓厚，但目前这方面的研究却付之阙如。所以，意识形态

---

① 黄继刚.“风景”背后的景观——风景叙事及其文化生产.新疆大学学报(哲学·人文社会科学版),2014,(05):105—109.

② 郭晓平.隐喻机制:中国现代小说风景书写的一种叙写策略.新疆大学学报(哲学·人文社会科学版),2021,49(02):104—114.

③ 张文琪.风景与中国电影研究的双向取径.北京电影学院学报,2020,(1):15—23.

④ 何国威,程波.被摄取的风景:电影中的“东方明珠”及其文化表征.北京电影学院学报,2021,(08):99—106.

⑤ 马楠楠.风景的发现:20 世纪 30 年代中国电影中的风景话语及意义.北京电影学院学报,2020,(7):96—103.

⑥ 吴明.人景拼贴:旅途电影中的风景资本化与身份标签.当代电影,2019,(9):158—160.

⑦ 黄继刚.“风景”背后的景观——风景叙事及其文化生产.新疆大学学报(哲学·人文社会科学版),2014,(05):105—109.

⑧ 熊琦.作为“风景”的“祖国”与新“情感政治”——20 世纪 80 年代电视纪录片《话说长江》的话语与形式构造.长安学术,2020,(1):91—102.

如何在风景中呈现或风景如何书写意识形态，已成为一个难以绕开的话题。

三、诗意想象：作为生命情感的个体风景

在中国传统文化中，山水是自然的代称，“山水”指向自然万物。将个体生命寄托于自然山水，也是中国文化的重要传统之一，如孔子曾言：“知者乐水，仁者乐山”“道不行，乘桴浮于海”“子在川上曰：‘逝者如斯夫——不舍昼夜！’”无论是积极“入世”，还是失意“遁世”，抑或在永恒无限的大地山河面前感悟生命的有限与渺小，个体生命都与自然山水紧密地勾连在了一起。在中国文艺理论中，这种自然风景成为建构文学作品诗意空间的重要元素，借景抒情、寓情于景是诗歌和绘画中常用的手法之一，由此形成了观看主体与被看客体之间情景交融的互通关系。正如王国维在《人间词话》中所说：“一切景语，皆情语也”。纪录片中的风景从被摄像机框取的那一刻起，就不仅仅是被主体凝视的对象，而是把拍摄者的审美体验和主观情感全都汇聚在风景之中，形成丰富的话语实践和情感书写。

“时代历史的风景，常常通过个性化的生命体验来书写”①，时代性与个性之间的张力带来了异质体验和感受。《新军垦战歌》并非对兵团历史的机械回顾，而是注重挖掘和展现艰苦边疆生活环境下兵团人的生活状态和精神风貌。该片分为“屯垦天山”“家国女人”“边关万里”“家住沙漠”“五彩原野”“寻梦城市”六集，单从其中四集的片名来看，天山、边关、沙漠、原野这几个自然风景元素的突出就已经融合了实用的视角和道德审美的视角，具有鲜明的象征意义。第三集“边关万里”讲到兵团女职工孙龙珍牺牲在边境的故事时，一组连续的风景镜头出现在画面之中：阴暗笼罩的天空

① 郭晓平. 召唤与响应：中国现代小说风景修辞的张力建构. 山东师范大学学报(人文社会科学版)，2019，64(03)：15—25.

下仰拍一棵高大的枯树，缓慢上移的仰拍随即转入枯枝的特写。这本是一段描写历史战况的场面，却采用枯枝和昏暗的天空来回顾这段历史，这两种风景的交汇成为营造战事激烈、结局凄凉意境的重要媒介。此外，这一段还采用情景再现的方式将人物活动置于大片的紫色花丛中，不仅是借紫色野花这一自然景物来渲染塔斯提河畔祥和安宁的氛围，而且也表达对烈士长眠于此的悼念之情。第六集讲到兵团奠基者们魂归天山南北以此作为生命的最终归宿，除了呈现老司令王震、老政委张仲瀚与新疆人民交往的照片之外，还通过一系列连续的风景镜头来述说边疆这片土地所承载的早期兵团人的梦想和眷恋。蓝天白云交相掩映下巍峨壮阔的天山、一望无垠的绿色草原、黄澄澄的油菜花以及向日葵田野都以缓慢的摇镜头组接在一起，寓意着兵团人用自己的青春和汗水换来了如今诗情画意的家园图景，也衬托了创作者个人对兵团建设者无限崇高的敬仰和思恋之情。诗意的镜头语言体现了中国古典美学托物寓意的创作理念，它超越了客观外在的自然，激发了观者的情感想象，并成为投射情感、抒发情思的个体风景。

抒情不仅表示一种文类风格，更意味着一系列情感结构和价值观念[①]。法国画家克劳德·洛兰在其田园牧歌式风景画中，对黄金时代的描绘总是伴随着金色光芒的渲染[②]。在第六集“寻梦城市”中，兵团人要在南疆广阔的垦区兴建一座城市而选址具有地理优势的阿拉尔时，从大远景到中景再切入特写，运用了长达二十秒的金色光芒空镜头。由于逆光拍摄的原因，金色的太阳显得尤为亮眼且占据画面构图的大部分，桥面上南来北往的车辆、随风摆动的芦苇丛成为火红天际下的陪衬。虽然金色太阳的诗意景象与解说词（“为了这个梦想的实现，兵团人还需要付出太多的努力和时间”）之

---

① 马楠楠. 新时期电影中的风景话语与抒情政治. 电影新作，2020，(5)：67—72.

② ［英］马尔科姆·安德鲁斯. 风景与西方艺术. 张翔，译. 上海人民出版社，2019：121.

间形成了一种声画分离的局面，但风景从原有的话语表述中独立出来，赋予观者诗意般的视觉体验，也连带着创造一种隐秘的话语方式传达创作者的个人情感，寓意着这是一片充满生机与希望的土地。

四、恋地情结：作为历史记忆的时间风景

对家园和记忆储藏之地持久和难以表达的依恋情感称之为"恋地情结"[①]。卡尔维诺在小说《看不见的城市》中谈及城市风景时曾说："城市不会泄露自己的过去，只会把它像手纹一样藏起来，它被写在街巷的角落、窗格的护栏、楼梯的扶手、避雷的天线和旗杆上，每一道印记都是抓挠、剧挫、刻凿、猛击留下的痕迹。"所以，风景不但是眼前的风景，也是回忆中的风景。作为生者之经历的种种风景意象与作为祖先之过去的种种风景表征不断地相互再生产，使生者与死者、我们与祖先构成一个连续的记忆谱系与身份共同体[②]。金秋作为新疆大地色彩最丰富的季节，炸蕾吐絮的棉田、紫色海洋的薰衣草基地、红火的辣椒田成为一道道壮阔的风景。"五彩原野"这一集中，不同的自然作物构成了风景客体，与个体的过往记忆紧密关联。如兵团职工武荣国在棉田里一边采拾棉花，一边给孩子讲起自己小时候进棉田给母亲送饭的经历，镜头拍摄并不仅局限于武荣国一家采棉的动作，而是在棉田的全景和棉花的特写之间来回切换。现在和过去，真正相关的是一种个体和时代情感的沟通，而不在于、也不可能单纯寄托于过去作为物质性的再现[③]。雪白无瑕的棉花景象通过意蕴丰富的个体记忆拓宽了自身表达空间，也以此成为回溯历史的切入点。

阿莱达·阿斯曼曾说：地点"本身可以成为回忆的主体，成为

---

① ［美］段义孚. 恋地情结. 志丞、刘苏译. 商务印书馆，2018：136.

② 周丹丹. 海外人类学的风景研究综述. 中国农业大学学报(社会科学版)，2014，(2)：108—114.

③ 陈书焕. 批评的思想史径路——罗斯金与风景艺术研究. 美术，2021，(7)：129—133.

回忆的载体，甚至可能拥有一种超出于人的记忆之外的记忆”[①]。“风景”的意义属性和文化起点皆是从“土地”开始的，我们身处其中，受其影响，形塑我们精神的文化实践[②]。兵团拥有着悠久的屯垦戍边、开疆拓土历史，《新军垦战歌》中多处运用黑白影像资料来展现早期兵团人在荒原上开垦建设祖国西部的真实情景。第一集“屯垦天山”中，即使时过境迁，荒原早已变成绿洲，老战士王传德的记忆里也还保留着当年开垦创业时的劳动号子：“连长连长别发愁，我们都是老黄牛……”。处于艰苦环境中的兵团人把亘古荒原转变为生机盎然的希望之地，形塑着一代代兵团人吃苦耐劳、自强不息的精神品格，也使得脑海中的风景记忆挥之不去。属于现代兵团人的记忆同样与过往的土地分不开，兵团职工王冰冰和王亚军回想曾经开垦建设三十八团的情景时，画面除了展现干旱的土地和霜冻的环境之外，甚嚣尘上的沙尘暴也时常侵扰着生活在这里的人们。漫天昏黄的自然环境中只有低矮的植被在顽强抗争着肆虐的风沙，这样的景象不仅是为贫瘠的土地后续发生巨大的转变提供鲜明对比，也是经历过“一碗饭半碗沙”的人物主体的历史记忆被唤醒的一个重要过程，风沙以一种时间风景的方式得以被保留并延续下来。在风沙骤起的环境里开垦土地、修建水渠、植树造林，这些劳动场景早已深深嵌入早期兵团人的记忆之中，使他们的命运与土地密不可分，人们浓厚的恋地情结促使自然作物不断优化改良，风景成为恋物化存在。

五、家国一体：作为民族符号的国家风景

风景是每个民族国家最初的记忆，是集体无意识的一部分。风景与国家、民族身份建构和认同以及与历史、政治的关系是风景

① [德]阿莱达·阿斯曼. 回忆空间. 潘璐，译. 北京：北京大学出版社，2016：343.

② 闫爱华. 风景研究的文化转向——兼评米切尔的《风景与权力》. 广西社会科学，2016，(6)：191—196.

研究的重要话题之一[①]。日本志贺重昂认为日本北方山高海深和南方海浅无山组成的不同民风特质使日本成为“王者的居所”，其笔下的日本风景“正是涵养日本人过去、现在、未来审美观的原动力”[②]。英国人把“橡树之心”描绘成自由的捍卫者，橡树的形象与国家特质之间的关联性一再被提及[③]。同样，中国人习惯把黄河、长江等风景纳入描绘范畴，将它们比作养育儿女的“母亲河”，激发了社会想象和文化认同。“风景将价值观、想法、愿望、恐惧和信念具体化，它通过简单的存在将这些作为真理再现。[④]”在现代民族国家的形成过程中，风景已经成为建构“想象共同体”文化政治的重要媒介[⑤]。

“家国同构”是中国的重要文化观念之一，家与国密不可分。在历史重要时刻或特殊自然情境之下，“舍家为国”“国而忘家”的行为举动是传统和当代文化所赞成和倡导的。在影视作品中，这一观念可以同样用自然风景承载，无需过多解说或旁白的渲染，便可能收得“无声胜有声”之效。在《新军垦战歌》“边关万里”一集中，在标题字幕出来之前，开场画面将不同的风景囊括其中，茫茫无际的雪山、静静流淌的界河、枝繁叶茂的白桦林，绵延不绝的铁路轨道共同构成了叙事的自然环境，讲述了五个分布在雪岭、草原、风口等偏远地方且生存环境恶劣的巡边员默默坚守，守护边疆安宁的故事。地理以及文化意义上的国家特征、边界线和国境的概念在边境巡逻的实践中得到了格外强烈的体现。风景以及环境

---

① 李莉. 美国国家公园：风景民族主义符号. 浙江外国语学院学报，2019，(1)：105—112.

② 李政亮. 风景民族主义. 读书，2009，(2)：79—86.

③ [英]西蒙·沙玛. 风景与记忆. 胡淑陈、冯樨，译. 南京：译林出版社，2013：175.

④ Ellen Hostetter, Reading Place, Reading Landscape: A Consider ation of City as Text$_{TM}$ and Geography. *Journal of the National Collegiate Honors Council*, 2016 (2): 68.

⑤ 孙胜杰. 民族复兴与“黄河”影像话语的建构. 电影文学，2020，(16)：44—47.

不仅仅是人的物质来源或者要适应的自然力量，也是安全和快乐的源泉、寄予深厚情感和爱的所在，甚至也是爱国主义、民族主义的重要渊源。常人难以忍受的孤寂、恶劣环境中，巡边员们安家在祖国的边境线上，日常的工作和生活围绕升旗、巡边和放牧展开。摄像师多以远景和全景展现人物在雪山、草原、风沙中巡逻，被框取的风景成为一个视觉占有的地点，一个身份形成的焦点[①]，让观者难以忽略它的存在。这里的人们适应自然即意味着坚守，守好“大家”也就意味着守好了“小家”，“屯田兴则西域兴，屯田废则西域乱”的家国一体理念深入边境人家的内心。

在一幅自然风景中，任何类型的人类存在和人类习惯的标记，都会感染那幅风景，将其隐晦地联系在人类控制力和组织力的徽章里[②]。在“家住沙漠”这一集中，居住在古尔班通古特沙漠附近和塔克拉玛干沙漠边缘的兵团人，存在于此的意义同样显得尤为明显。他们想要改变沙逼人退的被动局面，必须肩负起植树造林的特殊使命。在经济效益（政策扶持）和生态效益的合力下，由外围的荒漠植被防护林、沙漠前沿的防风沙基干林、垦区中心的农田防护林以及城区的行道林组成的四级防护林把一座座小城掩映在绿荫之中，构建起多个绿色长廊。四级防护体系成为保护兵团人家园卫士的同时，也使绿色成为新疆兵团的路标和名片，兵团的绿洲成为世界最大的生态建设工程。片中自然风景衬托下随风飘扬的五星红旗、伫立不动的界碑、蜿蜒曲折的界河、绵延不绝的铁丝网等成为苍茫景色中的点缀之物，这些人类习惯的标记不仅是巡边员们日常坚守的所在，也是祖国边境安宁与稳定的重要象征。“被感染”的风景在意识形态的书写中询唤爱国主体并建构民族认同，风景于是成为配合意识形态宣传的象征体系和有力载体。

---

① ［美］W. J. T. 米切尔. 风景与权力. 杨丽、万信琼，译. 南京：译林出版社，2020：03.

② ［英］马尔科姆 · 安德鲁斯. 风景与西方艺术. 张翔，译. 上海人民出版社，2019：193.

六、风景书写意识形态的四种机制

风景从属于空间，包括风景在内的空间之所以能够实现意识形态功能，主要是借助“符号能指”“价值隐喻”“记忆询唤”与“情感共通”等主要机制，把抽象的观念体系通过空间建构而具像化，促其意识形态的价值传递与教化认同得以表达和实现①。

机制之一：“符号能指”。“符号能指”最早由索绪尔提出，他认为语言符号连接的不是事物和名称而是概念和音响形象，他用“所指”指代概念，用“能指”指代音响形象，能指和所指的结合叫作符号②。换言之，要在实体的外在形态“能指”与抽象的意义“所指”之间发生关联，符号本身的选择至关重要。符号的意义形态并不仅局限于语言表达系统，风景同样也蕴含着大量的意识形态符号表达。自然风景中的某些存在物，本身就是象征符号，观者能通过所看对象的外在实体，准确理解其蕴含的“所指”意义。标记领地是国家符号在风景中的一种显性书写，引导观者从外在形态和内在意义之间生发关联，做出相应的解读和建构。例如看到随风飘扬的五星红旗、屹立不动的界碑、蜿蜒曲折的铁丝网等符号，会想到国土神圣不容侵犯的意义。

机制之二：“价值隐喻”。进入现代社会以后，意识形态发生作用的形式已经发生了重要转变。有效意识形态的作用形式是隐性的、弥散的③。“价值隐喻”是指通过源域事物的部分特征、关系、知识上，进而获得引申和象征意义的结果，传递着意识形态中最为核心的价值观④。隐喻的实质是通过另一类事物来理解和体验某

① 林滨，曹莉莉. 意识形态空间化的机制与建构. 贵州社会科学. 2020(01)：32—37.

② 韩健，索绪尔语言理论的哲学解读——从分析哲学的视角. 新疆大学学报(哲学·人文社会科学版)，2021，148—154.

③ 刘伟斌. 视觉与意识形态——基于视觉文化意识形态生成机制的批判分析. 自然辩证法通讯. 2019(02)：83—88.

④ 林滨，曹莉莉. 意识形态空间化的机制与建构. 贵州社会科学. 2020(01)：32—37.

一类事物，帮助我们用已知的具体概念或事物去理解抽象的、未知事物①。提起大美新疆，除了旖旎的自然风光之外，也少不了瓜果香甜、农业现代化等印象。以《新军垦战歌》中自然作物的风景画面为例，用大量篇幅来展现火红的辣椒、洁白的棉花、金黄的水稻等农作物种植演化的故事，这些画面既隐喻着国家对西部农业的大力扶持和重视，更隐喻着兵团人屯垦戍边过程中的辛苦付出与劳动智慧。

机制之三："记忆询唤"。法国学者皮埃尔·诺拉认为"记忆之场"是实在的、象征性的和功能性的场所②。一些特定的风景场域能够激发个体的情感记忆，"在场"的现实风景与"不在场"内在精神心理风景，在风景机制的推动下自由转换，不断发展又不停回溯，将风景书写深入人的意识和精神心理的深层③。"家国女人"一集中讲述了兵团退休职工姜同云乘坐飞机在高空中看到了自己年轻时参与修建的乌库公路，一瞬间勾起对过往经历的怀念。经由风景唤醒的不止是被誉为"冰峰五姑娘""塔河五姑娘"的荣誉称号，还包括个体参与兵团建设发展重要阶段的历史记忆。变化的风景引导观看主体将时间与空间关联起来，被唤醒的时代记忆在历史与现实、个人与国家之间来回穿梭，有力地印证了兵团"屯垦戍边"的重要贡献。

机制之四："情感共通"。由于"价值、认同和态度具有情绪性、或者具有情绪成分"④，因此在意识形态传达过程中不能忽视情感的共通性。意识形态风景化的"情感共通"是指个体们通过观看同

① 王怡，修辞学和认知语言学中隐喻的异同分析. 昭通学院学报. 2021，76—79＋85.

② 王玉珏，许佳欣. 皮埃尔·诺拉"记忆之场"理论及其档案学思想. 档案学研究. 2021(03)：10—17.

③ 郭晓平，魏建. 中国现代小说风景书写的时空机制. 现代中国文化与文学. 2019(01)：80—100.

④ 林滨，曹莉莉. 意识形态空间化的机制与建构. 贵州社会科学. 2020(01)：32—37.

一片风景，能够看到其中的意识形态话语书写，产生可交流且彼此认同的情感共鸣。纪录片中的巡边员忍受着孤寂的生活，义无反顾地安家在祖国的边境线上，个体从对边疆风景的实际观看上升到了“家国一体”理念的认同，进而转化为了捍卫家园的实际行动。镌刻在中国人骨子里的爱国之情就是彼此之间“情感共通”的关键，“舍家为国”的情感相似性构成了通达不同社会主体之间的公共桥梁，易于促成人们从“同情心”到“同理心”，以达成对意识形态所倡导价值观的自觉认同①。

六、结语

倡导“空间转向”论的列斐伏尔认为，空间不仅是一种抽象的立体几何意义上的纯粹形式，也不仅是承载着具体功能的场所，它更是一种生产机制，社会关系和生产关系在此交汇，空间中的生产行为既可以是经济生产，也可以是权力和文化意义上的再生产。风景是空间的重要呈现形式。作为一种“好用”的权力媒介，它试图通过作为自然化秩序的形式，达到隐藏权力运作之痕迹的目的。如马尔科姆·安德鲁斯所言：“艺术中的风景能够表现一整套的政治价值和政治意识形态，特别是当它并不像是在揭露政治意义的时候”②。如何将意识形态包裹在风景书写中，既具有审美意蕴又能将其中的人文内涵传递给读者，这将不断考验着艺术家的创作智慧。

习近平总书记在2020年第三次中央新疆工作座谈会上强调，“要深入做好意识形态领域工作，深入开展文化润疆工程”。正是在此意义上，通过包括政论片在内的文艺创作形式，以润物无声的风景书写不同层次的意识形态话语，无论是对于建构生命情感、形塑历史记忆、强化家国认同，还是回击外界对意识形态工作的干

---

① 林滨，曹莉莉. 意识形态空间化的机制与建构. 贵州社会科学. 2020(01)：32—37.

② [英]马尔科姆·安德鲁斯. 风景与西方艺术. 张翔，译. 上海人民出版社，2019：192.

扰，都有着极其重要的价值。探索风景等自然载体参与思想价值观念塑造的有效机制，也必将为进一步推动“讲好新疆故事，传播好新疆声音”并更为有效地实现意识形态诉求提供更多选择与可能。

（作者：程进、王中伟）

五、电影解读 1:《天山儿女》的视听艺术

《天山儿女》这部微电影获得了美国白金奖、国际短片钻石奖、金海棠奖等国内外 40 多项大奖,其艺术魅力及成就非同一般。该片讲述了新婚维吾尔族夫妻与患病汉族父亲之间的家庭情感故事。为报朋友救命之恩的艾拉、笃信朴素信仰的古丽,以及对儿子痴念不忘的老人,共同演绎了天山脚下情意绵长、大爱无疆的风情画卷。正如主题曲《真爱》里的歌词"敞开宽阔的胸怀,让你感到真爱",导演并没有刻意通过煽情的方式将真爱传达给观众,而是凭借对电影视听语言的合理运用,润物细无声般娓娓道来,彰显出人性与情感的光辉。

"在艺术作品中没有赤裸裸的形式,也没有赤裸裸的内容。任何意义、内容、情感、思想的表达,美的创造都必然是通过某种特定的艺术形式来传达的。而在电影中,我们通常把这种艺术形式的一个重要元素称之为电影语言。"[①]电影语言,也可以称为电影视听语言。《天山儿女》在视听语言的使用上也较为考究,为未来新疆微电影的创作提供了一个可供参考的优秀样本。以下将从电影视听语言的角度,对该影片的长镜头、空镜头、推镜头、关系镜头、叙事策略等方面进行分析和解读。

---

① 戴锦华. 钢的琴:形式、语言与风格. http://open. 163. com/movie/2012/4/1/0/M8I8EP2ET_M8IQDV010. html

1. 升华主题的长镜头语言

"故事是生活的比喻,而生活是在时间中度过的。所以,电影是时间艺术,而不是造型艺术。……所有时间艺术的第一大训诫就是:你必须把最好的留到最后。……这些会当凌绝顶的瞬间必须是最令人满足、最意味深长的体验。"[①]在《天山儿女》中,影片的结尾使用了一个长达两分多钟的长镜头,对故事所表达的主题进行渲染和升华,极具仪式感。

蒙太奇语言更多地体现着创作者的主观性,强调的是通过对零碎片段的合理整合,实现导演封闭式的戏剧追求;而长镜头语言则恰恰相反,它更多地体现了创作者的客观性,强调的是通过连贯持续的镜头内部剪辑,实现观众开放式的沉浸体验。电影作为一种艺术,很重要的一个特点就在于创作者自己不能直接说出主张或结论而只能让观众自己体会,即"水落石不出",创作者需止步于告诉观众水落了,至于石头出来与否需要让观众自己思考。在一定程度上可以说,蒙太奇强调的是水落石出式的创作者灌输,长镜头则强调水落石不出式的观众领悟,而这种沉浸体验下的心领神会,才是艺术的上乘境界。

《天山儿女》这一一气呵成的长镜头,对象由物体到人物,速度由正常变为慢速,镜头调度最后以拉镜头结束,随着摄像机的缓缓拉开,主人公在画面中的面积也由大变小,逐渐成为了画面中一个点,直至画面暗淡消失。在景深被缓慢地拉得越来越大的同时,现实叙事的声音逐渐消失,略带伤感但纯洁无瑕的西域特色童声吟唱渐渐升起,"相拥相抱青藤树,人间真情花常开"的原创维吾尔语主题曲《真情》弥散开来。这一抒情性的音乐如泣如诉,配合着慢速、柔和而又克制地拉镜头,将观众的情绪带入了一个高潮。"拉

---

① [美]罗伯特·麦基. 故事:材质、结构、风格和银幕剧作的原理. 北京:中国电影出版社,2001:127.

镜头内部节奏由紧到松，与推镜头相比，较能发挥感情上的余韵，产生许多微妙的感情色彩。”①镜头虽已定格，但言有尽而意无穷，如余音绕梁言犹在耳一般，观众仍沉浸其中细细回味。长镜头通过时间的不断积累进一步升华了“这世界有些感情比血缘还要近”（主人公艾拉语）的民族团结主题。

2. 寓情于景的空镜头语言

空镜头有多种表现功能和艺术价值。精心设计的空镜头，犹如意象一般，包含着跃出形象自身的内涵。在《天山儿女》中，至少有两组对比明显的空镜头，都很好地承载了表象与意象，文本与潜文本，可知的外表与未知的情感。

空镜头的运用，不只是单纯描写景物，而成为影片创作者将抒情手法与叙事手法相结合，加强影片艺术表现力的重要手段。②如影片开始时的山村和约 21 分钟时天空下的建筑物这组空镜头。虽然都是关于建筑物的全景空镜头，但是传达的寓意却截然相反。第一个空镜头是旭日东升，炊烟袅袅，远处弯弯的河流在晨光照耀下波光粼粼，近处居于画面中央的山村也被撒上了一片片温暖的光线，这都意味着美好一天的开始。所以，接下来就是一组伊玛目在为新人念祈祷词的镜头，仪式感的传承，是对生活的尊重，也是对美好的向往。这不仅是异域风情的展示，更是之后长时间里古

① 朱尉、贺清. 运动镜头的功能和表现力. 青年记者，2008(32)：1.
② 董广. 论电影叙事的诗性结构. 艺术探索，2011(6)：110.

丽坚持下去的理由。第二个空镜头则完全相反，不再有暖色的光源，建筑物也不再居于画面中央，更多呈现的是乌云密布的天空。在阴暗的天空中，厚重、暗蓝（冷色调）的云层占据了整个画面的绝大部分，像是挥之不去的阴霾。民族色彩浓重的生活建筑则在层层乌云的笼罩下被挤压在了画面的最底部，在逆光拍摄下已经看不出细节的样子，只剩下像是被无情打磨过的粗粝的轮廓剪影。整个画面色彩凝重，透露着极强的压迫感。这意味着年轻夫妻不得不在生活的重压之下做出艰难而无奈的选择，这也为之后送老人去老年公寓的情节做了铺垫。

空镜头也是一种隐喻。空镜头经常被用来映射影片中的人物或者是通过展现景物表达某种感情，把人物的形象或者感情更加的抽象化。[1] 如微电影中关于月亮的一组空镜头，即是隐喻着人物情绪的变化。第一个是 06:09 处虽然接近圆月但不时有乌云掠过的空镜头，这意味着在带有缺憾的婚姻（婚礼仪式上古丽受委屈）开始后，不好的事情也将会随之发生。更具有代表性的是 18:54 处第二个月亮的空镜头。在漆黑的夜色中挂着的这一钩弯月，除了说明物理时间外，更承担着“承上启下”推动故事情节发展的作用。“承上”是指在上一场景中，以男主艾拉欲给女主幸福而不得和古丽凝重、感叹的表情收尾。古人有“月有阴晴圆缺，人有悲

① 李杨杨. 论电影空镜头的作用. 大众文艺，2011(19)：179.

欢离合”之说，用月的阴和缺，来对照人的悲和离，导演以弯月来象征着这份幸福是残缺的。“启下”则是暗示将有不好的事要发生——这个夜晚并不太平，老人在黑夜里去矿井送饭，儿女误以为父亲走丢而焦急地四处寻找。这一事件也成为了全片的转折点，男女主人公无奈做出了送走老人的决定。

3. 叩问心灵的推镜头语言

推镜头的一个重要作用就是强化人物的情绪。“镜头‘推’的过程就是人物感情状态不断上升强化的过程。”①推镜头作为一种运动镜头，其推进速度的快慢会影响影片的叙事节奏，从而产生外化的情绪力量。②

其一，平稳而缓慢地推镜头所体现的，一般是人物由内而外、缓慢酝酿的情感状态。第一个典型的慢推镜头在15:50处。古丽想给老人换洗浑身油渍的衣服，老人不听从，不小心将古丽推倒在地。此时古丽也达到了情绪崩溃的边缘，正如古丽坐在地上乞求老人说：“你能不能让我省点心，我都快疯啦。”接下来便开始了长达45秒的推镜头。古丽在院子里清洗老人的衣服时，镜头朝着古丽的方向缓缓移动，低沉伤感的音乐随之响起，犹如一个女人的无言诉说：在命运的捉弄下，即使心中有苦楚也无处倾诉，只能冷静接受。导演选择以推镜头的方式，将古丽内心的凄苦交与观众慢

① 周振华. 视听语言. 北京：中国传媒大学出版社，2013：39.
② 王聪聪. 影视镜头语言表现人物内心意绪的方式研究. 扬州大学，2015.

慢体会，摄影机用仰拍的角度缓缓靠近，同时也像是对其无声的安抚。第二个典型的慢推镜头约在 20:50 处。当老人站在矿井口撕心裂肺地呼唤儿子时，影片对老人和矿井通道都用了推镜头。老人以为孩子还能听到他的呼唤，但是现实回应他的，只有冰冷无言的空空矿道。镜头中的通道以暗调为主，远处通道顶上微弱昏暗的灯光，连接成了一条线，似乎望不到尽头。这是老人的孩子曾经工作过的地方，也是孩子由于矿难而离去的地方，虽然物是人非，孩子已经不在，老人也已糊涂，但是对儿子这份执着的牵挂却一直镌刻在心，望眼欲穿，永不休止。影片采用缓缓推进的平行剪辑镜头展现老人与矿道，一边是炽热的爱，一边是冰冷的情；一边是有声的悲，一边是无言的痛。

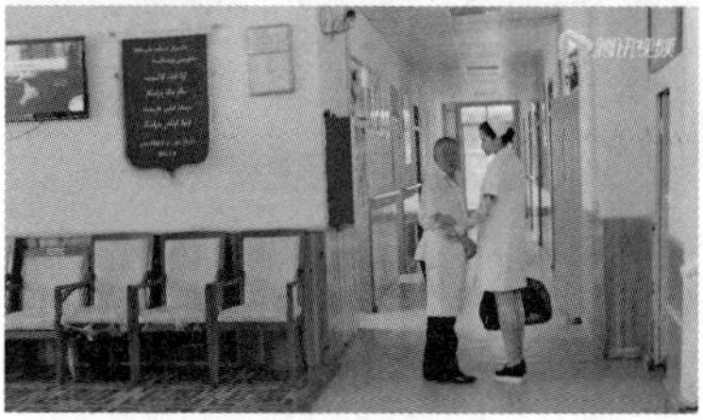

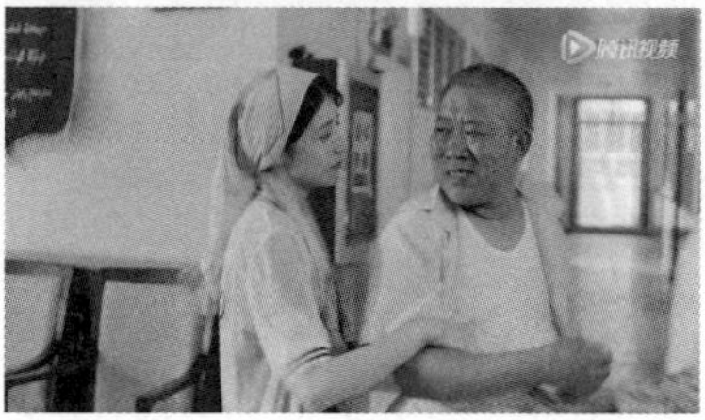

其二，快速而短促地推镜头所体现的，一般是人物由外而内、快速迸发的情感状态。如在影片 27:40 处的快推镜头。之前，先是对老人做了两次较缓的拉镜头处理，紧随其后的是古丽迎面跑向老人的快速推镜头。缓拉既表示亲人的远离，也寓意被“放弃”后老人的孤单无助，快推则代表着古丽对老人难以割舍情感在这即将分别的一瞬间突然爆发。这里的推镜头，既源于内心的不舍，更来自于外界变化（分离）的刺激。拉推之间，反映的是远离与不舍，是放下与拾起，是现实生活与坚守承诺之间两难困境的缠绕与纠结。

4. 共享意义的关系镜头

“从某种意义上说，作为一种电影叙事惯例，分享银幕/画面空间意味着在某种程度上分享意义或心灵空间；而画面空间的绝对分离，则呈现着截然的对立或无法交流、不可通约的状态。”①下面选择两个典型的关系镜头进行解读。

第一处是10:40开始的双人对话镜头。当古丽与餐馆大姐商量改变上班时间时，分别使用了关系镜头、单人镜头、带有镜中关系镜头的单人镜头。从双方的对话可以了解到，古丽对大姐抱有歉意并深感自责，所以古丽在说话时导演全部使用的是单人镜头；而对于大姐来说，她理解和同情古丽，她可以分享到古丽的心灵空间，就如同她对古丽说的：“你受的苦我都知道，我的孩子。”所以在大姐说话时，较多使用了关系镜头以及含有镜中关系的单人镜头。从这一层面而言导演在关系镜头的分布上可谓是用心良苦。值得商榷的是，由于谈话双方并不存在精神层面的严重分歧或对立，这就意味着，需要用更多的关系镜头来体现这种共同情感。所以，此处对话可能对切的关系镜头偏少，分割的单人镜头偏多。

---

① 戴锦华. 电影批评. 北京：北京大学出版社，2004：12.

第二处是导演从古丽与老人的关系镜头作为起幅开始摇镜头(25:46),中间是三人共处同一画面,最后定格的落幅是艾拉与老人的关系镜头。这个关系镜头的特殊之处是两人不是常规的面对面镜头,而是背对背镜头,一个在现实,一个在镜中,是现实中的艾拉与镜子中的父亲。背对背意味着在做出签字决定的那一刻,艾拉无法面对曾经的承诺与眼前的父亲。现实中是无奈的分离,镜中却又同处一个画面,正如主人公对老人的照顾有心而无力一般,一个镜中之镜,将美好想象与无情现实之间的巨大撕裂凸显得淋漓尽致。

5. 讲好电影故事的视听叙事艺术

第一,叙述结构的戏剧性。

影片的叙述结构未必等同于故事结构。故事结构遵循着现实生活的线性逻辑,一般是传统的三幕剧,即开头问题出现,中间设法解决,结尾则是结局和变化。而叙述结构并无定势,它可以像故事结构一样按照时间顺序进行,也有可能为了叙述紧凑、吸引读者,或者为了扩展时空、增加故事容量等因素而打乱时间顺序。

在叙述结构上，导演总体上并未完全遵循故事结构进行叙事，而是对其进行了创造性的艺术呈现。从故事结构（生活逻辑）而言，艾拉会在婚前或婚后将认老人为父的原因告诉古丽，但是在微电影中一旦按此逻辑推进叙事，贯穿其中的悬念和戏剧张力便会极大减弱。所以，为了加强艺术性的悬念设置，需要倒置现实逻辑中的先后关系。然而，这种倒置在解释古丽为何任劳任怨照顾老人时，只能将原因暂时归结为朴素的传统信仰——正如电影中古丽说："这些都是真主的安排，真主说，选择什么，就承担什么。"——这也使得影片开始时具有异域奇观的婚礼仪式不仅仅停留于民族文化的符号化呈现，而是成为了参与叙事的重要组成部分。直到影片最后一部分时，艾拉将真相告诉古丽，悬念才彻底揭开。这种打破生活逻辑进行艺术呈现的叙述结构也随之带来了主题的升华，从较低层面的赞美族际性的传统信仰转向较高层面的讴歌普世性的人间情感。人性中的伟大光辉，可以穿越时间、穿越家庭、穿越族际、穿越信仰，从而完成救赎，抵达融合。正如导演王益民所说："这部影片真正打动人心的，是人性的光辉和民族的情怀，是我们中华民族大家庭互相融合、血浓于水的情感。"

第二，叙述主题的共通性。

主题是价值观，是影片的灵魂。选题是具体的故事，是影片的血肉。好的影片需要用陌生化的选题，实现共通化的主题。

《天山儿女》本来是能源企业神华集团打造企业文化、塑造企业形象的一部微电影，却成为了新疆民族团结题材微电影的典范之作。该微电影将地域性的故事呈现为普罗大众所能理解、接受和喜爱的影像，通过叙事技巧和视听语言来展示一方水土的生活风貌。如片中主演依明江·吐尔达洪在接受新疆电视台采访时所说："和我们现实生活中的内容是一样的。我们新疆是一个多民族聚居的地方，团结友爱，亲如一家人。"

虽然，"社会间多样性的价值时常会简化为对特定文化标志的渴望”[①]，但是，优秀的影视作品所要努力的方向，不仅仅在于从选题层面展示一种不一样的生活，更要找到在主题层面与人类共同经验发生联系的那些“点”和方式，从而突破选题内容的“有限”达到主题层面的“无限”，从而赢得更多的理解与共鸣。[②]

进一步言之，边疆少数民族地区的影像如何选取“好故事”，如何讲好中国故事？《天山儿女》提供了一个有益的借鉴。优秀影片的主题，在一定意义上是一种“共同价值”。“共同价值反映的是不同个体、民族、国家之间的共性，不是某个地域特殊价值的人为提升，不能产生于任何人的主观设计，而是人类在认识和改造世界的过程中、在各民族文化交流和融合的过程中自然形成的。”[③]基于这种认识，边疆少数民族微电影的创作方向在选题上可以是传统地域文化，但在主题上需要冲破这一藩篱的限制，减少文化贴现，增进跨文化交流。这并不意味着对有差异性的地方文化特色的消解，而是更为合理地认识和呈现这种差异，从而更好地增强作品的文化吸引力。

电影视听语言本身与生俱来的普适性为跨文化传播提供了更大的可能，它“直接刺激人类视觉听觉感知器官，跨越国籍、跨越语言地唤起情感层面的价值共鸣，实现跨文化传播的融合和认同。”[④]边疆少数民族的微电影创作如果在主题的共通性、选题的陌生化、叙述结构的戏剧化等方面做出改进，并且能够更加精准地运用视听语言，不但可以更好地讲好边疆故事，也必将为阐述好中国故事探索出新的可能性。

（作者：王中伟、曾洪玺、田晓宇）

---

① ［美］泰勒·考恩. 创造性破坏：全球化与文化多样性. 上海：上海人民出版社，2007：158.

② 李贤，王中伟. 新疆卫视综艺节目如何走出去. 塔里木大学学报，2017(04)：27.

③ 项久雨. 莫把共同价值与“普世价值”混为一谈. 人民日报. 2016-03-30(07).

④ 陈丹桦，吴迪. 降低“文化折扣”. 视听界，2013(01)：104.

六、电影解读2:《远去的牧歌》的符号建构

少数民族电影承载着丰富的民族文化,在塑造国家形象方面作用明显。新疆题材电影在"十七年电影"初期进行了有效的传播,发挥了重要的政治传播功能,构建了中国政治形象。改革开放之后,我国少数民族电影艺术也发生了一系列变化,具体表现为文化自觉意识的觉醒、顺应社会变革趋势以及转向纪实美学风格等,这一系列变化也反映出新时期社会变革下国家形象的多面性特征。

1. 新疆少数民族题材电影的发展阶段

新疆少数民族题材电影,是以表现新疆少数民族生活状貌、展现新疆特色自然景观以及宣传民族团结、爱国主义等正面精神为主要创作目的的影片类型。作为中国电影的一部分,新疆少数民族题材电影的发展由来已久,大体上可以分为以下三个阶段:

"十七年"电影时期(1949—1966),新疆少数民族题材电影旨在弘扬国家主流意识形态,宣传党一心一意为人民服务的精神,从而建构新兴民主国家各民族平等、共同进步的国家形象。新中国成立伊始,国家宪法明确规定中国是一个统一的多民族国家。作为精神文化产品的重要表现形式,电影在娱乐消遣、宣传教化等方面的作用不可忽视。尤其在少数民族聚居区,电影自然而然成为党和政府早期国家文化建设工程中的重要领域。这一时期,国家处于百废待兴的状态,新疆地区并没有设立电影制片厂。因此,由

上海电影制片厂制作的影片《哈森与加米拉》成为了新疆少数民族电影的第一部作品。这部作品不仅表现了哈萨克族的生活状态，还让全国观众目睹了遥远的边疆地区的独特景观，影片的发行获得了巨大的成功，不少电影工作者开始关注并投身新疆少数民族题材的电影创作。随后，由长春电影制片厂制作的影片《天山上的来客》一经发行引起了更多的关注。影片围绕新疆边防战士与当地少数民族群众团结战斗的故事，表现了各族人民团结一心，保卫边防的家国情怀。《天山上的来客》不仅故事情节紧凑，同时还展现了塔吉克族的生活状貌。影片的歌曲《花儿为什么这样红》《怀念战友》也广为流唱，经久不衰。以上两部代表作品，反映了“十七年”电影时期，新疆少数民族电影的创作情况。

新时期电影(1979 年—2000 年)，在历经“文化大革命”十年浩劫后，中国文艺界迎来了新的春天，电影艺术的发展也出现了生机。这一时期，新疆少数民族题材电影作为中国电影发展潮流中的一部分，在思想解放的浪潮中，迸发出空前的创作热情。以广春兰为代表的电影工作者，在创作题材、叙事手法等艺术表达层面上，为新疆少数民族电影注入了新的活力。广春兰的代表作品有《不当演员的姑娘》《买买提外传》《火焰山来的鼓手》等，其中《买买提外传》将喜剧元素融入新疆少数民族电影创作中，以轻松幽默的故事情节讲述了新时期下新疆少数民族青年人自由恋爱的浪漫故事。《买买提外传》通过男女婚恋故事的讲述，不仅向观众展示了独特的少数民族人文风情，同时还输出了新时期下，新疆地区各民族团结友善、自由平等的和谐社会氛围。

21 世纪以来新疆少数民族题材的电影创作呈现出多元文化的发展趋势。随着中国加入 WTO，全球化的浪潮迅速席卷来，面对经济全球化的趋势，新疆少数民族题材的电影也进行了深化改革。这一时期的新疆少数民族电影一类是反映新疆少数民族的题材，这类电影结合多民族视角，注重民族文化的表达，十分具有民族特色，另一类则是结合国家主旋律的电影创作，以民族族群的特定记忆为核心，呈现出具有文化自觉的电影作品。这一时期新疆少数民族题材电影的代表作品有《真爱》《乌鲁木齐的天空》《远方的牧歌》等，这些电影作品注重结合国家主旋律并调和多民族视角，从而通过电影作品促进本区域的对外形象传播。

2. 国家形象与少数民族文化在影像中的符号建构

《远去的牧歌》全片跨越了三十年，展现了哈萨克族民族文化元素，描绘了哈萨克族三代人的生活与思想观念变迁。第一代，是以胡玛尔、哈迪夏为代表的传统派，在他们眼中，游牧生活是世代传承且无法改变的；第二代，以萨吾列西、羊皮别克为代表的中间派，他们从小深受草原文化的影响，但是也见证了现代文明的建立；第三代，则是以博兰古丽、里亚斯为代表的现代派，他们真正脱离草原环境，融入现代都市文明之中。

生活转变的背后，是国家力量的变迁与国家形象的塑造。整部影片中国家形象的塑造是通过哈萨克族文化反哺而建构的。哈萨克族的游牧文明与汉族的农耕文明是同一文明下的两个分支。在两种文明之下，人们都看天靠地生存，文明的脆弱性显著。在中国近代，以汉族为主的农耕文明在自我探索之中打破了小农生活的束缚，迈向了新生活。而在电影《远去的牧歌》中，哈萨克族人民以自我为起点，通过自身的影响迈出游牧文明，走进定居生活。

因此，《远去的牧歌》中，通过新旧生活的对照、环境的显现以及哈萨克族群像画面的突出，展现出在多元化文化的国家之下，各少数民族当家作主，他们在自己亲身的体验之下，选择了康庄大道，而他们这种选择也是以本民族文化内核为中心进行的。

第一，逐渐隐藏的"政治"符号。

电影艺术一直在找寻商业性与艺术性的平衡时，人们摸索出了它政治性的一面。早在苏联时期，苏维埃政府就发现电影作为一种大众传播媒介，其对精神意识的引导具有较强的作用，政府开始重视电影的政治宣传功能。受苏联的影响，毛泽东明确提出了电影应当如何建构国家形象，奠定了中国“十七年电影”期间的基调。由此，在歌颂“新的社会经济形态，新的阶级力量，新的人物和新的思想”，反对“压迫中国人民的敌人”和“旧的社会经济形态及上层建筑”的思想方针影响之下，中国电影的政治属性高于一切，电影成为了“政治教育”的工具。[①]

随着国家力量复苏，在突出国家形象国际传播的当下，政治表达由“硬性”转变为“软性”。首先，国家形象的生活化。在整部电影中，作为一直排斥现代化的胡玛尔在潜移默化之间，生活逐渐受到现代文明的影响。在胡玛尔去取别人从城里带回来的物品的时候，胡玛尔转过来就去驱赶挖去冬虫夏草的人。接着，胡玛尔家中使用着代表着现代化的电视机、电灯等生活用品。虽然胡玛尔骨子里面受众草原文化的影响，但是他已经在享受着国家现代化带来的利处，这也为他最终选择入住定居点，并很快适应定居点的生活埋下伏笔。其次，国家形象的视听化。在冬季转场之后，哈萨克族迎来了纳吾鲁兹节，欢快的音乐在片中第一次响起。这里的音乐暗喻着哈萨克族民族内部欢度佳节，享受安静。但这种快乐是短暂的，游牧生活中处处都暗藏危险。随着羊群的激增，草场不足，倒逼游牧转场提前开始，狭窄的道路导致羊群坠崖，并且胡玛尔也失去了自己的儿子。转眼来到了秋季转场，欢快的音乐第二次响起。这里的音乐则是国家形象的化身。在视觉感官上，大片的花海、结对的羊群、宽阔的道路以及充裕的草场与之前的画面形成强烈反差，国家的形象以广播的形式出现，表现出牧民们在国家的带领下，走上了美好的生活。之后的场景也再一次印证了这一事实。摩托车与传统舞蹈元素的结合，展现了传统与现代之间的

---

① 陈犀禾，鲜佳.“十七年”时期中国电影中的国家理论和国家形象研究.当代电影，2019，278(05)：6—12.

交融，哈萨克族人们在响彻的广播声之下，开启了幸福时代。极具现实感的生活图景，反衬和丰富了少数民族社会发展融入了国家主导下的现代化征程。

第二，逐渐增强的“个人”符号。

在改革开放之前，我国电影中的人物形象都是前赴后继的群像，他们都在中国共产党的指引之下，踏着革命先烈用鲜血铸成的道路成为一名共产主义战士，教导大众要珍惜当下美好生活，懂得胜利来之不易。迈入新世纪以来，现实主义题材电影在不断崛起的同时，电影中的人物形象也由以前高大上的历史人物或杰出英雄的视角转向生活中平凡人物的视角，这种世俗化与平民化的转变，更能在大众之间引发共鸣。

在《远去的牧歌》中，“个人”符号出现了五次。分别是政府要员、羊皮别克以及大学生村官、胡玛尔、哈迪夏。

在电影中，政府要员均是哈萨克族人民的形象。他们的出现是为了收缴胡玛尔家中的猎枪，但是却被胡玛尔驱赶出家。政治化形象的第一次出现较为突兀，在影片中缺乏铺垫。虽然政府要员以同民族身份出现，但是于胡玛尔而言，还是存在距离感，因此第一次效果不佳。但是这种形象一改往日“教化”的“帮助者”和“拯救者”的主导地位，成为真实的基层工作的写照，他们遭遇不理解，不配合，还要继续工作。

羊皮别克在影片中扮演着觉醒者的角色。在冬季转场暴风雪中命悬一线的遭遇，让他彻底看透了游牧生活的脆弱性，在大自然的面前，传统的游牧不堪一击。于是，在脱贫致富政策的影响之下，羊皮别克成为了致富的领路者。在跨越近三十年的生活之中，羊皮别克通过自己的致富道路潜移默化地影响了周边的人。在影片前半段，只有羊皮别克骑着摩托车，而在影片后半段中，大量摩托车与哈萨克族人民舞蹈的画面暗示人民美好的生活。在影片中，羊皮别克走的是粗放式的道路，虽然他是最早致富的一代，但是他缺乏正确的指引，对草原生态造成了破坏。这激化了现代文明和游牧文明之间的对立，成为以胡玛尔为代表的传统派极力抵制搬迁的又一重要原因。

而博兰古丽成为了矛盾修复者。作为胡玛尔疼爱的孙女，她以自己亲身的大学体验经历来感化胡玛尔。他们传达国家对"生态文明保护"的决心。不仅解决了胡玛尔与羊皮别克之间的矛盾，也消散了胡玛尔对现代定居生活的误解。而博兰古丽的人生轨迹也如胡玛尔所说：坐在马鞍上，看得更远。

胡玛尔是全片的核心人物，冬季转场途中，牧民对他的称赞奠定了他作为"精神领袖"的地位。猎枪、骏马和猎鹰成为胡玛尔外化的精神寄托。在现代化进程中，胡玛尔也感受到不可逆时代的召唤，他斥责羊皮别克，甚至用自己的马匹去追赶羊皮别克的汽车，虽然最后阻止了羊皮别克的汽车，但他心里明白，这种现代化生活不可逆，因为它能够使未来的生活更安定。影片结束时，胡玛尔一家搬迁去定居点，他决定放走自己的猎鹰，但是猎鹰在帐篷上方久久盘旋。这正是胡玛尔对游牧生活以及草原依恋的表现，离开草原就会变成一个没用的人，他"精神领袖"的地位荡然无存，胡玛尔内心深处的挣扎也通过绝食的情节来进行展示。最终猎鹰飞向了属于它的天空，胡玛尔也最终如猎鹰一般解开了自己的心结，一个不怕转场的民族，又怎么会"惧怕"崭新的安定生活，胡玛尔如同猎鹰一样，放下了过去，重新开始。

哈迪夏作为片中主要的女性角色，也是哈萨克民族中"母亲大地"的象征，她因为丈夫的死亡，完全成为了这个家庭的大家长，掌管着这个家庭的一切。两个儿子在片中有两次因为母亲打架，一次因为父亲的死，母亲怪罪胡玛尔，巴彦却帮着劝说，哈迪夏当然明白这种"民族大义"，但作为一个女性，"丧夫"的情境下，需要情绪的出口，更具备了"人性"的逻辑和情感。这个"母亲"的角色，很多时候承担了现代化进程中某些"民族情绪"需要修复和疗伤的功能。比如胡玛尔的腿脱臼了，哈迪夏前来帮助他恢复正常，也是在这个时候，劝说胡玛尔放弃自己的猎枪，“命也会被老天爷收走”，“你并没有失去所有的东西”。羊皮别克在哈迪夏家，吹嘘自己的财富，哈迪夏生气地将他赶出去，但此时自己的小儿子杜曼已经受不了这样财富的诱惑，决定和妻子卖了自己的羊群进城，但后来杜曼离了两次婚，带着孩子又重新回到了草原，在传统和现代的碰撞中，哈迪夏的家成了杜曼最后的慰藉，这正是“大地母亲”能给予的。

政府作为一个要点，将代表脱贫致富的羊皮别克和代表生态文明的胡玛尔连接了起来，实现了共赢的局面。影片中通过两个个人化的代表，一方面表示了国家和政府能够为少数民族开辟美好生活之路，另一方面展现了少数民族文化对于国家政策的影响，为世界展现了中国一体多元文化的魅力，体现了我国各族人民之间和平共处、各民族平等的和谐生活图像。

影片中，胡玛尔对猎枪、骏马、猎鹰的放弃其实是对生态文明真正的保护，生态系统中的生物链真正实现了自我的运作。同时，在胡玛尔下山之时，画面环境是夕阳；而在胡玛尔放生猎鹰的时候，画面环境是太阳缓缓升起。这背后寓意着旧时代的终结、新生活即将开始。在影片最后具有纪实性画面的新生活图景的展现，也印证了这一事实。

第三，始终存在的“自然”符号。

英国编剧克拉克在《风景进入艺术》年中指出：“我们被非人造而具有与我们自身不同生命和结构的东西包围着……我们在想象中重塑它们来反射我们的情绪。然后我们开始将它们视为对所谓‘自然’这一观念的贡献。”在影视作品中，自然景物往往已经摆脱了它原有的自然属性，被纳入到影视中作为能指，为电影主题表词达意。电影中的自然景物往往具有文学性、音乐性或者情绪性。他们可以表现人物的精神，也可以表现人物的精神家园。新疆以独特的自然风光成为旅游胜地，湖泊、高山、草原等地貌成为很多影视作品中美丽的存在。这些独有的自然景观成为影片不可或缺的一个因素，有时候也成为推动剧情发展的元素。

草原一直是新疆题材当中不可或缺的，它诉说着民族的过去，也存在于现代化的当下。《远去的牧歌》《鲜花》等影片的故事选地都在草原。《美丽家园》中，白雪皑皑的天山以及连绵起伏的草原，使人感到新疆独特的地域风情。《鲜花》中女主人公鲜花的成长和阿肯之路，也都与草原息息相关。鲜花在草原长大，她热爱草原的一切，和恋人的首次约会也在草原上具有仪式感的石堆旁，草原上的石堆在片中出现了两三次，最终鲜花因为不想离开草原和恋人分手，草原上的石堆象征着草原带给哈萨克族民族家园的依恋和深深的草原情结，这种情结是内在的、平静的，呈现出真实的"新疆形象"，蕴含着他们特有的价值观念和人生哲学。和鲜花相反的是阿曼太，他受到了大城市的感召，最后放弃了草原和鲜花，顺从地转向了城市文明，阿曼代表着离开草原，被城市驯服，再也无法回到草原的人们，他们内心深处被这些自然风景感召着，但又无法真正回到这里。这样的"自然"符号变成更有意味的元素，代表着眼前的美好，也代表着回不了过去。《远去的牧歌》《风雪狼道》中，草原不仅仅成为民族文化孕育和家园情节集结的自然景观，更成为影片中叙事中二元对立模式中的元素。这种大雪封山的灾难环境，有一种特别的视觉奇观，是增加影片观赏性的必要元素，这种观赏性也使得新疆少数民族题材电影具备了类型化电影的潜质。对于草原上风雪的渲染和表现，既增加了影片叙事上的紧张感和视觉上的观赏性，同时也在某种层面上展示了恶劣环境下，造就的民族性格和民族精神。

如果人们对地的情感分为"怕"与"爱"两个方面[①]，以少数民

---

① [美]段义孚. 无边的恐惧. 北京：北京大学出版社，2011：4.

族作为主体的电影呈现出一种对于土地的眷恋，风景成为他们永远的情感家园。正如《远去的牧歌》，胡玛尔说："哈萨克人还怕转场么?"由叶尔克西·胡克曼别克担任编剧、贾贺甫·米尔扎汗担任民俗顾问的《永生羊》便是典型恋地情节的自然风景建构。故事以哈力的回忆展开，故事放弃了激烈叙事，以平稳的笔触见证了一个平凡女子的生命起伏，影片中有大量的自然风景固定长镜头，这些静谧的影像以无言的方式诉说着流转的光阴和光阴下永生羊般的女性命运。通过代表着深沉母爱的自然风景达成了人类情感的共通，这些自然的景观成了时间之下最安稳的情感沉淀。

新疆的自然地域景观是"自然"符号的呈现，将这些"自然"符号生活化、常态化地展现，才能更好地展示新疆形象的真实感和动人感。

第四，含义丰富的"文化"符号。

"民族是人们在历史上形成的一个有共同语言、共同地域、共同经济生活以及表现于共同文化上的共同心理素质的稳定的共同体"。民族是人类在共同劳动和社会活动中形成共同文化而诞生的，这种文化传统不仅仅影响了这个民族中的成员，同时也是这个民族凝聚力的根源所在。也可以说，文化是民族的根本，民族是文化的载体。

作为新疆题材电影，必然将新疆文化作为影片的重要组成部分，激发观众对新疆文化的好奇和热爱，激发民众对于民族团结的期待与渴望，以实现对国家形象的塑造和认同。

《鲜花》创作之初就立足于打造文化精品，因此，这部影片尽情展现了新疆哈萨克族多彩的民俗，影片围绕着哈萨克族女阿肯鲜花的成长历程，全面展现了哈萨克族独特的"摇篮礼""哭嫁歌""葬礼"等人生礼俗。除此之外，影片还将各种岁时礼俗、游艺娱乐之俗、日常生活习俗通过多种手段进行展示。通过展现多样的民俗文化，既丰富了电影的内涵，也增加了趣味，哈萨克族精湛的骑术和赛马、叼羊等，也给观众留下了极深的印象。“在艺术创作中，不在于对象是可以认识的‘物’，而在于对象中凝聚了主体精神和生命意识。艺术家主体与对象（客体）交融在一起，艺术家全身心地投入客体之中，对象也消融于精神王国、生命之流之中，由此，客体与主体构成全新的关系意义。”[①]新疆少数民族题材电影将新疆多元的民俗文化元素有机地运用到电影中，从外在形式和内在精神上，都为新疆题材电影赋予了别样的文化符号。《美丽家园》《大河》《远去的牧歌》都用草原、鹰、马、帐篷等手段来表达地域文化的内涵，表现文化背后的价值观和哲理。电影《美丽家园》“杀马祭父”这场葬礼中，导演高峰巧妙运用隐喻、象征、表现等手法，将阿满泰对父亲、对家园依恋不舍的情意淋漓尽致地展现了出来，将哈萨克族的精神外化在了电影的情节中。

在《远去的牧歌》中，对于男主人公的驯鹰也被赋予了文化气质，他们渴望自由，渴望天空，无所畏惧，但当男主人将其放生的时候，它又重新回到了他身边，这也是他们对于家园依恋不舍的情结体现。如果鹰是牧区人民的“灵魂”，那么马匹就是牧区人民的“肉体”，它们被给予了深厚的情感，是艰辛生活中的伙伴，胡玛尔的马在一个风雨夜走失，胡玛尔在河边找到他，怜惜地说：“你也想离开我么？我们一起回家吧”。当胡玛尔要搬迁去定居点的时候，这匹马也快不行了，胡玛尔赶来的时候，他的马回光返照地站了起来，在胡玛尔说完让它想去哪里就去哪里的话时，马还流下了眼泪。骏马是地上的雄鹰，它们和牧区人民一道守护着家园，守护着草原。春季牧场，胡玛尔失去了猎枪，秋季牧场的时候，胡玛尔失去了骏马和猎鹰，这些元素是哈萨克族性格和文化精神的外化，是他们内心的寄托，也成为它们在传统和现代碰撞中为之动容的诗意。片中还讲述了大量的牧区人民的日常生活，转场的时候举行的仪

① 姜耕玉.艺术辩证法——中国艺术智慧形式.北京：高等教育出版社，2006：76.

式、过节的时候招待客人的食物、婚礼上跳起的舞蹈、博兰古丽考上大学的时候，胡玛尔送她的那匹马。除此之外，搭帐篷、马拉雪橇、毡帽皮衣、打馕、喝奶茶都展现了丰富的民族文化。

对于游牧民族来说，现代化过程是漫长的，但影片中体现的对生命的敬畏、对自然的崇敬、对生命轮回自然的认同，都成为现代化社会难能可贵的启示录，带给现代化生活中的人们更多的反思和精神的反哺。

3. 小结

《远去的牧歌》讲述的是一家三代人经历了草原放牧生活直到最后定居生活的过程，这个过程中，充斥了三代人两家人的爱恨情仇，最后画上句号的也正是定居生活。影片没有特别展示国家形象的代表，就连来劝告胡玛尔大叔的工作人员，其中一个也是来自草原，但是他们硬生生地被赶出了家门。胡玛尔大叔和哈迪夏大婶两家人的恩恩怨怨也都来自矛盾世界的第三层即人与自然环境的矛盾，他们在克服第三层矛盾时，又产生了第二层矛盾即人与社会的矛盾，于是两层矛盾裹挟着，交织着走到故事的结尾，真正帮助他们渡过难关的除了他们自己，还有代表着国家形象的民族安居政策，不动声色地彰显了国家形象。片中作为国家的帮助者形象，没有以某种人物形象出现在片中，而是被隐于“幕后”，但却成为冲突矛盾最终的化解者。民族文化的自省和国家形象的表达相融合，使得该片在票房和口碑上都赢得了一定的关注。

长期以来，新疆题材电影一直缺乏开拓市场的能力，这种情况进入二十一世纪以后有所改变。传播的本质在于文化的交流，今天全球化的语境下，新疆题材电影更需要参与到文化传播中。作为文化产业的重要组成部分，新疆题材电影要“走出去”，实现更大的传播力度，就要学会如何对电影的艺术信息、文化信息、影像信息进行“编码”，过于本土化的信息不利于电影的传播，但是不表现文化自觉，又会使得电影失去了一种内在的稀缺性。新疆少数民族题材电影展示了民俗符号、文化内涵，又在外在形式上找到了契合叙事的视觉元素，貌似“隐去”的国家形象，在影片中不动声色地展露出来，这种民族自觉性逐渐和国家形象的塑造无缝融合。在全球化语境的今天，新疆题材电影唯有积极地参与文化交流，秉承“和而不同”的传播策略，才能实现自身文化的探索，并为受众所接受，进而促进社会的发展。

（作者：牛绿林、郭春江）

七、电影解读3:《亲爱的》之构图艺术

《亲爱的》这部由陈可辛执导的关于打拐题材的现实主义题材电影,在画面构图设计非常巧妙,尤其是在通过画面构图艺术对人物内心世界进行阐释刻画这一点上,有很重要的研究价值和借鉴意义。

1. 留白构图:画面虽简意蕴丰富

扮成旅游团的千里寻子团从派出所出来后,发现一辆载有“孩子”的车,他们不顾安危,终于把“人贩子”抓住。但是,当打开麻袋的那一刻,一路上扬的伴奏音乐戛然而止,随之而来的是远处传来的轰轰雷鸣,仿佛在每个人的心间回响,寻子团又一次陷入失望。原来,他们奋力营救的只是一只野生动物——猴子而已。这时,镜头切至大远景,影片呈现的是一幅构图上大面积留白的画面,此刻的场景剥离到只剩下了最少量的元素:乌云密布的天空占据了整个画面的2/3,画面的主体部分呈现的是几个冰冷的笔直矗立的高压线塔,而寻子团只占据了不到1/10画面,且被压缩在了最下方的一角,此时伴随着空旷阴霾画面的,只剩下越来越大的雨水声。整个画面构图渗透着寻子团由希望转为失望,由兴奋跌落谷底的无力感和压抑感。这似乎寓意着一段因果轮回,曾经吃过猴脑的韩总,昨天还在庆祝“马到成功”,现在面对眼前发生的一切,只能无奈地独自向画外走去(47:41)。之前,当田鹏丢失后,田文军在火车站望着驶去的列车时,也用了同样的画面构图(15:05)。

占据画面大部分的是留白，填充其间的或是挥之不去的阴霾，或是漆黑无望的夜色，人物被漫无边际的压抑所笼罩和吞噬。

影片结束时，使用了一个长达 39 秒的镜头，镜头开始时亮部占据了大部分画面，但随着摄像机的缓缓移动，整个亮部逐渐变小，暗部随之放大。同样，主人公李红琴在画面中也由大变小，逐渐成为了画面中孤苦无助的一个卑微的点，直至画面消失。在景深被缓慢地拉得越来越大的同时，主题曲渐渐升起，如泣如诉，导演虽然克制地使用了较为冷静谦卑的镜头，但正是这种带有残酷的旁观感，将观众的情绪也带入了一个高潮。这样一个孤独清冷且始料未及的大量留白画面引发了观众的思考，以无声的镜头语言阐述着一个女人的不幸与悲哀。

2. 封闭构图：表现人物的内在无力感与外在压迫感

从李红琴在派出所接受审问开始，影片不断变换使用各种形式的封闭式构图。这个片段主要使用了四个封闭构图的技巧：第一，夸张加大道具面积。桌上作为道具的文件材料处在前景中，由于使用的是景别差很大的深焦点镜头，文件材料在画面中的面积被夸大了，而李红琴夹在两叠材料的缝隙中，加强了内在压抑感与外在压迫感。第二，人物置于画面边缘。将李红琴放置在画面边缘的位置，其他位置或者放置人物，或者放置物体，封闭其他方向尤其是人物朝向（视线方向）的空间，以说明这场对话对其心理的逼迫感。第三，加大人物面积对比。当派出所所长刘向东与李红琴同时出现在画面中时，刘向东的局部镜头处于前景中，占据的面积更大。警察走动时偌大的身影犹如一堵厚实的墙体，让渺小的李红琴似乎没有任何喘息的空间。加上几个对警察仰拍和对李红琴俯拍的反打镜头穿插，李红琴最终心理崩溃已成必然。正如前景中出现的铁窗一样，她已经被即将失去孩子的阴霾牢牢束缚。第四，加深前景物体景深。尽可能地对前景进行封闭处理，通过放大前景中桌子的面积，相对缩小人物的面积，且将人物愈发置于后景之中，以显示人物的无助和渺小。

在鲁晓娟与李红琴的抚养权争夺战这个片段中，李红琴与代理人高夏律师在开始陈述时，法官起身去接水，这时前景中的饮水桶和法官的身影将李红琴与高夏也“压缩”在了背景中，一个前景

一个背景，一个遮挡一个被遮挡，这场诉讼在开始时就已经预示了结局。但是，导演并未将法官脸谱化地塑造为一个置身事外高高在上的权力拥有者，在影片中，似乎每个人都处于被“包围”的状态中，甚至包括有裁判权力的法官。面对着庭内一个接一个的案件，庭外审判前后无休无止的争吵，法官也忙得焦头烂额，无法从繁忙的公务中得到短暂的抽离，时刻被局促的前景中参与诉讼的人物所“包裹”，连片刻休息的空间都处于封闭边框的“挤压”之中。

3. 对称构图：反映内在身心的囚禁与外在规章的严苛

一是反映内在身心的囚禁。当李红琴偶然发现路边的吉刚时，冲上去紧紧抱住了他。但是，当寻子团在听到鲁晓娟说李红琴是“人贩子的老婆”时，李红琴顿时成了寻子团打骂发泄的对象。在田文军的劝解和高夏的保护下，李红琴才得以离开。镜头中，高夏搀扶着李红琴悲伤前行时，采用了对称构图。画面上下，均为暗调，画面左侧的桥墩和右侧驶来的汽车，将两人牢牢困在了画面中央。爱得深沉，却卑微到尘埃里，逃离被打骂的物理现场之后，李红琴的心理空间仍然无法逃离，好似有一把枷锁，将其定格和囚禁在了原处。

即使在展现影片中一些次要角色时，也使用到了对称构图。例如法官被两边对称的案牍所框定，再如当秦浩找田文军帮忙说服鲁晓娟时，也处于对称门框的阴影中，加上他无奈的表情，更加深化和凸显了他的生活已经被孩子丢失这一事件深深地影响，牢牢地囚禁。

二是外在规章的严苛。李红琴在福利院时，同样使用了这种对称封闭式构图。李红琴欲讨回孩子的抚养权，但是对福利院来说，他们的任务正如福利院院长所说："怕你刺激她，我们现在最重要的工作，是让她忘了你，开始新的生活。"当作为母亲的淳朴人性与机构的严格规章制度发生碰撞时，前者再一次陷入了渺小、悲凉与无助的境地。无论对李红琴还是对鲁晓娟来说，这种规定都是严苛而不可更改的，所以当她们去福利院争取杨吉芳的抚养权时，先后都使用了同样的对称封闭式构图。

4. 反对称构图：寓意立场存有矛盾分歧

影片中的部分片段为了更为恰当地表现较为复杂的人物关系，契合人物之间的迥异立场和态度分歧，故意打破了画面的平衡和协调，采用了反对称构图。

一是人物的反对称。在鲁晓娟和心理医生对话时，穿插了鲁晓娟丈夫秦浩在房间外长椅上等待的镜头。事实上，这段对话也反映了秦浩与鲁晓娟的关系。医生在画面中左侧的位置，恰恰也是秦浩在画面中的位置。通过对话我们可以得知，这次心理咨询或治疗是秦浩提出的，医生好似是秦浩的说客，秦浩事实上是不能切身体会到鲁晓娟丢失孩子之痛的。画面中，鲁晓娟身后是大面积的空白，亟须精神的慰藉，尤其是真正意义上家人的回归或安抚。而秦浩无法提供这种支持，他的对面只有大面积的灰暗。这里接连出现的反对称构图意味着，秦浩并未真正走入鲁晓娟的内心，也无力挽救这段正陷入困境和危机的婚姻。随后他只能去请求田文军：“你能不能帮我去劝鲁晓娟，我现在说什么话都不听。”这在对话语言上与此处的构图方式形成了很好的呼应。

二是场景的反对称。李红琴来到工地向唐青山询问杨吉芳是在工地上捡来的而非拐来的是否属实时，观众在该片段并未听到唐青山的回答，听到的只是一记雷声，似乎这是上天给予李红琴的无情答复。这段对话的双人关系镜头构图也耐人寻味，画面左右边框封闭，两人一左一右，楼梯一上一下，正是一种反对称式构图，这种反对称也象征了两人对于同一问题截然不同的立场和态度。夺回孩子的抚养权是李红琴的希望，但是对于唐青山来说，这事与他无关（正如他之后对李红琴的答复：“我一个外地来打工的，我多一事不如少一事。”）。李红琴注定不会在这里寻找到期待的答案。

5. 分割构图：加强人物间的防备与隔阂

影片 23:39 处，当医生开始给鲁晓娟做心理测试时，医生和鲁晓娟的构图形式形成了明显的对比。在这一组正反打镜头中，医生视线前方的画面空间是开阔的，而对鲁晓娟的构图则是一反常态的逼仄，导演将其置于画面左侧，前方几乎没有留下任何视觉空间。这种构图安排契合人物心理状态，对于前者来说，只是按照职业惯例行事而已，但对于后者，她正处于丢失孩子以及与丈夫不和的双重重压之下，内心一片空白茫然。除了这种非常态的构图，导演还采用了两种分割构图技巧来强调两人看似平静实则紧张的关系。

第一种是有形的画面分割。当鲁晓娟正视这段对话时，随即进入了紧张状态，除了鲁晓娟带有呛味地反问“你有孩子吗”，正反打镜头中完全对立且分割的构图也将这段对话的不协调表现得淋漓尽致。在电影语言中，共享画面空间即是共享心理空间，反之亦然。医生与鲁晓娟分割在不同的画面中，显然两人实际上处于对立状态。

第二种是无形的画面分割。即使两人处于同一画面之中，导演要么将他们分别置于画面两端，显得人物距离变得更加遥远，要么在两人中间加入明显的具有分割画面性质的道具。这些技巧的运用，都指向一个目的：展现鲁晓娟和医生之间的紧张关系，以凸显二者之间的障碍和隔阂。

6. 不稳定构图：暗示人物命运波折与剧变

第一，光线差异对比形成的不稳定构图。李红琴为了找回吉芳的抚养权，怀揣希望从安徽农村只身一人来到深圳。在提着行李箱上台阶时，是通过折射的玻璃进行拍摄的。由于数块玻璃的存在，处于阴影中的李红琴被重复堆叠，所占据的画面面积愈加夸张放大了。李红琴即使不是拐卖儿童的受害者，至少是被欺骗者，但是她却得不到社会的任何谅解，她所要面对的是更加残酷阴暗的现实。明显的明暗光线对比造成的切割式不均衡不稳定构图也意味着，此次深圳之行她将难以实现心底的愿望。在影片 01:50:40 处，导演又穿插了一个与此相对应的镜头，一位打工者模样的女人同样提着行李箱，在同样灰暗的阴影里黯然走下台阶，配上如泣如诉的音乐，更加预示了接下来李红琴对吉芳抚养权的争夺将不会有任何希望。

第二，画面“倒塌”形成的不稳定构图。田文军在韩总的陪同下一起前往安徽农村寻找孩子，在确认小男孩正是自己丢失的儿子并欲将其带走时，却被李红琴发现，这一关键镜头使用了倒三角构图：田文军和前妻、田鹏、李红琴分别为三角形的三个点，前两者在后，后者在前，这种构图方式由于重心集中在一个点上，容易使人感到倒塌的不稳定性。随后，爆发了解救者与拐卖家庭之间长达 5 分钟的激烈的夺子追逐战，剧情由此转向了“二次拐卖”的第二主题。再如，鲁晓娟与丈夫秦浩商量收养吉芳一事时，两人处于后景之中，前景中是孩子在绽放的喷泉中尽情玩耍，前景重要且运动，后景次要且静止，观众的视线自然更会被前景吸引，这种倒三角构图，给人以头重脚轻的眩晕感。喷泉的泉柱就像是隔膜，矗立在了鲁晓娟与秦浩之间。随着秦浩一句“不行我们就离婚吧”，话音未落，喷泉戛然而止，两人的婚姻实际上已经走到了尽头，犹如倒三角构图酝酿的紧张之势达到顶点后，轰然坍塌瞬间倾覆一般。

“我们生活在一块充满各种矛盾和拥有极其丰富创作素材的土地上，对现实的感悟或许是一个敏感的艺术家最有力的武器。”[①]《亲爱的》在视听语言上冷静而又大胆地采用了多重构图方式，精准而又克制地阐释了人物复杂的内心世界，为现实主义题材电影的创作提供了一个可资参考的优秀样本。

（作者：王中伟、曾洪玺）

① 邱雨，电影《万箭穿心》视听语言解读. 电影评介，2015(08).

第四部分 理论创新篇

一、微纪录片故事化创作

"互联网技术和新媒体改变了文艺形态,催生了一大批新的文艺类型,也带来文艺观念和文艺实践的深刻变化。"[①]微纪录片作为一种新的文艺形态,在其情节建构、叙事结构、主题呈现等故事化创作方面,同样也呈现出一些新的特征。二更视频作为微纪录片行业的重要力量,近年来做出了有益的探索,摸索出了比较切实可行的路子[②],并引发了学界和业界的关注。现以"二更"微纪录片为分析对象,对现有微纪录片故事化的成功实践作出梳理,以期为相关创作提供必要的理论资源。

1. 微纪录片情节的建构

情节是搭建优秀故事必不可少的材料。传统纪录片时长大多在 30 分钟以上,足够将事件的起因、经过、高潮、结局等因素全部进行巧妙的情节建构。在故事的讲述上,注重故事线索的安排,甚至几条故事线索穿插其中。但微纪录片时长较短,不能像传统纪录片一样对事件的起因、经过、高潮等进行全方位的排列,且微纪录片碎片化的结构特点也不允许其情节建构太为复杂。在这种情况下,"二更"微纪录片的选择是凸显核心、整合碎片、自述

① 中共中央宣传部. 习近平论党的宣传思想工作. 北京:人民出版社,2019:102.

② 孙剑英. 中外优秀纪录片创作与营销实战经验宝典. 北京:中国广播影视出版社,2017.

串联。

第一，凸显核心。

故事情节叙事动力大多来自于“因果关系”所规定的作用力，所谓“因果”，即第一个事件（即“因”）和第二个事件（即“果”）之间的作用关系，后一事件被认为是前一事件的结果。传统纪录片通常会以时间为线，对生活流程进行展现，使事件能够有条不紊地发展，让观众能够清晰明了地知道事件发生的前因后果及其想要表达的主要思想。

而相比传统纪录片，“二更”微纪录片多以身边人为主，展现普通甚至平淡的人物日常生活，戏剧性远不及传统纪录片。要在有限的时间内讲述故事，就需要摒弃对故事的全面讲述，聚焦最核心最关键的情节，将次要的情节进行淡化处理甚至剔除。在情节建构过程中，不必刻意按照因果逻辑顺序对人物、事件进行排列，而是选取故事事件进程中具有一定的代表性和典型性特征的截面片段，对其进行全面的记录。

第二，整合碎片。

首先，在叙事内容上，微纪录片时长短小，缺少足够的时间去设置矛盾和冲突，更多的是通过一些场景和生活日常的片段来建构情节；其次，在叙事节奏上，传统纪录片叙事中多为纵向展开，在微纪录片多为横向平铺，传统纪录片中时间流逝的力量被断点续传式的时间特写所取代①。短切镜头的组接使得故事的情节更加集中，节奏更加紧凑。再次，在空间呈现上，微纪录片能够展现的场景相对要少，需要舍弃与主题表达缺少直接关联的场景，只选取与人物息息相关的典型生活环境集中展现。

第三，自述串联。

针对因果关系的断裂，纪录片中缺少时间逻辑的段落空隙通

---

① 王春枝.微纪录片叙事探析.新闻知识，2014(08)：3—5.

常由解说词来连接[①]。传统纪录片为了帮助观众快速融入片中，大多数创作者偏赖于格里尔逊所提出的“画面＋解说”叙述模式，更多地使用解说词对画面信息进行补充。微纪录片本身时长短小，不能过多使用解说词，加之对次要事件以及场景的压缩和淡化，可能导致观众感到突兀和不解。为了避免观众对一些片段的直接省略感到疑惑，可以采取第一人称叙事视角下的人物“自述”方式，以主人公的自我“漫谈”串联故事，“减少压缩场景带给观众的跳跃感”[②]。

2. 微纪录片的线性叙事结构

纪录片中的叙事结构一直是研究者关注的重要领域，一般分为内部结构与外部结构，内部结构更多的是内容方面的问题，外部结构更多的是形式方面的问题。“研究结构意识，主要是探讨外部结构问题。”[③]基于此，下文中的“结构”特指“外部结构”。

当下传统纪录片较为流行的容纳多个故事的板块式结构、投入成本较高的空间线索结构等，并不太适合微纪录片的创作。微纪录片虽然借鉴电影、纪录片中的结构，但是也会做出符合自身的调整，即便是采用最经典的基于时间顺序的线性结构，可能也会有与传统纪录片中并不完全一致的呈现。

第一，故事性较强的三幕结构。

“三幕”由“建置”“对抗”“结局”组成。三幕结构在其发展中将第二幕分化为上下两场，于是三幕结构包含了开端、发展、高潮、结局四个组成部分，也被称为“三幕四场”结构。该结构符合人类深层心理结构，中国文化中有“起承转合”结构，虽然表述不同，但其内在理路是基本一致的。

---

① 布莱恩·温斯顿，鲍枫. 论纪录片的叙事. 世界电影. 2019(02)：180—192.

② 高俐. 系列微纪录片叙事研究. 曲阜师范大学，2019.

③ 王列. 电视纪录片创作教程. 北京：中国广播电视出版社，2005：189.

即便故事性较强的“二更”微纪录片，在短时间内较难展开如此丰富的安排，所以，除非题材特殊、时间较长等因素，一般仍以“三幕”结构为主，即便有较长的时间采取“四场”，也会作出适当调整，即对四个部分中的开端和结局分别采取压缩和淡化处理，将故事的重点放在发展和高潮上，以此弥补时间短故事弱的不足。这种安排恰似传统文化中所强调的“凤头”“猪肚”“豹尾”结构。需要强调的是，“压缩和淡化”有着不同的含义，开端部分压缩，是基于“30 秒退出率”考虑，开头必须要华丽，即将最有趣最吸引人的画面浓缩至 30 秒以内，用尽手段吸引观众；结尾要淡化是指在结尾部分虽然要提出主题，但不宜拔高主题，简洁有力的结尾需要符合观众心中预设，这样主题便不显突兀，以便留下视觉与心理上的空间和余味。

第二，故事性较弱的“飞轮结构”。

部分“二更”微纪录片，在内容呈现上虽然具备时间上的先后关系，但并不具有强烈或明显的因果逻辑，这类微纪录片重点不在于故事的戏剧性效果，而是展示普通人寻常生活状态。普通人是“二更”微纪录片的重要组成部分，大多普通人的生活中缺少戏剧性强的故事，也难以引起较多的关注。但是，寻常生活状态并不意味着杂乱无章的碎片堆砌，也同样需要有叙事的逻辑。

经过大量观摩发现，该类微纪录片所采取的结构一般是“题材”（片子的对象）、“选题”（具体的故事）、“主题”（价值观念）先后连贯成篇，但依据现有文献尚未发现有专门的命名，暂命名为“飞轮结构”。

“飞轮结构”中的“飞轮”一词，从“飞轮效应”借鉴而来。本文将“题材”“选题”“主题”喻为该类纪录片中先后强调的“飞轮”，通过力量传导，使用“题材”撬动“选题”，继而利用“选题”达成“主题”，即具体结构为“题材＋选题＋主题”。该结构需要注意三个问题，分别是“飞轮”的前后问题、大小问题和衔接问题。

前后问题是指在顺序上三者顺序固定，每个齿轮各司其职，不可颠倒。“题材”是基础，“选题”即建立在“题材”基础上的具体故事碎片，而“主题”则是建立在这一故事基础上体现出的思想情感。

大小问题是指作为小飞轮的“题材”是具体的切入点，作为中飞轮的“选题”是蕴含着共同经验的故事碎片，作为大飞轮的“主题”则是人们都可以理解的共通的思想情感。简而言之，这也是“以小见大”的一种具体实践方式。

衔接问题是指“题材＋选题＋主题”结构中的“＋”，“＋”是贯穿“题材”“选题”“主题”三个飞轮的共通之处。这也是创作中极易忽略的重要问题，一旦飞轮之间无法啮合，无法实现力量的传导，各组成部分无论质量高低，整体上都将沦为几无用处的碎片。

飞轮结构适用于多种题材的创作，如“非遗”题材、“美食”题材、“手艺”题材等，但无论针对何种题材，基本都是第一部分展示相关“题材”的“流程”，第二部分突出“选题”中的“关系”，第三部分提炼共性的“主题”。

以“二更”美食类微纪录片为例，飞轮结构的具体呈现样态是“美食＋关系＋情感”，“美食”对应着“题材”，而具体的美食拍摄对象则是短片的核心题材，是第一个齿轮，这个部分重点展示的是美食的制作过程。“关系”对应“选题”，重点突出“美食”或“美食”的制作者与“相关人物”之间的关系。“情感”对应着“主题”，该部分要在“关系”基础之上点明并且升华主题。具体以“二更”作品《松毛汤包》展开分析。该片中的“＋”不是“松毛汤包”，如片中所说，更关键的不是“汤”，而是“松毛”。第一个齿轮“美食”环节呈现的是上山摘松毛、下山择松毛、做饭煮松毛，内容皆围绕“松毛”拍摄。第二个齿轮需围绕“美食”做“关系”，镜头展现的内容是“松毛”和“顾客”之间的关系，即“顾客评松毛”，顾客大多说汤包好吃是因为有了松毛的清香。第三个齿轮“情感”即“主题”环节，在“关系”的基础之上将“松毛的清香”上升到“家乡的味道”，实现了主题的有效传达。

3. “二更”微纪录片的非线性叙事结构

“二更”微纪录片大多使用的是常规线性叙事，即按照正常的时间模式套用剧作结构进行叙事，但有时也会使用不太符合常规的非线性叙事结构。

第一，交叉串联的多线叙事结构。

“线索”是微纪录片叙述中一个重要的组成元素，在叙事中，主要以单线式叙事结构和多线式叙事结构为主。前者指的是在叙事过程中以一条线索为主，以循序渐进的关系为基础，片段化地呈现影片的主线，叙事多以时间、空间以及逻辑关系为主。后者意味着在叙事过程中不止一条线索，有多条线索交织。相比后者，“二更”微纪录片因时长的限制，人物形象不能在短时间内被全面地展现，因此在其结构中往往采用的是单一叙事结构，全片围绕一条线索，对人物特点进行集中展现。但是，在具体创作过程中，也会有例外情况，当人物不止一个的时候，“二更”导演也会利用多线性叙事，在一个时间段由其中一个故事串联起其他故事，再将短片多个人物、故事分支最终交汇到一点。

以《吾乡》为例，短片讲述的是留守在农村的新青年袁桂花为了改变自己家乡，利用快手这个传播平台在村里开直播的故事。在短片中，故事不再是单一的线索，而是利用了多线性叙事。将同一时间两个人物的不同状态展现出来，以平行蒙太奇的叙事语言横向地将总体故事线摊开在观众眼前，吸引观众。镜头这边是袁桂花在直播做东西，镜头另一边是侄子在乡间呼唤她，两个人的故事发展是同时进行的，最后将袁桂花与侄子两条叙事线交汇到了一点。

第二，时空交错的回忆叙事结构。

回忆叙事根据主人公或次要人物的回忆进行现实与回忆之间的交叉叙事[①]。回忆的片段像无数“电影镜头”，导演能够对这些

---

① 苏宁. 回忆叙事的力量. 曲阜师范大学，2020.

片段进行人为的编排，且无须按照严格的时间与事情的发展顺序，只通过回忆的形式将作者想要表达的故事情节层层推进。

“二更”微纪录片在创作过程中也借鉴了回忆叙事的手法，以作品《高空任务》为例，短片讲述的是军人运动员“肖瑶”为参加世界军人运动会跳伞训练的故事。全片将主人公的回忆和现实进行交叉叙事，一天前——现在——三天前——现在，时间是交错的，运用交叉蒙太奇的技术增加了短片的冲突感，正式打开记忆的缺口，将运动员机械化的训练内容展现得趣味化，人物刻画生动。

第三，首尾呼应的环形叙事结构。

环形叙事中将存在某种关联的叙事片段进行互为因果的无缝对接，使影片首尾能够无缝对接、前后相呼应，创造一个结局模糊且无始无终的故事结局①。“叙事成为一个闭合的圆圈，象征着一种生活的周而复始、难以改变。”②《漓江上的星》便借鉴了环形叙事结构。该片对环形叙事的运用主要体现在短片的开头和结尾，即首尾呼应。结尾处主人公的连续三个画面与开头三个画面相呼应，以此说明着主人公日复一日不断重复着、不断循环的生活状态。但是，如果做更深入的探索，不难发现，“二更”微纪录片对环形叙事的运用与电影有着明显的不同。在影片中，环形叙事多采用多角度、多线索，再加上其他复杂手法力求打破时空，创造一个时空“混乱”但宿命不变的电影。相比影片环形叙事，“二更”由于“微”的特征，无法展开多个时空的多线索叙事，只能在形式上或者象征意义上做出一种首尾呼应，以这种形式层面的呼应暗示内容层面历史的重复、宿命的轮回等不便直接言说的内在观念。

“形式的探求，是最富有创造性的劳动，是创作中最为活跃的

---

① 陈玲.关于环形叙事电影的界定.电影文学，2018(01)：33—35.

② 黎风.图像文化时代的影像诗学.北京：清华大学出版社，2017.

因素。”[①]重视纪录片类型化叙事这一形式层面的研究，并非为了形式而形式，形式侧重主观观念的能动性，内容侧重客观事实的本体性，形式只有与内容有着必然的关联，只有相互结合才更有意义。习近平总书记曾强调：“文艺创作是观念和手段相结合、内容和形式相融合的深度创新，是各种艺术要素和技术要素的集成，是胸怀和创意的对接。”[②]包括纪录片在内的文艺作品，需要不断寻找并优化适合于自身叙事的有意义的形态，更需要做出具有胸怀和格局的探索，并在此基础上实现富有社会责任感的表达。

4. 微纪录片主题问题的提出与界定

纪录片作为一种重要的文艺样态，凸显思想和价值观念是其一以贯之的传统。“艺术家免不了要和社会现实扯上关系，而纪录片则是在所有创作门类中对社会反应最敏感的。纪录片从诞生起就跟社会责任、价值观甚至政治扯上了关系，这正是它与生俱来的向社会发言的传统。”[③]被美利坚大学帕特里夏·奥夫德海德教授誉为纪录片三大奠基人的罗伯特·弗拉哈迪、约翰·格里尔逊和吉加·韦尔托夫，三人在创作风格上虽然大相径庭，但在呈现观点这一层面却有着相似的看法。在追求探险故事的弗拉哈迪看来，“纪录片不可能像文学说得那么多，但却能以更强有力的方式说出作者想要说的话。”认为“艺术是一把锤子，而不是一面镜子”的格里尔逊则将纪录片视作教育公众的讲坛。即便醉心于形式艺术先锋实验的维尔托夫也认为纪录片“仅仅在银幕上展示真理的碎片、真理的局部是行不通的。这些局部应当按主题组织起来，整合成一个整体的真理。”[④]

---

① [美]迈克尔·拉毕格.纪录片创作完全手册.何苏六译.北京：中国传媒大学出版社，2005：147.

② 习近平.论党的宣传思想工作.北京：中央文献出版社，2020：101.

③ 王竞：纪录片创作六讲.北京：世界图书出版公司，2014：79.

④ [美]帕特里夏·奥夫德海德：纪录片.刘露，译.南京：译林出版社，2018.

纪录片具有复杂多样的形态，中国主流媒体播出的传统纪录片多为比尔·尼科尔斯所界定的阐释模式纪录片。这类纪录片“通过字幕或旁白提出观点、展开论述或叙述历史，直接向观众进行表达”[①]，即主题一般经由解说词直接传达，其具体方法多为通过“离题”来表达主题。[②]

随着社交媒体时代的崛起，微纪录片也呈现出繁荣发展态势。与传统纪录片有所区别的是，在当前类型化微纪录片中解说未必一定存在，即便存在，其信息密度一般也大为降低。如果通过第一人称的独白传达主题，则明显有刻意做作之嫌，反而容易引起观众的逆反心理。另外，“在微纪录片的创作中，想要在短时间内表现大量信息，必须要对信息进行碎片化的拼接，而碎片化的拼接会使影片比较散乱。”[③]旁白传达主题的不适宜、解说词的减少甚至缺失、碎片拼接的大量增加，都意味着微纪录片中成功的主题创作难度更大。但是，目前关于微纪录片的文献多为基于个案的叙事技巧、传播策略等微观研究，更为宏观的主题层面的系统研究却极为匮乏。

第一，对于故事化微纪录片，一般使用“较完整的道德前提”。

在《故事的道德前提》一书中，斯坦利详细讨论了“主题”与“道德前提”的区别。在他看来，“道德前提”的结构形式是：道德缺陷引起失败，而美德带来成功。如果简单地概述道德前提，通常会将它等同于一部电影的“主题”。然而严格地说，它只说出了故事的一半内容。[④] 简而言之，主题仅仅是道德前提的正面，如果想要达

① [美]比尔·尼科尔斯著：纪录片导论(第2版).陈犀禾，刘宇清，译.北京：中国电影出版社，201：167.

② 王中伟，梁堃：解释式纪录片“离题”及其运用.电影文学，2020(21)：23.

③ 郄晓兴：“二更视频”微纪录片的叙事研究.石家庄：河北大学，2019.

④ [美]斯坦利·D·威廉斯著：口碑与票房：卖座故事的道德前提.何珊珊，译.成都：四川文艺出版社，2019：70—71.

成这一正面，其反面也须同时存在。

传统纪录片的时长可以承载主人公变化较大的人物弧线（即人物本性的发展轨迹或者变化），足够将道德前提的两个面相全部呈现给观众，但微纪录片时长较短，所承载的人物弧线转变不能太大，也没有足够的时间展开两个面相的故事，这也是在二更微纪录片中很难看到有完整道德前提的重要原因。但是，故事本身的进展又需要体现为“故事的正面和负面价值之间动态移动的过程”[①]，在故事中如果只呈现单一的思想主题，可能落入“把艺术误用和滥用于说教”的俗套。在这种没有时间展开完整道德前提但是却又必须体现出道德前提的情况下，二更优秀微纪录片的创新在于，围绕虽然较为相反但并不完全对立的思想或价值展开故事，不妨称之为“较完整的道德前提”。以《是星星也是月亮》为例，在母亲开始得知孩子患有孤独症等病症时，天天以泪洗面，“觉得自己的世界一下变成黑白的”。经过坚持不懈地调整改善之后，母亲看到孩子灿烂的笑容，“周围的一切都照亮了”。片尾标题字幕“似星星那样遥远，却若太阳这般温暖”也具备了道德前提的含义。

第二，对于非故事化微纪录片，一般使用“不完整的道德前提”。

美食、手艺等题材的纪录片重点不在于展现人物本身及其生活片段，而是呈现题材涉及的主要程序或关键环节，即该类纪录片中与故事有关的人物、情节都退居次要位置，重要的是工作程序、步骤、环节本身。进一步说，对于该类纪录片来说，重要的不是讲好故事，而是呈现好流程。既然故事讲述不再重要，“故事的道德前提”同样也无须加以强调。当主题不必从属于故事而只需依附于包含场景等元素在内的程序而存在时，主题便不必再围绕较为

---

① [美]罗伯特·麦基：故事——材质、结构、风格和银幕剧作的原理. 周铁东，译. 北京：中国电影出版社，2001：141.

复杂的人物与情节作出考虑，而只需在题材本身的基础上进行提炼，最后呈现的一般是指向明确且单一的主题，不妨称之为“不完整的道德前提”。这也意味着，非故事化微纪录片所要努力的方向，不仅仅在于展示内容本身，更要在主题层面找到与共同经验发生联系的方式，从而以内容的“有限”达到主题的“无限”。以《乡味·松毛汤包》为例，该片展现的是湖州埭溪镇的特色小吃松毛汤包，全片的关键环节有摘松毛、择松毛、煮松毛、“吃”松毛等。在呈现这些环节时，不失时机地说明其重要或特殊之处。最后通过标语字幕“吃一抹松毛的清香，守家乡久远的味道”升华了主题。

5. 主题的挖掘与呈现

微纪录片时长有限，情节无法充分展开，所以人物一般优先于情节，人物往往会“承载导演的思考，体现全片的主旨”[①]。微纪录片可分为单一人物和群像人物两类，对于这两大类别，主题挖掘有所区别。

对于单一人物，可以采用“紧扣本职，挖掘动机”的技巧。由于人物的身份、年龄、职业等不尽相同，主题的提炼角度一般分为两种情况。第一，紧扣普通人物的本职工作。电视人陈虻曾说过，我们总希望在普通人的身上看到有价值的东西，但是，“讲述了上千个故事以后，我们的这些‘道理’正在逐步演化成一种抽象的僵化的教条。”[②]对于希望“被看见”的普通人来说，微纪录片的主题不疑是厚重的“道理”，而应该回归生活本身，围绕人物的本职工作适当进行提炼。以《我是一个小木匠》为例，主人公之所以选择这份职业，只是因为自己愿意尝试新事物，至于有关木工这一传统文化的现代化改造，纪录片中虽有相关情节，但主题并未拔高至这一层

① 金超伟：新媒体语境下短纪录视频的现象与创作研究. 杭州：浙江大学，2017.

② 徐泓：不要因为走得太远而忘记为什么出发. 北京：中国人民大学出版社，2013：21.

面，而是落脚在了“年轻不惧未来，敢做才算青春”。第二，挖掘人物内在矛盾或动机。生活中还有一类人物并非出于热爱而工作，而是不得已而为之。这类人物的社会地位可能会更加低下，甚至最基本的生活都难以保障。这时，人物的外在工作与内在动机便可能形成较强的矛盾与冲突。以《漓江的老人》为例，主人公是在漓江景区的老人，有网友反映他很市侩，找他合影还收费。但短片揭示的是，他做这些只是因为要赚钱养家，为此只得留起既不卫生又不方便的花白胡子，在漓江垂钓供人拍照。但是，该片主题并未止步于小人物生活的压力，而是借用了古诗“白发渔樵江渚上，惯看秋月春风”，反衬了老人一生沧桑后的淡然。

对于群像人物，可以采用“情感切口，呈现问题”的技巧。群像纪录片是“同一主题下通过记录多个人物来共同完成纪录片的叙述”①。与“宏大灌输式”的群像微纪录片不同，二更的群像题材一般触及的是社会问题。“生活中并非到处都是莺歌燕舞、花团锦簇，社会上还有许多不如人意之处、还存在一些丑恶现象。对这些现象不是不要反映，而是要解决好如何反映的问题。”②由于涉及社会问题，一般会顺着人物背后的故事找到与情感有关的切口，再通过这个小切口将某一社会问题集中展现。需要注意的是，一是问题要溶于情感之中，二是为了使主题不被分散，社会问题的信息密度要适当降低。以《杨梅红了》为例，该片使用多位老人的生活碎片连贯成篇，集中凸显了农村留守老人的生活困境。但是，主题的切入角度不是留守老人的生存困境与孤独终老，而是如标题所示：“杨梅红了”，这意味着在外地务工的子女们回到家乡与家人团聚，以这种老人的期盼切入主题，既呈现了社会问题，又将其纳入温情覆盖与包裹之中。

---

① 何秋洁：人物纪录片中群像化叙事的探新》. 成都：四川师范大学，2019.

② 习近平：习近平谈治国理政(第二卷). 北京：外文出版社，2017：319.

微纪录片主题的呈现可以使用文字，也可借助于画面，这两种方式都是呈现主题的重要手段。

使用文字呈现主题须提炼诗化标语。由于画面的多义性，受众较难在短时间内清晰把握所要表达的主题。二更微纪录片所采取的方法是使用文字揭示和升华主题，一般体现在片头标题与片尾标语两处。标题是对纪录片内容的概括，作为纪录片内容的一个线索，在观众脑海中引出了可能涉及的领域，更重要的是，优秀的微纪录片标题往往会揭示主题。以《最爱家乡土》为例，该片展示了主人公“杨素文”对其“家乡土”（山西武乡传统手艺“炒指”）的热爱，标题简洁明了，传达的是对家乡的热爱和眷恋。相比于标题，诗化的标语更能升华主题。在好莱坞“编剧教父”罗伯特·麦基看来，诗化不是美化，“诗化是指强化表现力”。二更微纪录片一般会在故事的结尾使用诗化的标语直截了当地升华主题，标语成为了关联主体与表达对象的诗性载体，所蕴含的思想情感更加直接和丰富。以《李阿姨的台湾菜》为例，该片讲述的是来自台湾的李阿姨和她的广州美食店的故事，对于在大陆的台湾学生来说，这里不仅仅是吃饭的地方，还承载了无数温暖的回忆，标语“一峡连两岸、一味暖人心”正是对台湾与大陆两岸的情缘的升华。

使用画面须借用意象镜头。对于生活中一些微妙、复杂甚至难以言明的思想情感，二更常采用融情入景的“意象镜头”加以呈现。“意象镜头”即在影视剧或者纪录片具体的创作过程中，对于情绪、主题难以用一些实际的动作和画面来表达时，运用一些具有象征含义或者有着相似含义的画面来表达情感的镜头。① 意象镜头可分为独立与叠加两种，形态不同意趣亦殊。中国素有“山水比德”“山水体道”的文化传统，通过外取景物之形，内得主体之神的意象，可以达到无声胜有声的效果。二更讲师吴迪也曾建议说，当

---

① 韩昊颖. 多重时空结构影片中意象叙事研究. 西安：西北大学，2019.

不知道如何让主角表达那些复杂思想情感的时候，可以让他们安静地“看天看地看风景”。这时，作为空镜的意象镜头便成为了情感抒发的媒介和载体。诗化标语与意象镜头，一彰一隐，殊途同归，共同呈现出主题。如《红白羊肉情缘》讲述的是一个黄昏恋的故事，结束时夫妇相互搀扶着走在乡间小路上，镜头缓缓升起摇向远处的青山，同时出现标语“醇厚的岁月，相伴滋味才是真”，颇有“青山作证绿水为媒”之余韵，给予观众美好的想象空间。

在《论党的宣传思想工作》一书中，习近平总书记指出：“对文艺来讲，思想和价值观念是灵魂，一切表现形式都是表达一定思想和价值观念的载体。离开了一定思想和价值观念，再丰富多样的表现形式也是苍白无力的。”①同样，作为著名纪录片导演，《舌尖上的中国》第一季执行总导演任长箴认为，如果说作为片子对象的题材是贯穿始终的骨头，作为具体故事的选题是影片的血肉的话，那么，作为思想与价值观的主题便是纪录片的灵魂。在这层意义上，二更微纪录片的系列探索与创新，在主题的界定、挖掘与呈现等多个层面，为新媒体时代下微纪录片的创作提供了重要的借鉴与启示。

（作者：王中伟、熊娇）

---

① 习近平：论党的宣传思想工作. 北京：中央文献出版社，2020：262.

二、纪录片类型化叙事创作

在2014年文艺工作座谈会上，习近平总书记曾指出，文艺工作者要讲好中国故事。在十九大报告中，习近平强调，中国特色社会主义进入新时代，我国社会主要矛盾已经转化为人民日益增长的美好生活需要和不平衡不充分的发展之间的矛盾。满足人民过上美好生活的新期待，必须提供丰富的精神食粮。[①]

具体到纪录片领域，长期以来，中国纪录片创作处于一种缺少规划的野草状态，纪录片在中国媒体中所处的边缘位置，已经让它不能更好地承担自己的使命。[②] 由于生产能力非常有限，庞大的需求使得纪录片的水准得不到保证，精品佳作不多。[③] 纪录片要承担起自己的使命，就亟须实现佳作的规模化生产。这也恰如习近平总书记所强调的，既要"讲好"故事，也要实现"丰富"的产出。如何实现"好"与"多"的同频共振、共同发展，已成为时代要求的新课题。如何解决这种纪录片创作"好"与"多"的难题，成为本研究的背景和起点。

---

① 习近平.在中国共产党第十九次全国代表大会上的报告.新华网，(2017-10-27)[2021-03-28]. http://www.xinhuanet.com/2017-10/27/c_1121867529.htm.

② 王庆福.中国纪录片：走向市场的类型化生产.北京：中国戏剧出版社，2008：10.

③ 何苏六.中国电视纪录片史论.北京：中国传媒大学出版社，2005：15.

1. 文献综述

纪录片需要运用叙事艺术。[①] 中国纪录片故事化进程开启时间较晚，在很长一段时间里，我国纪录片创作过于看重题材内容的价值，习惯把形式看作是图解、补充和配合内容的工具。[②] 到上世纪九十年代末本世纪初以来，受政策提倡、市场激励等因素的影响，越来越多的创作者开始了故事化创作的“转向”。

第一，纪录片故事化方法的拓展。纪录片故事化方法的研究伴随纪录片故事化理念的深入得以不断拓展。目前国内关于纪录片故事化技巧的研究，或者以诸多纪录片为研究对象归纳出某一具体技巧的重要作用，或者以某一具体案例为研究对象列举出其采用的诸多具体技巧。从叙事的某一技巧出发，强调其在纪录片叙事中的重要性。不同论者对设置悬念、细节描写、叙事视角等技巧投以各自的关注，这对于微观技巧的探索与丰富具有重要作用，但与此同时，却也可能因执着已见和缺少对话而陷入自我言说的困境。更多研究者则从案例出发，以某一部纪录片为例，分析其叙事策略。该类研究虽然繁多，但增量知识却未必丰富，部分研究虽然能够结合流行影像，但却缺少系统的学理支撑，成为单一案例统摄下微观技巧的整合拼盘。

第二，纪录片类型化认知的深入。建立在故事化基础之上的故事类型化，虽然在西方有其久远的传统，但被中国的研究者所认可，并不是一蹴而就的事情。早期研究者多从批判立场出发，指出类型电影是“在电影工厂里按照固定的模式，成批地生产的相互雷同的娱乐品而不是艺术品”，其目的是“故意迎合某一群体或多个群体的喜好”。[③] 但是，这种立场最终得以转变，后有研究者指出，

① 景秀明. 纪录的魔方——纪录片叙事艺术研究. 北京：文化艺术出版社，2005：13

② 景秀明. 纪录的魔方——纪录片叙事艺术研究. 北京：文化艺术出版社，2005：24

③ 郑亚玲，胡滨. 世界电影史. 北京：中国广播电视出版社，1995：29—30.

纪录片的类型化是发展到一定阶段时产生的规范，可达成较为理想的艺术效果。[1] 随着时代的进步和纪录片的繁荣，对于纪录片类型化的认识也在不断深入。类型化不但不再是批判的对象，反而越来越成为业界追求的重要目标。吴庆福教授呼吁，中国纪录片需要借鉴国外故事片的成功经验，通过形式的操作实现不同类别纪录片的批量生产。[2]

第三，纪录片类型化叙事的探索。纪录片可以通过类型化进行生产取得一定共识之后，如何类型化生产便成为需要探索的重要议题，其中，类型化叙事是这一议题的关键环节。美国纪录片行业的资深行家希拉·柯伦·伯纳德教授试图“深入剖析多种纪录片类型，探索让故事更具吸引力的元素”，在其《纪录片也要讲故事》一书中，从实践操作层面提供了若干纪录片讲故事的规范，但希拉分析更多的是电影故事设计中的基本结构即三幕式结构在纪录片中的具体运用，对于更多的类型化叙事理论与方法，希拉几乎未加提及。[3] 可能是受此研究思路的影响，目前中国关于纪录片类型化叙事探索，也集中于三幕式结构的具体运用。如《舌尖上的中国》第一季执行导演任长箴以三幕式结构指导前期创作。此外，有研究者从后期解读剖析[4]、运用注意事项[5]等方面对纪录片中的三幕式结构做出了考查。与上述向电影学习类型化叙事方法的思路不同，也有研究者试图建构“观察与剖析纪录片的新的理论体

---

① 贺鸣明，张为. 纪录片的类型化趋势——从央视纪录片《超级工程》谈起. 声屏世界，2013(04)：43—44.

② 景秀明. 纪录的魔方——纪录片叙事艺术研究. 北京：文化艺术出版社，2005：10.

③ [美]希拉·柯伦·伯纳德. 纪录片也要讲故事. 孙红云，译. 北京：世界图书出版公司，2006：75.

④ 曾洪玺. 电视纪录片《塔里木河》叙事研究. 塔里木大学，2019：35—40.

⑤ 柳婕. 人文类纪录片的叙事研究. 东南传播，2013(10)：73—75.

系”[1]，即遵循自身规律建立理论体系的基本脉络。[2] 从纪录片的长远发展来说，该主张具有很强的理论意义。但是，目前相关系统性的理论著述极为匮乏，在业界急迫呼唤理论指导的当下，该主张尚难在短时间内提出自成一体且较为成熟的具体方案。

综上所述，目前关于纪录片故事化方法的研究多集中于微观层面的技巧如悬念设置、细节呈现等，更为宏观层面的类型化叙事研究甚少，迄今有限的研究多集中于“三幕式结构”在纪录片中的具体运用，即对于电影手段的借鉴尚处于枝节或初级状态，虽有研究者尝试做出拓展，但尚未产生代表性的成果。获得国际纪录片协会杰出事业成就奖的帕特里夏·奥夫德海德教授曾提及纪录片“通常会运用电影技巧”[3]，但至今未有相关著述面世。电影中更多的类型化叙事维度能否真正运用于纪录片的创作，目前尚难得知。基于此，本研究拟以自然类纪录片《蒙哥》为切入点，考查电影中类型化叙事的若干维度可否引入纪录片领域，以期为实践创作提供更多的可能性。

2. 理论基础与研究设计

第一，理论基础。类型化叙事一般见于对类型电影的叙事研究中，它是电影类型化的重要组成部分，是电影之所以成其为类型电影的起点。[4] 类型化叙事包含若干维度。以周诗宇为代表的“编剧工厂”提出的“类型电影模型套叠法”近年来获得了业界广泛认可，该理论将好莱坞主流类型化叙事理论体系作出整合，串联起更多具体的类型化叙事维度，除基本的“三幕式结构”外，其他维度包括：故事基本类型、故事“道德前提”、英雄之旅类型、人物原型、

---

① 景秀明. 纪录的魔方——纪录片叙事艺术研究. 北京：文化艺术出版社，2005：5

② 李炳钦. 略论纪录片叙事理论的建构. 湖北大学学报(哲学社会科学版)，2007(6)：114—117.

③ [美]帕特里夏·奥夫德海. 纪录片. 刘露，译. 江苏：译林出版社，2018：89.

④ 钟芳勤. 当代国产电影的类型化叙事. 电影文学，2016(16)：36—38.

十五节拍表等。

第二,研究设计。本研究拟以纪录片《蒙哥》为例,借鉴“类型电影模型套叠法”中的具体维度做出分析,以验证是否可以运用于纪录片领域。由于目前关于“套叠法”的公开资料较为缺乏,所以其具体维度的相关理论需要通过回溯相关著述做出简要梳理。本研究采取个案研究方法,该方法是对一个或少数几个处于一定时间和空间范围的案例所做的全面、深入、详尽的研究。一般而言,当研究问题涉及有待发现的机制和结构或者研究对象可提供的证据比较集中而非分散时,较为适合采用个案研究法。据研究前的基本预测,本研究的问题类型与研究对象均符合上述要点,故采取个案研究方法。

3. 理论应用与案例解析

第一,故事基本类型及其应用。

布莱克·斯奈德在依据多年电影编剧从业经验,将好莱坞类型电影划分为“鬼怪屋”型、“金羊毛”型、“如愿以偿”型等十个基本类型。与传统以具体题材为划分标准不同,布莱克的划分依据是故事结构、情节设计以及人物形象塑造等因素。① 布莱克通过大量案例详细描述了不同类型电影的基本议题和元素。如“金羊毛”型的基本议题是目的地并不重要,重要的是主人公在“路途”中了解自己,其三个基本元素包括:(1)主人公会为了“寻宝”开启一条道路,以此来划分成长阶段;(2)会有一个团队或者一群好友在路途中引导主人公;(3)最后主人公会获得一份奖品,这份奖品通常是原始的愿望、回家、获得宝藏或是重拾权力。②

《蒙哥》属于“金羊毛”类型。该片以主人公科洛的内心成长为基本议题,最重要的是在科洛回家途中了解了自己。从该类型的

---

① [美]布莱克·斯奈德.救猫咪.王旭锋,杭州:浙江大学出版社,2011:24—25.

② [美]布莱克·斯奈德.救猫咪Ⅱ.汪振城,译.杭州:浙江大学出版社,2011:36.

基本元素来看，“道路”指科洛从莽撞、怯懦的少年成长为耐心、勇敢的成年这一条并非实体的“道路”；包括“导师”（科洛的哥哥）、父母在内的“团队”一直保护着科洛，教会科洛生存的本领，并使科洛成长；“奖品”则使科洛认识到了家人的重要性并且拥有了保护家人的勇气。

第二，故事“道德前提”及其应用。

在迈克尔·蒂耶诺“行为思想”、罗伯特·麦基“主控思想”的基础上，斯坦利·D·威廉斯提出了故事“道德前提”的概念。斯坦利指出，“道德前提”是所有成功的故事与生俱来的基因，其结构形式是：（道德缺陷）引起（失败），而（美德）带来（成功）。[①] 该结构形式与“行为思想”“主控思想”有着本质的不同。后者强调行为决定思想，如“主控思想”是指“故事通过一系列的行为动作以及最后一幕高潮的审美情绪，所表达出来的终极意义”，而前者主张正与此相反，认为思想决定行为，也正是如此，斯坦利才称“道德”为“前提”。

在《蒙哥》第一幕，小科洛的道德缺陷展露无遗，他与其他家族成员不同，他对周围世界缺少警惕并喜欢独来独往。在第二幕，科洛擅自离开家族庇护，哥哥舍身相救，换来科洛的快速成长。在第三幕中，科洛作为家庭的关键分子，守卫、保护、照顾着下一代小狐獴成长。纵观全片，《蒙哥》诠释了一个“无知和独来独往会招致危险；智慧与团队合作才能赢得生存”的故事。

第三，“人物原型”及其应用。

“原型”一词可追溯到心理学家荣格对于十二种人格原型的划分，荣格认为“原型”以神话角色的形式存在于人类集体潜意识之中。好莱坞著名编剧沃格勒提出，“原型对于理解角色的目的和功能是不可或缺的，进而有助于判断角色在故事中是否起到了充分

---

① ［美］斯坦利·D·威廉斯. 口碑与票房：卖座故事的道德前提. 何珊珊，译. 成都：四川文艺出版社，2013：67.

的作用”。维多利亚·林恩·施密特进一步梳理归纳了人物原型理论，提炼出 32 个主角原型和 13 个配角原型。

小科洛具备了“愚者”人物原型的若干特质。如“愚者”的总体特征表现为，愚者内心是一个小男孩，他生活在成人世界和儿童世界之间，蹦蹦跳跳、无忧无虑地度过人生，《蒙哥》的开头解说中将狐獴科洛形容为勇敢、充满好奇、喜欢独来独往的角色，家族里的其他狐獴需要照顾小科洛，帮助他渡过难关；“愚者”关心的是自由，喜欢来去自如，科洛也喜欢自由，无论是环境所迫还是最初的懵懂、误打误撞，科洛都想离开家看外面的世界；“愚者”也有缺点，诸如冲动鲁莽、无法承担责任等等，小科洛在成长的过程中，也因为自己的冲动和无知，几度将自己和家族置于危险之中，但并不是每次都能幸运地逃过一劫。成年科洛具备“保护者”人物原型的特质。“保护者”是一个用身体而非头脑去感受生活的人，他对事物有强烈的感受，渴望各种各样的肢体活动。”在第三幕中，成年科洛一有机会就会跳出来保护家族，不惜与敌人展开搏斗，不考虑自身后果，就像之前作为“保护者”的哥哥保护自己一样。

因此，科洛属于复合类人物原型，从“愚者”成长为“保护者”。正如施密特所强调的，原型并非模板，人物角色性格的发展弧线可以结合不同的原型，在使用原型时有必要做出创新和变化。

第四，“英雄之旅”类型及其应用。

美国神话研究学者坎贝尔提出了“英雄之旅”模型。多利亚·林恩·施密特将其进一步细分为“男性英雄之旅”“女性英雄之旅”“儿童英雄之旅”。[1] 简要来说，英雄之旅类型并不与其主体定位即“女性”“男性”“儿童”完全相关，女性主人公也可能会走上男性英雄之旅，反之亦然。其中，一个重要的分类标准是在女性英雄之

① [美]维多利亚·林恩·施密特. 经典人物原型 45 种. 吴振寅，译. 北京：中国人民大学出版社，2014：159—160.

旅中主角会在第一幕中觉醒(如《末路狂花》);在男性英雄之旅中,主角会一直抗拒着内心的改变,直到第三幕,或者觉醒(如《我不是药神》)或者依然抗拒改变《如《寄生虫》》;在儿童英雄之旅中,主角会在第一幕脱离专职父母或代理人的掌控(如《千与千寻》)。

《蒙哥》中并无专职父母或代理人(科洛的哥哥是作为"保护者""导师"而存在),直到第三幕,科洛在远离家人独自面对黑夜时才最终明白了家人的重要和自己要担负起的职责,所以,其旅程属于男性英雄之旅。

第五,"十五节拍表"及其应用。

罗伯特·麦基提出,故事的组成部分从小到大依次为节拍、事件、序列、幕、故事。"节拍是动作/反应中一种行为的交替,这些变化的行为通过一个又一个节拍构筑了场景的转折。"[①]布莱克·斯奈德进一步将电影依次划分出开场画面、主题呈现、铺垫、推动(催化剂)、争执等十五个节拍。

《蒙哥》在"开场画面"交代了故事背景,即非洲的卡拉哈里由于气候变化从湖泊河流变成了沙漠荒地。"主题呈现"以解说词来呈现,强调科洛需要学会与家族紧紧相依以应对各方危险。"铺垫"环节,通过一系列狐獴守卫、玩耍的镜头呈现狐獴科洛的日常生活,建立科洛的短期目标,并且交代猛雕是狐獴的头号天敌等,揭示主角面临的潜在危险。"催化剂"是为了保证家族的食物供给,妈妈必须得离开科洛,其他成年的成员也慢慢走远。"争执"环节是科洛尝试探索外面的世界,但因落单被猛雕追击,关键时刻被哥哥救下。"第二幕衔接点"即情节点Ⅰ,干旱加剧了觅食难度,更强劲的对手眼镜蛇的出现。在这里,影片进入到第二幕。科洛只能被迫接受自己当前的境地,在争执部分经历的小插曲也使它确

---

① [美]罗伯特·麦基.故事.材质、结构、风格和银幕剧作的原理.周铁东,译.天津:天津人民出版社,2014:36.

定一个目标：学会生存，保护自己。“B故事”是承载影片主题的故事，在这一环节，哥哥当起了科洛的导师，传授他生存的方法和“道理”。“游戏”环节又被称为“综艺时间”，炎热高温的山谷，狐獴们几乎耗光了所有能量，画面用相对轻松、娱乐的方式加以呈现。“中点”需要重回主题，狐獴家族由于饥饿必须到充满危险的茂草中找寻食物，由于团结一致合力对外，暂时击退了眼镜蛇的进攻。“坏蛋逼近”环节，敌人猛雕逼近，科洛哥哥舍身救下科洛，团队失去了重要成员。“一无所有”环节，科洛饥饿向母亲乞讨，但母亲因为要照顾更多的孩子而拒绝了科洛的哀求。“灵魂黑夜”环节，科洛再次离开家庭在外漂泊，没有了家人温暖的慰藉，它在雷电交加的危险黑夜中感受寒冷。“第三幕衔接点”即情节点Ⅱ，科洛决定找到回家的路。“结局”是科洛重新回到家族，成长和蜕变为了成年狐獴。“终场画面”与“开场画面”相呼应，科洛不再稚嫩莽撞，而是成长为保护家族的关键成员。

4. 结语

通过对《蒙哥》这一个案的研究可以得知，包括故事基本类型、道德前提、人物原型、英雄之旅、十五节拍表等电影类型化叙事理论可以引入故事化纪录片的创作，成为纪录片领域重要的理论资源储备。本研究最大的意义可能在于，为纪录片创作引入了类型化叙事的若干“形式”“原理”，为实现故事化纪录片“好”与“多”的协调提供了更多可能性。

需注意的是，优秀作品不必也不可能形于一态。类型化叙事属于艺术形式，形式并不等于“公式”。在罗伯特·麦基看来，形式是有效的方法，而公式是不可变更的规则，“故事的丰富多彩、复杂变幻、神秘莫测，远非是一个公式所能涵盖的。”[①]另外，由于纪录

① ［美］罗伯特·麦基. 故事. 材质、结构、风格和银幕剧作的原理. 周铁东，译. 天津：天津人民出版社，2014：15.

片纪实性和自身题材的限制，使得它有别于类型电影，纪录片中的具体叙事细节未必能够像电影情节一般与相关理论形成较为合拍的对应关系。

类型化叙事的研究是一项系统且繁杂的工程，本研究仅仅开启了将其引入纪录片领域的讨论，远未深入到这一论题的内部世界。另外，本研究为个案研究，个案并非代表总体的样本，对更大范围内的适用性仍待进一步探索。

需要强调的是，重视纪录片类型化叙事这一形式层面的研究，并非为了形式而形式，形式只有与内容结合才更有意义。“文艺创作是观念和手段相结合、内容和形式相融合的深度创新，是各种艺术要素和技术要素的集成。”[1]唯其如此，才可能使得纪录片类型化叙事真正落地生根和长足发展。

（作者：杨天星、王中伟）

① 习近平. 论党的宣传思想工作. 北京：中央文献出版社，2020：101.

三、解释式纪录片"离题"式创作

近些年来，中国纪录片发展如火如荼。讲好中国故事、传播好中国声音，已成为时代强音。对于解释式纪录片而言，"声音"和"故事"分别对应着"主题""叙事"。本研究结合具体案例，初步探讨了与"主题"和"叙事"相关的"释义性离题"和"叙事性离题"在纪录片中的呈现方式、创作时常采用的方法和注意事项，以期对相关实践创作提供一定的借鉴与参考。

1. 纪录片"离题"的界定

第一，纪录片"离题"的缘起。

离题原意是指离开主题，目前关于"离题"的主流解释均是这种含义。但区别于这一传统认知，离题在纪录片等领域另有其特定含义和作用。

希拉·柯伦·伯纳德在《纪录片也要讲故事》中提出，纪录片要以叙事链为基点，根据需要制造一些"迂回"。蒙大拿州立大学罗纳德·B·托比亚斯也认为："这些貌似离题的话实际上对故事是很重要的。"在《经典情节20种》一书中，罗纳德引用其他作家的论述，指出离题是"隐藏你艺术的艺术"。① 景秀明教授认为，在复线、多线的情节类型中，有一些没有贯穿故事线始终的背景小故事

① [美]罗纳德·B·托比亚斯. 经典情节20种(第二版). 王更臣，译. 北京：中国人民大学出版社，2015：28.

出现在作品的一个或几个片段之中。有时这些叙事成分会在局部越出情节主线，不可避免地产生“离题”现象。[1] 浙江大学吴红雨在其慕课《纪录片创作与实践》中指出，叙事链应贯穿影片的始终并且推动影片向前发展，但是，在纪录片讲述过程中是可以“出轨”的，即可以稍微偏离主线，走到外线上去拓展小故事或者吸引观众的细节。

在业界行话中，离题现象常用并不严谨的“跑题”一词模糊带过。纪录片《舌尖上的中国》第一季执行导演任长箴在其工作坊培训中，则以抽离于“故事”的“认知”一词作为指代。由于缺乏统一的命名等原因，对离题现象常常会有截然相反的认知。例如，常年从事纪录片研究与创作的广州大学夏清泉副教授在特别分析过《舌尖上的中国》第三集《转化的灵感》关于豆腐球的故事之后，提出了与导演迥异的认识：“故在叙述的进程上，片子打破了制作豆腐球步骤上的进程，而是先从豆腐球发酵的时间开始讲述，让观众先看到令人垂涎的豆腐球，进而转到姚贵文妻子需要在短时间包好豆腐以避免变质。当故事讲到姚文贵使用炭火烘烤时，叙述在这里中断，转而说明建水的地理特色和饮食风味，之后再回到豆腐球这条线索上，继续讲述豆腐本身质地的优秀和风、阳光、水的关系。”基于此，夏清泉认为《舌尖上的中国》采用了多条线索互相交织来推进故事的陌生化的诗意叙事策略：“这多条线索中既包括人物为主的行动，也包括对食物、地理等的说明，这种交织让叙事、说明、抒情、议论融合为一个整体。”“这种多条线索交织融合导致情节淡化，叙事中断后又有缠绕，产生了独特的叙述节奏，让故事获得了一种诗化的特质。”[2]其中存在的问题是，夏清泉认为“说明、抒情、议论”作为叙事线索而存在，而任长箴导演则认为这些“说

① 景秀明. 纪录的魔方——纪录片叙事艺术研究. 北京：文化艺术出版社，2005：433.
② 夏清泉. 论《舌尖上的中国》的陌生化效果. 中国广播电视学刊，2012(09).

明、抒情、议论”并不属于“叙事”范畴，它们应属于依托叙事而存在的“认知”即离题范畴。至于更多一般的研究者，则笼而统之将其称之为“叙事策略的‘陌生化’”，这一模糊的概念更加阻碍了展开深入研究的可能。

通过这些学界与业界的文献梳理，可以明确的是，纪录片的离题现象极为普遍和重要，但却尚未展开过专门的研究，甚至，离题现象可能被中国的研究者有意或无意地忽视了，如景秀明虽然较早提出了离题现象，但同样以离题“在纪录片中并不常用”为由仓促地结束了讨论。西方虽有研究者指出了离题的重要性，但也并未以理论的形式予以梳理，如希拉仅仅是试图通过展示一个案例，让读者去自行体悟一部纪录片能“出轨”到何种程度。

第二，纪录片“离题”的界定。

美国学者比尔·尼科尔斯依据纪录片发展史，按照创作理念将纪录片划分为六种类型。[①] 解释式纪录片便是其中之一。该类纪录片的特征是：全知视点；使用上帝之声的解说词；证据式剪辑，保持论点阐释连贯等。长期以来，在中国的主流纪录片中，解释式纪录片牢牢占据着重要地位，即便形容为“一枝独秀”，也并不为过。当下，该类纪录片以故事的形式呈现，既有主题，又有故事，具备了纪录片离题的基本条件。为了论述的方便，下文所指“纪录片”除非有特别说明，否则特指“解释式纪录片”。

纪录片以一个恰当的主题和叙事链为基础展开，在其中可以根据需要制造一些“迂回”，观众可以从迂回中了解更多隐藏信息，这些迂回就是“离题”。与“主题”和“叙事”相对应，纪录片的离题又可分为释义性离题和叙事性离题。释义性离题是主题层面的离题，即穿插相关解释性内容，以便让观众更深刻地了解要表达的主

---

① [美]比尔·尼科尔斯. 纪录片导论. 陈犀禾，刘宇清，译. 北京：中国电影出版社，2007：114.

题或观点等，如杰克·哈特所指出的："在叙事的中途……时不时地对话题作一些背景阐述。这些抽象的解释或阐述，可以让读者对叙事中的话题获得深刻的洞见，并明白其中的意义。……它是使释义性叙事变得有效的关键所在。"[①]就这一点而言，它与美国社会学家米尔斯所提出的"社会学的想象力"有异曲同工之处，后者是"一种心智的品质，可帮助人们利用信息增进理性，从而使人们能看清世事，以及或许就发生在他们之间的事情的清晰全貌……它可能会被记者和学者，艺术家和公众，科学家和编辑们所逐渐期待"。米尔斯认为，只有将个人生活进程与社会的历史背景及其结构性变迁联系起来，才能跳出杂乱无章的日常生活看清世事，看清更广阔的历史舞台。对于纪录片而言，这意味着将故事"呈现在一种可以表现真正意义的脉络中"，以使受众理解具体故事背后的意义。而叙事性离题是叙事层面的离题，如希拉所指出的，是在恰当链条基点上制造的"迂回"。[②] 我们将这种叙事层面的"迂回"称之为"叙事性离题"。

2. 纪录片离题的呈现方式

第一，通过解说词离题。这种离题方式能以简洁易懂的语言清晰呈现画面之外的无形信息，使纪录片要传达的意义更加明确。例如，在《我在故宫修文物》第二集孔艳菊修复黄花梨百宝嵌番人进宝图顶箱柜的故事中，通过解说词离题插入了孔艳菊的个人信息和镶嵌工艺的信息。这些信息可以使观众清晰了解修复这件文物的难度和繁复程度，更为理解文物修复师这个职业。

第二，通过人物采访离题。这种离题比"上帝视角"的解说词更具有真实感和客观性，也会使得创作者的观点和立场更为隐蔽。

---

① [美]杰克·哈特. 故事技巧：叙事性非虚构文学写作指南. 叶青，曾轶峰，译. 北京：中国人民大学出版社，2012：193.

② [美]希拉·柯伦·伯纳德. 纪录片也要讲故事. 孙红云，译. 北京：世界图书出版公司，2006：17.

例如,《高考》第一集讲述了毛坦厂镇学生和家长备战高考的故事。片中离题插入了毛坦厂中学毕业生的一段采访,他从亲历者的角度描述了毛坦厂高考模式的弊端,批评了隐藏在虚假繁荣泡沫之下的毛坦厂经济,从一个侧面驳斥了将孩子送进毛坦厂读书的家长"望子成龙、望女成凤"的期待。

第三,通过字幕离题。使用字幕离题意味着同时开创了辅助性的第二叙事空间,它能够摒弃解说词或人物采访等方式的强迫性,既保证原本的叙事节奏,又可以在同一画面中发散两种叙事空间。具体使用字幕离题时,可以直接以字幕卡片或在银幕下方三分之一处添加文字的方式呈现。例如,《高考》第五集刘云昊的故事段落中,画面是刘云昊的母亲穿梭于香港街头寻找考试的地点,字幕则是"吴红明五年前放弃了公司副总的职务,开始全职陪读。"画面和字幕各行其是,画面外的空间以无声字幕的方式表现出来。

第四,通过插入剧情离题。剧情离题是将故事段落放于纪录片的叙事链中,除了为观众呈现有趣的故事段落,还能通过故事引导观众,传达创作者要表达的意义。例如,《舌尖上的中国》第七集在讲述村民准备新米节的故事时,离题引入了王小整的村落种植糯稻的故事。当大家都选择播种更高产的水稻时,只有王小整的村落还延续着古老的糯稻种植传统。这里的离题要传达的是,尽管时空变迁改变了大多数人的生活方式,但是蕴藏在糯稻中的古老情怀会一直流传。

3. 纪录片离题的常用方法

《纽约客》杂志记者约翰·麦基呼吁在释义性叙事文稿写作中"要有勇气离题",杰克·哈特特别指出,"纪录片导演也使用这种结构"。[①]但是,在纪录片中究竟如何使用,杰克·哈特并未作出说明,目前

① [美]杰克·哈特.故事技巧:叙事性非虚构文学写作指南.叶青,曾轶峰,译.北京:中国人民大学出版社,2012:191.

也尚未有成文规范可作参考。依据离题的频次及特征，暂将常见的方法梳理如下。

第一，单一式离题。

故事一般由建置、发展、高潮三部分组成。为了论述方便，我们将其称为叙事前、叙事中、叙事后三个阶段。单一式离题，即在叙事前、叙事中或叙事后的故事节点上，做出一次离题。叙事前离题多用于交代背景，叙事中离题多用于拓展信息，叙事后离题多用于升华主题。

叙事前离题出现在故事开始的铺垫环节，一般用来交代故事基本要素之外的必要要素，或基本背景之外的必要背景，也可以称之为深层要素、深层背景。例如，《河西走廊》第二集中霍去病首次使用骑兵闪击战术攻打匈奴即大获全胜。这个段落先引入了一段乌鞘岭地理位置和战略地位的基本信息，随后开始讲述霍去病攻打匈奴的故事。插入乌鞘岭的离题信息，是为了阐述其作为进入河西走廊的战略要地的重要性，为接下来的故事发展埋下重要伏笔。叙事前离题一般是小幅度的离题，时间短，占比少，呈现出“快离快回”的特征，不宜“长篇大论”，否则会推迟正常叙事进度。有些优秀的纪录片会将之尽可能地揉入故事线，以实现更为自然流畅的表达。

叙事中离题即在故事发展段落中插入离题，主要作用是拓宽纪录片的信息空间，加强观众对纪录片所表达深层含义的理解。通常，叙事中离题在一个上升动作中岔开效果会更好，此时正是事情悬而未决的时刻，合适的离题不但可以拓展信息空间，还可以通过延迟满足制造悬念，观众会期待着离题后故事的进展。例如，《舌尖上的中国》第四集“时间的味道”展现了腌渍发酵后的各种中国美食。在金顺姬向妈妈学习制作泡菜的故事中，当观众注意力集中在辣白菜的制作过程时，离题引入了另外一种当地的美食打糕，它打断了做泡菜的故事线，但展现出了朝鲜族日常生活的一面。当重新回到故事线时，观众依然会将注意力放在辣白菜的制作上。再如，《我在故宫修文物》第一集在修复三十二扇屏风的故事段落中，离题插入了这些屏风的来历和具体价值，表达了修复这些屏风的重要意义。离题之后，故事重新回到了修复屏风的主线中。叙事中离题时要注意叙事节奏的把控，如果不能在拓展信息空间和推动故事发展之间取得适当平衡，就要尽量调整其位置。

叙事后离题位于故事高潮结束后的环节。所谓故事高潮，不仅仅指表面动作高潮，更是思想、情感的高潮。从表面动作而言，高潮之后的故事驱动力已经大为减弱，所以这一环节的离题一般不会再是叙事性离题。但是，从内部思想、情感而言，却可以加入较长时间的释义性离题，以达到更为自然地升华和凸显主题的效果。由于叙事后离题在故事动作高潮之后，需要尽可能简洁明了，在观众仍然沉浸在高潮体验时戛然而止，才能更好地达成回味之效。例如，《舌尖上的中国》的“冬捕”段落中，在吉林查尔干湖的渔民成功捕到鱼群（故事动作高潮）之后，通过解说词加入了自然简洁的释义性离题：“郭尔罗斯蒙古族有一话叫作‘猎杀不绝’，讲的就是这个道理。”但在同样题材的《天山脚下》“福海”冬捕段落中，释义性离题却没有达到很好的效果。该段落以“乌伦古湖，又给人们带来了一个富足的冬天。也正因如此，人们给它起了一个吉祥的名字——福海”结束。这里的叙事后离题便出现了偏差，它更应该提炼和升华的是人的思想情感或价值观，而不是解释一个地域的名字的由来。

第二，连续式离题。

连续式离题即在故事线中有两种以上形式或内容的离题连续出现，且有较为明显的段落衔接或转换。这种离题多用于需要大量解释性信息的故事中。例如，《河西走廊》第九集“苍生”讲述了明清时期逐渐沉寂的河西走廊上发生的故事。葡萄牙修士鄂本笃被神秘的契丹吸引，来东方探险。当他历经艰险穿越塔克拉玛干沙漠终于到达嘉峪关时，片中出现了连续式离题：第一次离题以实景画面和解说词的方式详细介绍了今天的嘉峪关市；第二次离题解释了当时修建嘉峪关的必要性和修筑方法；第三次离题解读了明长城的修筑对明朝战略布局的重要性。离题结束后故事重新回到鄂本笃探索东方的故事线。这段离题一环扣一环，本质上是对嘉峪关战略位置重要性的描述。

需要注意的是，首先，连续式离题的内容一般环环相扣，互相印证；其次，连续式离题通常篇幅较大，在故事发展的关键节点应避免插入连续式离题，否则会割裂故事的整体性；再次，要考虑连续离题在故事当中所占的比例，尽量用凝练的语言和画面在较短时间内将信息完整传递给观众。

第三，"多层蛋糕"式离题。

美国《亚利桑那共和报》的写作指导迈克尔·罗伯茨将提出了"多层蛋糕结构"，此种结构可以使释义性叙事的进展平滑稳健，具体模式为：开头场景叙述——离题 1——场景叙述 2——离题 2——场景叙述 3——离题 3——场景叙述 4——离题 4——场景叙述 5——离题 5——场景叙述 6——离题 6——结束场景叙述。[①]

由于叙事的共通性，该结构同样适用于纪录片领域，表现为连续使用两次或以上的一段故事场景加一段离题的形式缝合故事。以《人间世》第三集"团圆"为例，年轻的焦俞不幸离世，父母在极度悲痛中决定捐献儿子的器官，其故事进程为：焦俞确诊脑死亡，父母和姐姐商量决定捐出器官（开头场景叙事）——诉说焦俞父亲王述成早年人生经历，解释了为什么孩子姓氏随母亲（离题 1）——焦俞父母签下人体器官捐献登记表（场景叙事 2）——介绍人体器官获取组织 OPO（离题 2）——华山医院人体器官获取组织秘书长

① ［美］杰克·哈特. 故事技巧：叙事性非虚构文学写作指南. 叶青，曾轶峰，译. 北京：中国人民大学出版社，2012：196—197.

张明争分夺秒联系器官接收者，同时焦俞父母决定签字放弃治疗——场景叙事 3——华山医院护士对焦俞及父母行为的评价；中国人体器官分配与共享计算机系统的器官分配工作原理（离题 3）——张明按照分配结果与等待者联系（场景叙事 4）——北京有 5 个心脏移植病人配型成功，但心脏离开人体后储存不能超过 4 个小时（离题 4）——没有返程航班，北京医生放弃（场景叙事 5）——焦俞 7 个器官配型成功 6 个，是华山医院启动器官捐献以来捐献脏器最多的器官捐献者（离题 5）——焦俞被推进手术室，接受器官捐献手术（结束场景叙事）。

需要注意的是，"多层蛋糕"式离题一般需要有强烈戏剧性的故事线做支撑，而且故事本身多为线性结构，在此基础上的离题一般为释义性离题。如果故事事件驱动力弱或戏剧性不够强烈，或者采用了非线性结构叙事，一般不宜采用这种离题，否则可能会导致故事线支离破碎，离题无所依傍的后果。

4. 纪录片离题的注意事项

第一，离题须以主题为基点。

成功的离题必须以明确的主题为基础。离题如果不能和所要展现的主题形成紧密的联系，便可能沦为传统意义上的"离题"。斯坦利 · D · 威廉斯在谈论电影如何讲好故事时，特别就"偶然性事件"做出论述——这一存在于电影中的概念与纪录片中的"离题"相似——在他看来，"有效的偶然事件会自然而然地发生，并且会和电影的真实意图保持一致。"但是，那些会将故事带向毫无边际的创作过程，却无丝毫实质性成果的念头，是丝毫没有存在空间的。[①]

例如，《天山脚下》"转场"段落中的离题便出现了严重问题。

---

① ［美］斯坦利 · D · 威廉斯. 口碑与票房：卖座故事的道德前提. 何珊珊，译. 成都：四川文艺出版社，2019：156.

该段落介绍的是哈萨克族牧民也木里哈第一次带着自家的羊群从冬牧场转到夏牧场的故事。从整个纪录片来看,所有故事均应是人物的故事,但在这个故事中,名义上的主人公是牧民,实际上的主人公却变为了“羊”,无意中的叙事性离题呈现了较多关于羊的戏剧性动作,并且解说词也明白无误地出现了“小羊终于完成了自己的第一次转场”等语句。关于羊的画面和解说占据了较多的篇幅,与整部纪录片的风格极不协调,反而更像是“动物世界”的画风。对于异域风情的描写或许有趣,但是需要以故事主题为基点展开,不然就相当于堆砌了很多华丽的辞藻却言之无物。这里的离题不但与主题严重割裂,甚至连主题本身都遁形而不可见了。

第二,叙事性离题须以叙事链为必要条件。

叙事链不是离题的充分条件但却是必要条件。换言之,拥有完整或强有力的叙事链未必一定会产生离题,但是成功的离题必须以完整或强有力的叙事链为基础。在这一点上,罗纳德教授建议:“你应该给读者提供一些貌似偏离主题的内容,但实际上并非如此,所有的片段都严丝合缝……你的作品应该是貌似跑题的(也就是说,让因果关系看起来随意些),这么做是为了让读者放松。但是作为作者,你永远要在读者意料之外构建故事、推进情节。”[①] 至于一部纪录片能“出轨”到何种程度,希拉认为,只要这根链条足够强大,它就会毫不偏移、稳稳地向前推进。例如,在《美国工厂》中,以中国式管理者与美国工会之间的冲突为叙事链,故事中的数次叙事性离题介绍了当地员工窘迫的家庭生活、中国国家与企业共生共荣的和谐关系、企业家曹德旺回国后寺庙祭拜等,这些看似零散的片段虽然不在主要叙事链上,但是却触及了“美国梦”的破碎、中美文化的巨大差异、中国传统文化的根深蒂固等,极大地拓

① 罗纳德·B·托比亚斯. 经典情节 20 种(第二版). 王更臣,译. 北京:中国人民大学出版社,2015:28.

展了纪录片的意义空间。

由于不少纪录片中的故事并不指向于人，作为外在之物的附属物，故事只是为了给这些物品赋予一种人格化的内涵。被纳入到商业媒体机制的纪录片，它的故事困于物质生活中，它只属于随着物件而来的先验主题。在这种情况下，如果叙事链本身薄弱或不完整，即使强行离题，也可能会显得过于刻意或凌乱，甚至会导致彻底“出轨”。如果这一问题出现在主流政论片中的释义性离题中，可能会导致故事和人物沦为印证意义的手段和道具等负面解读。

第三，离题的比例须与戏剧性、情感价位正相关。

一般来说，由于文化传统与叙事理念等因素的差异，相同类型和题材的纪录片，国内的比国外的离题比例要大一些。国内的主要电视纪录片中，主流政论片比商业纪录片的离题比例要更大一些。商业纪录片如《舌尖上的中国》的离题比例控制在30%左右，而目前主流政论片如《我们一起走过》的这一比例一般约50%，甚至更高。国外能与这一离题比例相提并论的多为主题驱动的纪录片——如摩根·斯普尔洛克的《超码的我》——该类型纪录片善于“把要表达的东西有机地串联在一起从而讲述出来”[①]，其中“要表达的东西”即属于离题部分。虽然这两种纪录片表达的内容会有很大差异，但在表达观点这一层面上，两者是一致的，北京电影学院王竞教授将其统一称为“观点类纪录片”，即释义性纪录片的重要类型之一。在这类纪录片中，故事为离题服务，离题占据主导地位。

在同一类型的纪录片之下，无论“释义性离题”还是“叙事性离题”，其场景叙事的戏剧性越强或情感价位越高，离题就可以走得越远，即一方面可以离开主题或主线较大的距离，一方面可以占纪

---

① 王竞.纪录片创作六讲.北京：世界图书出版公司，2014：117.

录片较大的比例。相反，其场景叙事的戏剧性越弱或情感价位越低，离题就不应走得太远，否则不但不能起到应有的功能，反而会破坏正常的主题或叙事，如果离题比例过大，甚至反客为主，会使得画面叙事更为松散，故事的戏剧性更加薄弱。同时，如果离题的解说词再配以缺少叙事意义的音乐和空镜头，可能会降低纪录片本身的真实性，进而稀释了主题。如果必须在一个不太具有戏剧性或几无情感价位的时刻插入离题，不宜放在段落之间打断正在行进的动作，较为合理的处理办法是将短暂的离题糅入场景叙事的故事线，即糅离题于故事之中。

故事可分为体现主控思想、主题思想的表达层，呈现人物、戏剧动作、冲突的情节层，设置结构、悬念等的叙事层。早在“2.19”讲话中，习近平书记曾强调说：“好的思想、观念、内容，要通过生动的形式、多样的手段表达出来。”在纪录片领域，如果说“思想、观念”是表达层，“内容”是情节层，那么“形式”“手段”则是叙事层。在纪录片也要讲故事已经成为共识的今天，对其包括离题现象在内的叙事层的自主而系统的探索，愈加任重而道远。

（作者：王中伟、梁堃）

第五部分 幕后故事篇

一、“专业创作是一件辛苦但快乐的事”
二、“纪录片创作是一次充满未知的冒险”
三、“为了寻找更好的故事”
四、“我不知道怎样去冷静地诉说他们的故事”
五、“该给予被采访者平等和尊重”
六、“我真想变成他们的子女,陪伴在他们身旁”
七、“电影可能是虚假的,人的感情却是永远真实存在的”
八、“我们对‘艰苦奋斗、自强不息’有了更真切的感受”
九、“努力做好最后一次作业,就是对大学最好的致敬”
十、“大多实践上的问题都是源于理论知识的欠缺”
十一、“揭示问题、做好导向、讲究艺术是统一的”
十二、“收获的是新闻理想和人文精神”

一、"专业创作是一件辛苦但快乐的事"

记得初中时,曾看过一部电影《人鬼情未了》,其中泥土从指尖流过,陶罐逐渐成形的画面让人记忆深刻。得知土陶已经被列入非物质文化遗产保护名录,我们有了更加深入了解的念想。这个靠技艺和创作力产生的古老艺术,再加上高台民居的传说,让我们更加有了创作的欲望。

一路火车来到了喀什,也真正体会到了一句民间流传的谚语:"不到喀什不算到新疆。"喀什的民族文化真正让我们感受了一回新疆味道,国际大巴扎维吾尔大叔的热情,当地司机的侃侃而谈,卖西瓜大爷的叫卖声,爽口的石榴汁都让我们欢喜不已。记得第一次来喀什旅游时,我们住在清真寺旁边的帕米尔青年旅社,早晨被阿訇的那一阵声音唤醒,这个声音在黎明让人感到分外震撼。

在一个灯光昏暗不足十平方米的房间里,我们邂逅了这个古老的民间手工艺。找到吐尔逊·祖农的时候,他还在作坊里专心制作着手里的土陶,抬头看到我们的张望,微笑了一下又继续制作。经过允许后,我们踩着土质的楼梯来到了这个小作坊里面,作坊很简单,除了一个老式的录音机,没有任何和泥土无关的东西。屋里有一个灯泡,一块钱就能买到的那种瓦斯灯泡,昏暗的房间里面,天台的小孔透出的太阳光线正好打在屋里的角落中,带着无数跳动的灰土分子活跃着。伴着录音机里的维吾尔族歌曲。吐尔逊大叔的脚踩着轴盘不停地转动着,手中的泥土不一会就成了胚子,一个精致的模型就出来了。当老人站起来放胚子的时候，那一束光线和老人手中的土陶，就构成了一幅和谐的画面，光线恰到好处，明暗对比有质，当时我们都专心地看着，谁都不愿意说话打破这种美。

我们的专业创作是一件辛苦但快乐的事。语言不通成为拍摄时最大的障碍，常常是没有翻译就抓瞎，很多时候只能用手比画着。我们接着又去了几家作坊，收获都是截然不同的。在高台民居走着，身边孩子们唱起了歌谣，“找呀找呀找朋友，找到一个好朋友，敬个礼握握手，你是我的好朋友。”当孩子们对着我们敬礼的时候，那一个个专注的神情把我们逗乐了，他们都非常乐意让我们拍照。拍摄过程中，计划安排好的事物往往会有各种偏差，然而每次偶然的收获惊喜，都会让人兴奋不已，遇到问题解决问题成了一种乐趣。跟随翻译几天一直吃着维吾尔美食，地道的馕坑肉、拉面、抓饭、烤肉等等，这里的新疆美食也是最正宗的。

拍摄接近尾声的时候，发生了一些小插曲，朋友的手机掉落在了出租司机的车上，但戏剧性的是，乘客捡到并且归还，失而复得的心情总是让人记忆深刻。

我们来到喀什的千年古街上，快走到尽头时发现了手工乐器一条街，里面接踵而来的是手工乐器作坊，各种木制的手鼓让我想起了“咚哒哒咚哒”这个节奏，因为出门没有带翻译，我只能简单用手比画着，旁边的店家热情地帮我翻译着，不一会他们便开心地奏起了手中的“都塔尔”，我也不由自主地想跟着节拍跳动，维吾尔爱跳爱唱的生活习惯感染着路人。在这条街上，他们用木头制作的各种模型也堪称一绝。很想对想了解新疆的人说，如果你喜欢异域风情，来喀什吧。

拍摄快结束时，我们去了翻译的家里，在喀什附近的一个叫上阿图什的小村落，他家里纯手工的装修雕刻让人唏嘘不已。这个村落虽然并不富裕，但他们所居住的房屋都是非常精致又有讲究的，那些精致的手工雕刻墙壁的花纹，也是维吾尔民族文化靓丽的一道风景线，翻译家里人大都听不懂汉语，但是他们用家里最好的饭菜美食招待我们，吃饭时大家都很注意用手或者碗接住，不让任何食物掉落，这也是维吾尔族的一种礼节，他们从来不浪费粮食。

临走前，我们想去买几个土陶，但作坊的维吾尔族大叔们坚持送给我们。拍摄插曲不断，但最终还是顺利地结束了。

一个江苏的大学生专门到这里学习土陶的制作，她每天按时来到高台，在这堆泥土里面把弄着，聊天的时候乐此不疲地讲着自己的感受。如果有更多的人愿意学习这个，我想这个手工艺不会失传。土陶不仅仅是历史，更应该成为未来的艺术，在不失传统的前提下融入现代的生活素材，让这个民间技艺更好地发展。

虽然拍摄距离现在已经有了大半年的光景，但是很多事情依旧清晰。喀什像一张张画幅，传统而吸引人。我觉得我还会回去，回到那个作坊。

（作者：陈银薇）

二、“纪录片创作是一次充满未知的冒险”

从2019年7月起，我们小组就先后进行了多次选题策划会。在内容上，我们有想过拍摄“兰州酒吧文化”“新疆的馕文化”“城市漂泊记”“非遗”“扶贫”“算命”等题材内容；在形式上，我们也有想过实验式、体验式的纪录片题材。但是因为人脉以及资金上的限制，我们这些不成熟的想法都被毙掉。后来，大四上学期，在纪录片课堂上，王中伟老师为我们提供了“纪录片故事化叙事”的创作思路。

由此，我们小组就“如何在纪录片中讲故事”这一主题，开始了定位和筛选。最终，在牛绿林老师的指导下，我们选择前往西藏，将镜头聚焦于中国“森林消防”群体。

2020年3月18日，北京时间上午8时，我们乘坐小车前往邦达机场。在车上小憩一会儿，再睁眼时已行驶在山间，满眼尽是皑皑白雪之景。正是这漫天白雪，阻拦着我们归去。由于天气原因飞机无法正常起飞，我们坐在候机厅，身旁穿着军绿色迷彩服的人成行而过，恍惚间好像看到了那群可爱的朋友。在136公里外的西藏昌都市卡若区森林消防中队，集合的号子已经打响。伴随着犬吠，大家整整齐齐地在院子里开始了早间的训练。

不曾想，我们将会因为疫情的缘故，在这里生活两个月。正是在这种偶然的状况下，我们与这群无畏的逆行者们度过了一段一起种菜、一起训练、一起巡山、一起过年的时光。此时，望着远山，想起战斗六班床前的窗外也有这样的山景，脑海中循环着过去两个月的生活图像。这一切的相聚，都源于这次毕业设计。

（一）

想过无数的毕业设计拍摄题材，却没有料到我们最终会来到海拔四千多米的藏东高原，去记录一群守卫着祖国 62 万公顷绿林的森林消防员的故事。谈及拍摄初因，主要是受到了指导老师牛老师的影响。

从军嫂到消防嫂的身份转变，虽然只是称呼的改变，但其背后却是消防队伍体系的一次改革。2018 年 12 月，消防队伍脱去了军装，褪掉橄榄绿，换上火焰蓝，转眼之间，他们成为了综合性消防救援队伍。改制带来的不仅是身份的转变，他们肩上的担子也更加重了。他们不单单为森林灭火而奔波，任何可能对人民群众生命财产安全带来危险的事件于他们而言都是任务。同时，在训练项目上，技能与体能的结合，森林消防职能与城市消防的融合，也大大增加了他们的训练难度。这些不仅是一位消防嫂的忧虑，也是森林消防群体面临的苦恼。虽然转制的过渡期已经结束，但是他们对于新身份的认同还在建立之中。

而转制之后不久，四川木里县凉山州森林火灾事件，把人们的目光聚焦到了森林消防员身上。消防员是和平年代牺牲人数最多的工作职业之一，相较于更为熟知的城市消防，大众对于森林消防群体的了解却少之又少，因此，他们也需要一个展示自己的机会。

在种种原因互相影响下，我们选择来到西藏，用心去感受他们平凡事业中的不平凡，用镜头去记录他们酸甜苦辣的生活实景。

青藏高原的高原山地气候是我们首先要应对的问题。长时间低温和缺氧的现象都可能对我们的身体机能造成影响，尽管大家都备好了冬季的棉袄抵御严寒，提前服用了应对高原反应的药物——红景天。但糟糕的是，同行队员中有一位同学还处于重感冒状态，着实让我们担心。

就这样，在慌乱中，我们怀着激动且紧张的心情，带着繁重的设备，拖着疲惫的身体，踏上未知的路途，去见一群陌生又"熟悉"的人。

（二）

出发过程中遗失卡、丢失包，路途中遭遇恶劣天气被迫暂留重庆……都被我们遇上了。所幸的是，1 月 8 日，我们在西藏阳光的沐浴下顺利降落在海拔 4300 多米、"世界上离市区最远"、"世界上气候最恶劣"的民用机场——邦达机场。当出机舱门步行到行李托运处时，脑袋出现了眩晕感，呼吸也逐渐变得沉重。想着还需要两小时的行程下至 136 公里以外的卡若区森林消防中队，眼前的新奇感荡然无存。在山路上摇摆两小时之后，我们抵达卡若区森林消防中队，同行的队员因为高原反应已经脸色苍白。简单寒暄之后，我们来到了我们所住宿的班级——战斗六班。

"你们俩就睡这儿吧，这个班现在没有人住，虽然空了点，但晚上靠近暖气睡不会感觉冷，"中队指导员说，"对了，暖气温度最好不要开到 25 度以上。"

"战斗六班"是将三间房子打通整合成的一大间房，按照中队的标准，这里能够住下八名森林消防员并安置一间学习室。房间虽然很空，但是整洁干净，两间房内的床铺整齐排列。我和同伴选择了中间隔房中靠近暖气的两张床，中队为我们每人准备了两床棉被，并且打好了一桶水放在墙角。虽然没能按照当初计划住进班级，但是可以体验他们的居住环境已经让我们很满足了。

休整片刻后，晚饭的集合号响起。我们下楼和大家简单地打过招呼便一同走进了食堂。食堂右侧摆着七张圆桌，每个班级每天固定坐一桌，桌与桌的间隔略显拥挤，与他们身材不相上下的人才能游走其间。食堂左侧一个“L”状的洗碗池依墙而置，中间放着两排自助餐厅使用的盛食物的容器，两排容器旁则摆着放米饭的桌子和盛汤的大铁锅，中队的成员队列有序地排着打菜，狭小的空间里不显混乱。为了各地的队员都能吃上可口的饭菜，保障班在主食上准备了米饭、面条和馒头……，五花八门的食物也是让我们选得迷糊，我们便就近选择了保障班的餐桌坐下。

“这米饭感觉有点夹生。”尝了一口后，我本能地问道。

同桌的队员一边开着餐桌上的罐头一边说：“这边海拔高，我们虽然有专门的蒸饭车，但米饭也有不熟的时候。吃不习惯就换成面条吧，也准备了一些。”

因为高原反应导致身体不适，我们简单吃了一些后，便回到房间休整，打算洗漱睡觉。由于厕所和洗漱间都在楼下，我们不得不来到一楼的接待室洗漱，而在外面的大院上，他们正在进行晚训。两队各一个八十公斤的轮胎，来回翻滚，寂静的夜空，回荡着他们为队友加油呐喊的声音，惹得我们抛开身体的不适探出脑袋多看几眼。

“天天待在这里，每周一次的外出还要排队。我们也得想想办法调动下积极性，让大家比比赛，气氛开心点。”日后在一次闲谈中他们告诉我们，“说到底，还是苦中作乐吧。”

深夜时分，室外温度骤降，尚有些不适的我在床上不停地翻转，楼下通讯室里对讲机声音不时传入耳中。

（三）

随后的几天，我们混迹在中队不大的院子里。一方面是了解他们的生活方式，一方面是希望能更精确地定下主人公，搭建好纪录片的框架。

天色微亮，中队的晨训便开始了。晨训分为两个部分，跑步和器械训练。由于中队的占地面积无法支持一个操场的修建，每日的训练道便是围绕中队靠外围墙的环形路。

接下来的一天训练，是考验体能与技能的时候。来回翻转轮胎是餐前小菜，负重五公里以及越野十公里是家常便饭，两百米综合障碍跑是硬菜……，如果说体能训练是助森林消防员能快速奔赴火场持久作战，那么技能训练和理论学习则能让森林消防员在灭火的过程中能灵活应对各种突发状况，科学打火。在绳结项目中，为了应对火场多变的环境，其打法多达十余种，这些打法和理论知识都是需要记忆的。

“很多项目都是在改制之后才增加的，最开始那段时间，天天背书，后面也就习惯了，这些东西，进火场用一遍就真能记住了。”三班副班长马舵说着。

1 月 16 日，是他们年前最后一次巡山，目的地是在海拔约 4150 米的朱古寺附近。因为年关将至，他们今年的新年祝福视频拍摄也将在这次巡山后完成。

随着海拔的逐渐升高，本已适应的身体再度出现不适。“我们最开始也不习惯，但背着这身装备，再高一点的地方也要去。”在车上，队员们主动和我们搭话，以转移我们的注意力。他们大多与我们年龄相差无几，最小的是 00 后，虽然他们脸上的稚气已经褪去，但谈吐之间，他们的少年气仍然存在。

背上鼓风机，排成小队，沿着山脊走向山顶，未化的积雪被他们踩得吱吱作响。天空点缀的白云似乎触手可及，前方一根高高的圆木上挂满经幡，大片未融化的雪在阳光照射下略微刺眼。出于安全的考虑，我们在山坡上稍平坦的地方等着他们，身着橙色灭火服的他们逐渐从一条线变成了一个点。

为家人拍摄新年祝福的时候，大家显得格外高兴。他们互相整理着仪表，传递着过年的吉祥挂饰，声音也显得格外洪亮。不知这是他们连续第几次在中队过年，他们有的新婚不久、有的孩子刚出生、有的几年未见女友……但对于森林消防员而言，“过年就是过关”，他们需要坚守在这里，守卫着祖国的绿林。

（四）

拍摄期间，我们结交了不少消防员，保障班的李海昌班长是我们主人公之一。保障班人数最少，只有五名队员而且跟我们年龄相差不大，因此跟大家相处得格外融洽。基本上每天下午我们都会去给保障班帮忙。

“班长来几年了？”

“快十年了，他是刚结婚，按照他们云南那边的习俗，今年过年的时候要去女方家拜年的，但现在训练任务重又怕我们忙不过来，就没回去了。”洗菜的同时和队员张天民聊着。

“你呢，多久没回家了？”

“两年了，从拉萨的新兵营下来就一直在中队里。”他停下手中的菜刀，抬起头想了想。在这里没有时间的概念，每天的作息、训练内容相同，很难让人去在意时间。

“你们班长怎么样？”

“班长可是管住了他不少坏毛病！”一旁切菜的李海东笑着抢答道。

“当时刚来嘛，每个月都会花 1000 多在吃零食上。”张天民补充道，“班长就说给我少吃点，每次买吃的，他都说，后面慢慢不想听他唠叨我，也就不怎么吃了。”

后来，在蔬菜大棚和保障班的队员一起种蓬蒿和其他当季蔬菜的时候，我们问起班长当初为啥会想着帮张天民管住这个毛病。

“在保障班，我最大，他们就像我老弟一样，他们还小，像张天民，00 后，很多时候管不住自己，我能帮忙管管就管管，总不能看着他越混越差，那样的话，我也过意不去。”班长掀开覆在绿芽上的薄膜，摆弄着那些幼苗，细心地浇着水。他回答的时候并没有很正式，眼神也没有离开过那片绿色的苗。但是我们都能感受到那种关切，不刻意，就像关怀自家兄弟般那样真挚。

（五）

我们小组为了拍摄这次毕业设计的纪录片，途经新疆、重庆和西藏。整个拍摄期间，我们虽然有很多曲折和摩擦，但还是留下了许多温暖的回忆。除了完成纪录片的前期拍摄任务，我们还收获了一段沙漠公路旅程，度过了雾都欢乐的时光，体验了森林消防员的点滴生活。从这次创作的过程中，我们小组有如下的感受：

体验式、跟随式的采访过程。在过去新闻式采访的实践中，我们大多都是提前准备好采访提纲，并使用一对一的采访模式。但这次，我们在被拍摄地居住时间长达两个月，在与被拍摄者同吃、同住的情况下，我们更加全面地了解被拍摄对象。长时间的相处，降低了他们面对镜头的不适感，拍摄出来的画面也更加自然和真实。

耳闻目睹、真实可信的人物素材。自己的所观、所感、所悟才是第一手资料。通过视觉化的转变将我们眼前之景、耳边所闻、脑中所悟展现在观众面前，更加符合纪录片的真实性，提升了可信度。比如在新老队员缺乏磨合的问题上，正是通过一件事情的发生，将这么隐性的问题显露出来，从而丰富了认知。

捕捉丰富生动的典型实例。面对面的简单采访，我们很难去捕捉生活细节，而正是这些细节让人物形象更加饱满。根据消防中队的规定，每顿饭必须快速解决。一次队员训练结束，平时严格的中队长在餐桌上抬头看了看队员们，说道：“大家都慢点吃，不着急。”这简短的一句话，使我们很感动。这些都是生活细节的展现，假设不在面对面基础上采访,可能受访者也意识不到,我们也就无从得知了。

就像人生一样,纪录片创作也是一次充满未知的冒险。这次实践是人生中难忘和宝贵的经历,对我们之后的学习工作也会助益良多。

(作者:李重谦)

三、“为了寻找更好的故事”

“文明是一河两岸。河流有时会充斥着人们的杀戮流血、偷窃、喊叫以及历史学家通常会记录的事，而在河岸上往往不被人注意的是，人们建造房屋、养育孩子唱歌、写诗。文明的故事是发生在河岸上的故事。”美国教育家、历史学家 Will Durant 如是说。

当很多人在苦苦寻找具有外在节点表征的焦点事件时，我们选择了到寻常生活中发现故事。我们选择的不是湍急的河流，而是河岸上平静的生活。这是一步险棋，“湍急的河流”即使做坏了，也不至于太差，但是，“平静的河岸”如果做不好，可能真的就没有挽回的余地了。

对刀郎的迷恋，源于刀郎人的食，刀郎人的史，刀郎人的事，刀郎人的诗。

刀郎文化是维吾尔文化的一个组成部分，主要分布于叶尔羌河流域，刀郎文化的形成是基于原始土著，兼具维吾尔族文化与蒙古文化的秉性，是草原牧猎与绿洲农耕融合的“活化石”。新疆阿瓦提县是“刀郎人”的主要聚集地之一。维吾尔族刀郎饮食文化也在这里生根发芽，愈来愈茁壮。刀郎人的心胸像戈壁一样宽广，性格豪放，刀郎人粗犷拙朴，所创造的食物也像极了他们所生活的这片热土——沙漠。

因为去过几次阿瓦提，觉得那里的民风民俗很浓厚，于是我们商量拍摄关于阿瓦提特色的题材。我们希望不仅能突出阿瓦提的民风、民俗，也能体现我们自己的作品特色，因此初步设定为阿瓦提的食物。随后，和阿瓦提的亲戚联系，得知他们有认识的人可以帮助我们，并且告诉了我们关于阿瓦提的种种特色，最后我们确定围绕阿瓦提的几种食物或小吃来展开我们的创作。为了尽快进入角色，把课题做好，我们尽全力做好充分的准备。由于学校提供的设备有限，我们专门买了一个50mm1.8的定焦，一个无线快门遥控器，一个录音笔，还自制了一个1.2m的滑轨，用了不少心，花了不少钱。

第一次去阿瓦提拍摄比较匆忙，湖南台的快乐购要在阿瓦提刀郎部落做节目，制作组八点半就开始准备，为了熟悉场地环境，我们必须要在八点半之前到。在十月已经很难看见新鲜的瓜果了，也很难会看见有威望的维吾尔族老人弹着冬不拉一边唱歌一边跳舞，更别提那些诱人的被红柳串着的烤肉。湖南台的摇臂在我们的头顶划过，滑轨在我们身边穿梭，而我们只有两个三脚架，尴尬地看着他们在忙碌。通过当地居民的介绍，我们来到了艾力胡热馕坊，阵阵热馕的香气让我们决定，就在这家拍摄。可是，由于语言不通等缘故，很难把握住他们的情感，以及情感背后的文化。初次拍摄，我们没有达到预期效果。但是通过这次拍摄，我们总结了经验，要做好充足的准备，先和翻译沟通交流，让她理解我们所想要的画面，努力求得他们生活中最真实的场景，避开摆拍。

第二次去阿瓦提拍摄，我们感触很深。之前总听周围的人说，去汉族人少的地方要注意安全等等，那里语言不通，习惯不同，搞不好就会出事儿。可是通过和翻译玛依热的接触，我觉得维吾尔族姑娘很单纯，她们羞涩但是却很热心。阿瓦提的冬天很冷，每天拍摄结束，我们浑身都冻透了，把脚放进开水盆里都没有被烫的反应。馕坊的馕坑是露天的，为了拍摄，我们不得不轻装上阵，协助摄像的同学不停地问："拍好了没有，好了进房子暖和暖和吧？"我们对他说:“快进去暖和一下。”而自己要一直坚持到拍摄结束。翻译玛依热也一直站在我们身边,因为要帮我们翻译,她从不懈怠,我们觉得她都快冻僵了,她却还微笑着说:“不冷。”

我们是以学生的角度去拍摄,想着能和他们互相尊重就好,然而他们却用十倍的热情招待我们。从玛依热那里得知,她认识的一个同学瓦利斯最近会回家,他在外上学有四年之久,恰巧我们也需要这样的人物故事。去瓦利斯家拍摄时,我们只拎了一些简单的水果,瓦利斯的父母却对我们很热情,在拍摄他们吃抓饭时,他们强烈要求我们坐上座,要和我们一起吃,他们的淳朴显而易见。在拍摄之前,我们搜集信息,寻找联系方式,经过瓦利斯同意后提前去了他家,和他的父母等待他的归来。瓦利斯推门的一瞬间,他的父亲激动地迎上前,接过他手中的行李,用男人之间的方式拥抱了对方。瓦利斯和母亲相拥时,他用手拭去了母亲的泪水,那一刻,我们在场的每一个人都被这一幕感动。另外,让我至今难忘的是瓦利斯的妈妈在接过我手里的水果时和我贴面问好。玛依热说,只有在遇到很亲近的人时,她们才会贴面问好。

在拍摄过程中,虽然有王中伟老师近三千元的前期经费资助,但这些钱仍然不够。作为我们专业的教学负责人,王老师为我们做得已经够多了,从画面的拍摄技巧,到解说词的修改定稿,再到解说和音乐的选取,从开始的选题策划,到中间的设备调用,再到后期制作的平台搭建,他为我们打通了几乎所有的实践环节。其中很重要的一点是,他义务性地给我们几乎所有的创作无偿提供经费。这种尝试,在我们来这个学校之前就已经开始了。只不过那时,广电的专业实践可能还是一片空白,或者说,刚刚起步,零星点点,可能费用不需太多。现在,专业上已经由毕业设计替代了毕业论文,都要深入基层,都要蹲点纪录,其中的费用支出,我们虽无精确计算,但也可想而知。他对我们常说的一句话就是,“只要你想做点事,只要你还有点能力,其他的问题我想办法解决。”但是我们也知道，他筹集经费并不是看上去那么容易。听说，每年他都要自己搭很多钱进去。所以，我们也尽可能地尽自己最大的努力，在条件达不到的情况下，我们尽可能一切从简。

于是，我们找便宜的旅店住，但是一分价钱一分货，我们住的第一家旅店马桶是坏的，一进房子臭气熏天；第二家旅店，窗户漏风，我们整晚都在寒风中发抖；第三家旅店，床单没有清洗干净，我们一晚上都在抓跳蚤；第四家旅店，环境不错，可是离拍摄地方太远。拍摄结束后，我们开玩笑说："这是要住遍阿瓦提县城的每一家旅店。"

不管怎么样，片子还要继续拍，条件很艰苦，但我们从来没有说过打退堂鼓的话，我们依旧每天披星戴月，早出晚归，行色匆匆，只为了寻找更美的画面，更好的故事。

功夫不负有心人，我们用自己的努力遇到了美好的画面，遇到了美好的刀郎人，就像解说词中写的那样，每一只滚烫而完美的馕，它不仅是麦面与火的结合，大地与阳光的飘香，更是体现了刀郎人的淳朴和智慧。

温暖香糯的手抓饭，一直是最适合冬天的美味。当我和玛依热分享瓦利斯母亲为我们盛上来的那一盘手抓饭时，这句词自然而然地就在我的脑子里浮现出来。而这时正值元旦，虽不能和家人同聚，但看着他们的团聚，我们的心中也很温暖。

作为新疆纪录片创作的领军人物，刘湘晨曾经指出，"新疆"作为全国甚至全世界约定俗成的一个概念，已经被人表达了很多年，用了各种方式在表达，其中，纪录片的传达无疑是最有意义的传达方式之一。

但是，仅囿于"风情化"的描绘和传达显然是不够的，这使新疆的纪录片创作面临一次全新的思考和必须做出的选择。我们这部作品，虽然整体上是模仿《舌尖上的中国》，但是，也是突破"风情化"新疆的一种探索和尝试。像刘湘晨指出的，如果各据各自的生活，执守一方，我们的传达将很难被对方或被大多数人所接受、所理解。普遍存在，不可变更的“差异”是我们的现实，但是，在描述、记录和传达的时候，“差异”之中的生命体验及所经历的心理，却与整个人类沟通。特定的生活方式、特定的地域是大多数人所不知道甚至不可理解的，但是，所经历的心理过程和所要达到的目的，不需要语言的沟通也能够让人理解并引起强烈的共鸣。所以，在这部作品中，在述说美食的同时，我们也用了大量的篇幅阐述美食背后的故事，以及相关的人物和情感。美食是地域性的、边缘性的，但是美食背后，却是人们最为真诚的情感，这种情感是普遍性的和主流性的，是人们所能感受和理解的。上课的时候，老师和我们开玩笑似的说，否定之否定就是肯定，边缘的边缘就是中心，我们要做的，就是要从特殊走向普遍，从边缘抵达中心。我们这个作品，大概做到了。

《刀郎味道》，虽然只有 18 分钟，却融入了我们这四年里对广电专业的感受和体悟，只愿在未来的未来，我们还会拥有今天的这种冲动和热情。就像我们解说词的结尾说的一样，不管未来如何，无论将来走多远，这都将会是我们一生的记忆。

（作者：郭凯）

四、“我不知道怎样去冷静地诉说他们的故事”

4 月 22 号起，开始踏上了剪片这条煎熬又苦痛的路。

我和搭档在机房苦熬了半个月才大致初剪完，鼓起勇气叫王老师来机房看片，老王还没来机房之前，我右眼就开始跳了。王中伟老师真的是让人又爱又怕。果然，老王的一句话，我就吃不下晚饭了。“片长 12 分钟就够了，多余的镜头删掉。”删镜头对我来说像割我的肉一样疼，这样的比喻一点也不夸张，我并不是觉得自己拍得有多好，只是每一个画面都融着我对国旗护卫队这支队伍最爱、最痛、最苦、最甜也是最不舍的感情在里面。

从决定毕业设计做国旗护卫队的纪录片，我和搭档李艳群就开始跟拍了。国护队训练时间通常在很早的清晨和夜色渐浓的夜晚。他们几点起床我们就几点爬起来，冬天伸手不见五指的清晨，夏天里蝉鸣蛙叫的夜晚，季节更替时沙尘暴袭来的下午。秋冬春夏，我们断断续续跟拍了一整年。

之所以跟拍这么久，一个原因是我们没有想好要怎样才能把这支队伍呈现好，所以我俩就漫无目的，什么都拍。队里出席的各种活动、周日的集训、周一的升旗、新生军训动员大会、队里的集体生日、入退队仪式等等，我们都去拍。我是退役老队员，所以队里有什么消息我总是能在第一时间知道，但凡队里有一点风吹草动，就能看到我们两个扛着机子脚架追在队伍后面。

这个片子第一次开机，是在一年前国护队员入退队仪式上。那天，老队员们被摘去臂章肩章的那一刻，他们强忍着倔强的眼泪，还是湿了脸颊。这是我第二次站在入退队仪式上，这一次由我和我的搭档来记录队友们最光辉的时刻。讲真，《晚风吹过哨塔》这首歌真的不能听，一年过去了，依旧听得我鼻头酸酸的。搭档也说看到我队友被摘下臂章肩章的时候哭得那么伤心，连她都没忍住哭了。“以我火热青春谱写国旗礼赞，用我热忱生命捍卫国旗尊严。”当听到新队员们对着国旗宣誓时，又觉得浑身血液加速流转，整颗心都“膨胀”了。

我和搭档都很喜欢《小弹壳》这首歌，“战士的生活就是这样，有苦有乐有声有色。”我俩做片子这一年以来也是这样：会因为拍到很好看的画面而开心到不行，也会因为剪片时的一时不合而争吵，各持己见又各自沉默。和战友们一起挨晒一起挨冻，夏日早起拍晨训的日子里总是能听到清脆可爱鸟鸣声，朝霞是天空的迷彩，天空穿了它，就如队友身上的迷彩一样好看。队友们铿锵有力的正步声总能驱赶黎明前的黑暗，踏着踏着天就明了。早起晚归，苦乐交织的这一年，我从未觉得辛酸，也没羡慕过别人可以一个月就把所有东西拍完，我们这一年来做片的过程也是有苦有乐。他们也是普通大学生，他们也许不太普通。忍常人所不能忍，坚持常人所不愿坚持，吃着绝大多数大学生不愿意吃的苦，不为回报，只因热爱。

有太多于心不忍的画面我们没有拍，也有太多画面真的辛酸，我们拍完后觉得愧疚满满。夏日正午时烈日下一小时的军姿几个队员站晕了，无风无阴的操场，站僵的双腿，站肿的双脚，蚊子叮在眼皮上也一直忍着，汗水从头顶划过眼角也不能擦拭。他们不是军人，却坚持以军人的姿态来严格要求自己，磨炼自己。站到双唇发白时还想着继续坚持。我也想骂一句，真是傻。可是我也知道，所有的一切都是为了对得起这身军装，这是对迷彩的忠诚。

有一天夜里下起了雪，早晨操场全白了，队友用脚印在操场正中间写了大大的“国旗”两个字，还画了五角星在一旁。深冬的时候学校停操了，队员们依旧坚持训练，如果能在高空俯拍他们在雪地里“国旗”二字旁训练的场景一定很棒。

片子剪完后发现，开题前写的拍摄计划和现在拍的故事根本不是一回事。原本设定的内容因为一些原因只能变成美好的愿想。市政府升旗的计划遇上新疆维稳年，计划泡汤。天安门国旗护卫队董立敢班长于 5 月中下旬来我校为国旗护卫队赠送国旗，我们的毕业设计在答辩前无福衔入这一激动人心的画面。

越珍贵的东西就越是不知道该怎样表达，国旗护卫队的故事就是这样。老王说我们的片子把这支队伍放得太高了，让人有种敬而远之的感觉，他引用一篇论文里的话说：“当影片中的情感具有较多的感性成分的时候，影片的认知成分则发生更大程度的削弱。”但是，这个我深爱的集体，我打心眼儿里就已经是在仰视这支队伍了，有些情感只有经历过的人才最明白，所以，我不知道该怎样置身事外去冷静地诉说他们的故事。

（作者：左雪霜）

五、“该给予被采访者平等和尊重”

“我们许多的好想法都是来自于周围的事物，而并不是靠坐在桌子后面冥思苦想。在与周围世界的接触中，会看到成百上千的东西，我们都会产生想法，但并没意识到这些是想法，认为‘离奇’或有趣但有点儿拿不准。随后这些想法就从脑袋里跑掉了。选题，更多的是抓取，而不只是寻找。”在《如何成为顶级记者》书中，美联社记者泰德·安东尼如是说。

为了挖掘更精彩的故事，同学们纷纷远赴和田、喀什等地，而对我们来说，一次身边偶然的发现，决定了我们要做来疆务工人员子女家庭教育缺失的这一选题。起因是王老师发的一张微博图片。图片中附近一小学的孩子们，可能有十几岁的样子，三五成群，课间聚集在学校的角落里吸烟。王老师说，这样的场景在附近的社区里也并不少见。新疆这几年发展很快，很多内地民工来这里打工，他们的文化水平不高，为了维持生活，有些人疏忽了子女的教育。这种情形发展下去，前景不太乐观。

我们的作品《飘落的蒲公英》呈现了这些孩子们在成长路上的酸甜苦辣。我们以阿拉尔十二团来疆务工的王颖一家人和陈启猛一家人生活为主线，讲述了在经济飞速发展的大背景下，河南、四川、甘肃等很多内地人都来新疆谋求生路、发家致富，他们的子女也像蒲公英一样随父母飘落新疆。由于内地和新疆的教育方式有很大的不同，这些孩子中断原来在老家的学业来新疆求学生活，会面临很多的难题。他们的父母靠打工维持生计，无力全程照顾和参与孩子的成长。我们的作品主要展现的就是这些来疆务工者的无奈和无助，以及他们的孩子们由于缺少父母的关爱，他们的性格养成以及学习生活中存在的问题和矛盾。

最初确定的采访对象有三户人家，都是父母来疆靠打工维持生计，无力照顾子女学习生活的典型代表。王颖一家的采访开始比较顺利，家长和孩子都还算配合。王颖的父母每天起早摸黑地打工，晚上回家后都已经疲惫不堪，还是坚持接受我们的采访。采访进行到中途的时候，王颖在广州打工的哥哥来十二团，一家人终于团聚。小伙子坐了五天五夜的火车，很是辛苦。因为片子需要，我们必须拍摄一家人重聚还有吃团圆饭的镜头。在狭小黑暗的出租屋里，王颖的爸爸忙前忙后准备丰盛的晚餐，王颖的妈妈和她的哥哥闲话家常，这样温馨的时刻，本应该留给几经颠簸才能团圆的家人。因为我们架着相机拍摄的缘故，他们一家人很不自在，刚回来的王颖哥哥对我们也有敌意，不太愿意接受采访。后来做王颖妈妈专访，说到家里的苦难和与孩子分别时的难舍之情每每都心酸得落泪，但采访并不是一次就能过，不得不反复地问这些问题，反复提起她们难过的往事，这让我们心里很不安，也备受谴责。

在采访另一个小孩子时，因为习惯了跟小孩子套近乎的方式，忘了一个访问者该有的素养和道德操守。由于受访者年龄小，性格孤僻，不是很配合。为了缓和气氛，我们不得不用轻快幽默的语调提问，素材拍好再仔细审查的时候，发现很不合适，尤其是后来这个小孩子说到伤心处哭得很伤心，而采访的人轻快欢乐的语调配上这样的画面，显得很不尊重对方。所以，在采访过程中，尤其面对年纪小的受访者，一定要把跟孩子套近乎的活泼轻快和采访当中的语言方式区分开。要能做到自己与受访者同呼吸共命运，受访者伤心哭泣的时候，也要用心去体会他的内心世界，而不是带着漠视和事不关己高高挂起的态度去对待。如果这样子，不但采访会很失败，采访者的人格也会很失败。

在采访学校老师的过程中，发生了一些小意外。就在我们架设着相机在学校门口拍摄的第二天，十二团中学的一位老师因为私自给学生带家教被教育局通报，这给我们后来的采访造成了很大的不方便。学校老师考虑到影响问题，不愿意接受我们的采访，甚至有人怀疑我们是电视台的记者，老师被教育局通报的事情跟我们有关。在这种情况下，必须找到学校负责人，解释清楚我们的身份和来意，软磨硬泡地说服他们接受我们的采访。只有得到负责人的同意，由他们出面向老师讲清楚，打消老师们的顾虑，才能顺利地进行采访。在没有正式记者的身份，又不能给自己的采访对象带来利益时，更要坚持自己要做的事情，脸皮一定要厚，要经得住白眼和冷落。

采访进行之前，一定要把采访过程中要提的问题以及还要涉及到的情况整理清楚，该问什么，想要什么样子的回答，可能会得到什么样子的答案，都要在事前有明确的思路。即使临时有变动，也不至于手忙脚乱理不出头绪。我们在针对第一个受访家庭的采访时，就存在很严重的问题，没有很重视事前的准备。去十二团采访之前我们并没有明确的行动计划和采访计划，在十二月份的冷冻天气里，扛着相机，披星戴月地赶到十二团，忙碌一整天却发现并没有完成多少工作。

在采访活动中，一定要跟接受采访的当事人约定好时间。我们在做王颖爸妈专访的过程中就存在沟通不当的弊端，等我们赶到采访对象家里的时候，他们已经去外面做工了。这不仅浪费了我们自己的资源，而且由于需要再次约定采访时间，也给采访对象的正常生活造成了困扰。

在片子素材拍好后，要认真审核一遍拍回来的视频，因为可能里面很大一部分素材都是没办法使用的，其中有光线的原因，也有可能是视频中采访的问题没价值。发现视频没价值的时候一定要及时补拍。尤其是我们的片子，需要蹲点到人家家里拍摄，去学校拍摄的时候还要重新跟校领导沟通，过程可能会很繁杂，但一定要坚持补拍。因为一时的方便凑合过去，等到剪片子的时候会有抓狂的感觉。很多视频素材到真正使用的时候只能删掉，所以从一开始就不应该图数量，要注重拍摄视频的质量。

我们的拍摄过程中，还有一部分是街拍，要注意对于不同人群的捕捉，采访的人不一样，想法不一样，才能呈现矛盾冲突和问题的多样性。

在后期剪辑开始前，通过对素材的整理，对照采访前制定的主题和片子的线索，对片子中每个人物的性格要有清晰的认识，以便于后期剪片子时人物的塑造。整个片子要有明确的线索可循，还要把握好矛盾冲突以及矛盾爆发的点，这样子片子才会有看点。

再说一点拍片子的感想，以前上新闻专业课的时候并没有好好学习，书到用时方恨少，这句话一点也不假，真到采访和拍摄时，才发现存在很多专业上的问题。再就是新闻从业者的职业道德这个话题，在听课的时候并没有真实的感触，只有在实地采访时才发现在有些时候职业道德跟采访工作会很冲突。尤其在采访潘永康的时候，感受特别强烈。这个孩子性格有点自闭，少言寡语。采访的时候我们所有的问题他都显得漠不关心，没有丝毫兴趣，给我们的回答只是简单的一两个字。唯独提到解剖小动物时，他对自己的残忍手法很是得意。而问到平常与父母的交流和相处时，这个小孩子开始哭。那天天气很冷，孩子全身瑟缩在梨树旁边。很不幸的是，我们第一次的采访失败了，不得不重新来一次。我们的拍摄在他家的果园里进行，为了采访方便避开了他的父母。为了片子的完整和品质，我们又把小孩子领到梨树旁边吹冷风，也可以说是连哄带骗进行再次采访，谈到家庭和父母时，小孩子又在冷风中抽泣。真心觉得我们很坏，又一次伤害了这个孩子。

唯物辩证法说，事事有矛盾，时时有矛盾。要拍片子，尤其是涉及家庭苦难和小孩子教育的题材，除了保证作品的优秀之外，还要特别注意采访者应该给予被采访者平等和尊重。

我们在剪辑之前，一般是先对照拍摄素材和背景材料把解说词写好。当然，也有人喜欢先把素材大致罗列好，然后再写解说词，这两种方式各有优劣，可能更多地取决于个人习惯的不同。初稿写好后，王老师并不满意，在和我们做了长时间的交流之后，把我们的解说词改写得“面目全非”，已经不是我们开始时要表达的意思了。他说，也许我比你们更明白采访对象的心情和感受。不过，我们还是相信自己的版本。王老师建议，就说两个版本都是我们自己按照不同思路写的，拿给其他老师和同学看，多比较比较，就能知道优劣了。结果是，我们拿给10个人看，5个人认为第一个版本好，5个人认为是第二个版本好。这下王老师无语了，说，那你们就先剪吧，到时候剪两个版本，看看哪个影像好，只看文字，很多人可能看不出来。

我们当然先按照自己的版本剪。制作完成后，我们拿给不同的老师和学生“内部试片”，结果出乎我们的意料，当初认为文字版本不错的同学也认为，片子拖沓冗长，细枝末节太多，叙事节奏缓慢，主题不够明确等等。这些评价对我们是个不小的打击，为了这个片子，我们前前后后熬了两个月了，如今得到的却是这种评价，实在不想再继续熬下去了。

王老师倒是轻松，他说，那就先不做了，K歌去，放松放松！后来，他说，我们前前后后已经折腾了两个月，再继续折腾一个星期就大功告成了，现在这个片子，就像是藏在石头里的玉石一样，还是建议按照他的版本，再打磨打磨，精品就会出来了。我们也没办法，不想前功尽弃，只能硬着头皮继续坚持，是死是活就这一星期了。结果，在改动之后，在我们学院一年一度的纪实影像节（我们专业级别最高的赛事）上，我们的作品获得了第二名。虽然这个赛事只是我们自己的一个平台，但是大家都很看重这个荣誉，比在校外拿了一个什么级别的奖都重要。

在《点燃理想的日子里》这本书中，有一句话说，“实际上，我们每个人进步的动力里面都有一个力量，就是虚荣心。我觉得这个不用回避，如果一个人连一点虚荣心都没有，连一点渴望尊严的念头都没有，就不可能那么努力。”

当然，我们并不只是为了赢得这份荣誉，更重要的是，我们切身感受到了“专业”这两个字的分量。当很多人支持你的想法的时候，你做的不一定是对的，当很多人反对你的想法的时候，你做的也不一定是错的，其中的关键，就是自己的专业判断。这种专业判断，我们自己在实践中感受并改进着。

（作者：郑勇）

六、“我真想变成他们的子女，陪伴在他们身旁”

历时五个多月，100GB 的素材，当这个片子完全定稿时，特别有成就感，回想这几个月的付出都是值得的。

我们的选题来源于生活。我的搭档马瑞家住伊犁霍城县三宫回族乡，三宫乡处于城镇和农村的交界处，“空心村”问题越来越严重，留守老人养老成为一大难题。我们初步确定了三个采访对象，拍摄了一些他们在夏天的生活，了解了采访对象的一些基本情况，为即将到来的开题做准备。但是开题时，王老师说，采访对象不够典型，需要找寻新的人物。寒假一开始，我们就开始重新寻找采访对象。虽然是在自己的家乡，但也并不是很顺利。这里的回族老人认为，人在去世后不能留下生前影像。我们就只能求助当地政府，通过他们的帮助寻找了两位采访对象。

一月中旬，我们先拜访了两位采访对象，两家老人对我们的态度截然相反，前者并不热情，只是勉强同意了我们拍摄请求。另一家则特别热情，于是我们心里开始窃喜，如果能够拍摄到他们的故事肯定会为我们这个影片增色不少。

与其中一位老人约定好时间，零下 30 摄氏度左右的气温，距离 5 公里，我们从家步行到采访对象家时，结果一把冰冷的大锁将我们拒之门外。记得几天前与采访对象沟通还算顺利，本想他们不会拒绝，可能有什么急事耽搁了。就这样，我们每天登门，连续坚持了一个星期后，大门终于打开了。老人脸上带着歉意说道，还是考虑到习俗的缘故，不知如何拒绝我们，就去了女儿家待一个星期。我们心里挺难过的，但并不责怪老人，只是可惜未能拍上这么好的一个故事。做新闻也好，视频也罢，拒绝都是常态，我们只能继续去寻找新的采访对象。

由于我们的拍摄对象是老人，他们行动不便，再加上拍摄时间正值隆冬，为了他们的安全和健康考虑，我们拍摄的场景大多以室内为主。

对于马玉英奶奶，我们拍完生活起居之后，不知道该怎么讲好她的故事。我们原本计划拍摄一点一家人其乐融融的画面，但是由于子女在外工作忙碌，在我们拍摄的一个月里，他们多次拒绝了拍摄和采访请求，并没有来看望马玉英老人，我们也无法了解到子女对马玉英老人的养老打算。

对于包米芳奶奶，我们在沟通的时候遇到了困难。我们前期了解到她有一儿四女，儿子生性顽劣，不愿照顾母亲。但在拍摄时，包奶奶不愿在镜头前提起这个问题，一直维护着儿子的声誉，只是说他是因为年轻还没有意识到这个问题，希望我们不要提及儿子的问题。其实我们也能明白，毕竟是自己的家人，如果孩子能知道母亲的这份苦心该有多好。

对于李英老人的采访也是遇到了一堆的问题。老人的儿子不愿意出镜，在我们提问老人有什么困难时，儿子不愿意让老人说太多，他对我们一直都保持着高度警惕，也因为工作忙碌拒绝了我们的所有采访。但是李英奶奶很健谈，给我们讲了很多故事，这对我们了解老人的内心想法起到了很大的作用。

在拍摄中，虽然遇到了很多困难，但也有许多好心人给我们提供了帮助。原本以为政府机关业务比较繁忙，没有时间协助我们，我们只是抱着试一试的心态去找了他们，没想到等说清楚缘由之后，他们给我们提供了很多帮助，使得拍摄能够较为顺利地进行。

在采访、拍摄的这些日子里，可能是这些留守老人们平时可以说话的人太少的缘故，他们给我们讲了很多过去的故事。我们的年龄与老人孙辈的年龄相仿，所以他们有时会拿我当成他们的孙子，拿我的搭档当成孙女。马玉英老人有一次直接说，把我的搭档认成自己的小外孙女了。患有瘫痪的妥应虎爷爷，我们每次去都会问好，也与他拉拉家常，他虽然神志已经不清，但我会听到他时不时地回应，也会偶尔看到他脸上露出的笑容。留守在家的老人都希望自己的家人常回家看看，有几个拍摄的瞬间，我真想变成他们的子女，陪伴在他们身旁。

在创作过程中我们发现了自身的很多不足。我们的片子纪实性比较强，所有的故事只有一次拍摄机会，我们前期虽然做了很多准备，但是到真正拍摄时也出现了不少问题，一些好的故事没能很好地展现出来。

虽然片子已经结束了，我们的思考却在继续，那么多像他们一样的老人该何去何从。生老病死，万物更新，是自然界无法阻挡的规律，现在三宫乡的留守老人人数不断增加，只是中国老龄化社会迅速到来的一个很小的缩影。我们现在只能通过自己的方式，去呼吁家庭、政府以及社会关注留守老人的养老问题。

（作者：徐飞）

七、“电影可能是虚假的，人的感情却是永远真实存在的”

拍摄结束时，搭档开玩笑地说：我们这次拍摄毕设的历程，也是一个标准的“15 节拍表”电影。是啊，这次短短几天的拍摄过程，有开头的无所畏惧，有假结局的惊喜，有低谷时的绝望，也有克服困难取得结果时的喜悦。

2021 年 3 月 27 日晚 8 点，距离此次拍摄地点五公里外的客车经停路口，三个二十来岁的年轻人在艰难地推着一辆小汽车，心里期望着下一秒汽车能够发动成功。没错，这就是我们拍摄团队的成员汇合后做的第一件事。推车的原因仅仅是因为一个可以避免的失误，新手驾驶员在停车后忘记关闭灯光，汽车电池电量耗光。即使是信奉唯物主义的我们也不得不怀疑，这是否是我们接下来艰苦拍摄工作的一个暗示。

想过在老家拍摄毕业设计，但是没想到直接来到了小组成员家里面拍，通过微电影的形式，去展现一个刚出狱的与社会脱节的人在手里握着巨额金钱的情况下如何去生活这么一个有点魔幻主义的题材，以此来探讨我们所了解的河南农村当下的社会风气这一主题。拍摄进行到这一步，可以说是多方因素碰到一起的一个结果吧。

新农村的建设让农民的生活更加的舒适、现代化，但是，年轻人甚至中年人依然成群结队地跑向大城市，去寻找赚钱的机会。

一栋栋华丽的小洋楼只有老人和孩子独守，缺乏该有的幸福的气息。街上更多可见的，是无所事事的中年妇女和老年人，吃过午饭后在麻将桌前一堆一堆地汇聚，更多的是在饭后正午阳光的照射下，或者隐晦地表达着对某人的不满，或者对某人赚大钱但女婿因为贩毒而入狱发表感慨，或者唏嘘两声家里的老幼今后生活的艰辛。农村人忙碌得太忙了，甚至几年不归家。农村人闲暇得太闲了，他们永远都有打不完的麻将，聊不完的话题。正是在这种状态下，小组成员一头扎入了这个泾渭分明的大染缸，开始了一件一天不到整个村子就都知道的事情——拍微电影。

一直到现在，我们都认为这次微电影呈现的，是主人公回村后面对村子里的现实生活，但是与此同时，小组成员也在体验着豫中平原农村的生活与处事方式。在影片展现农村现状的同时，我们也体验了一把豫中农村人交流与解决问题的办法。

在农村，人情交流这个话题是永远不可避免的。在我的印象里，这种沟通交流更像是双方表现互相尊重，或者是在村子里地位的一种体现与证明。经历了推车事件之后，队员虽然已经略微劳累，但是汇合的当晚还是安排了一场酒局，这在当地人看来是表达善意与互相增进了解最为高效的方式。在场的除了三位小组成员与东道主同学的父亲之外，还有我们选定的男一号和男二号，另外村长也在。村长居中而坐，左侧坐了三位小组成员，右侧坐了同学的父亲及男一、二号。在经过一系列互相敬酒，甚至不知是真醉还是假醉的借酒互相试探的程序之后，小组成员得到了男一、二号的保证："随叫随到，啥时候拍啥时候喊就行。"村长拍胸脯承诺说："想在哪里拍、想找谁拍，提前说，村子里的人都会给这个面子。"深夜，小组成员醉酒后的呕吐声不时传来。这也说明，我们已经初步搞定了基本问题，目前看起来拍摄计划正在有序地进行。

匆匆忙忙中进入了拍摄环节，但是此时演老太太的演员仍然未定下来，随着时间的临近，小组成员硬着头皮敲响了一个独居老人的房门。老太太姓刘，这一生可以说是颇为悲惨，五十多岁时丧夫，之后没过几年儿子因为贩毒被抓，扔下儿媳与还在襁褓中的幼孙，儿媳外出打工经年不回，被老人拉扯大的孙子又被确认为有智力障碍。所幸有女儿一家不时帮衬，但是七十多岁时女儿家的外孙猝死，女婿同年也因贩毒被抓入狱，女儿瘫痪在床。刘奶奶是一个满脸皱纹的瘦小老人，背微微驼着，腿部明显可见变形，满头苍白的头发是岁月留下的痕迹，也是苦难加诸于身的象征。对于我们的到来，老人家非常高兴，在与我们漫长的闲聊后，对我们发出了以后可以经常来给她聊天的邀请。但是，一直到离开，我都没有勇气开口告诉老人需要请她帮忙演戏，演一个住监十几年后出狱的人的母亲。虽然小组成员一致认定她非常适合这个角色，但是我有我的坚持，有些人活在这个世界上已经是在对抗苦难，作为旁观者，我们不能让她感觉到一丝的恶意。虽然电影可能是虚假的，但是人的感情永远是真实存在的。

虽然我们的演员是一群非专业的人士，但是我们没有任何人去抱怨或者放弃，一切都在匆忙中进行着，拍摄进度肉眼可见。我们也遇到了好心的诊所医生、饭店老板为我们无偿提供场地。我们的群演大多都是拉来的街边临时看热闹的大妈们，但是他们对拍戏表达了极大的热忱。一位 80 多岁的老奶奶，已经记不得自己的台词，但是她还是非常自信地告诉别人怎么说台词，甚至告诉我们的导演与演员，在村里骂人应该是怎么一个具体的流程，颇让人哭笑不得。第四天，最后一幕戏拍摄完毕。当天晚上，我们第四次架上了酒桌，村长依旧在场给小辈们吹牛，喝晕之后大家依旧在互相拍着胸脯攀交情。时间虽然短暂，我们切身体会到了些许现代豫中农村的生活，村民的生活状态，以及他们思考、解决问题的方式。

这一次毕业设计的拍摄经历，也让我们认识到了与人沟通这项必备技能的重要性。我们需要的演员比较多，如此多的演员怎么找？一方面是小组成员的父母帮忙在村子里找演员，另一方面也是成员们厚着脸皮求来的演员，或者说是"喝"来的。当男一号想要罢工时，是一个电话一个电话地讲好话劝回来的；缺群众演员时，是去麻将桌前一口一个叔叔阿姨喊来的；拍摄场地，是托人再托人沟通协调过来的；拍摄过程中的讲戏，也是用当地的沟通方式与非专业演员对戏对出来的。可以说，创作者需要有扎实的专业技能，也需要有一张厚脸皮，能够去与他人沟通，才能为顺利拍摄保驾护航。

（作者：李豪飞）

八、"我们对'艰苦奋斗、自强不息'有了更真切的感受"

在拍摄前，我们看了国内各大卫视播出的同类型的纪录片，包括陈为军导演的《生门》、北京卫视的《生命缘》、天津卫视的《宝贝，你好》、浙江卫视的《因为是医生》、东方卫视的《急诊室故事》、安徽卫视的《守护生命》、深圳卫视的《来吧，孩子》等等。

对于同类型的题材，不同纪录片呈现出了不一样的故事。陈为军导演的四个故事各有侧重，剪辑单刀直入，问题的核心由故事里面的人说了出来，直击"生"之现场困境，每个看过的人都印象深刻。北京卫视侧重点在"生命"安危，天津卫视侧重于新生儿生产，浙江卫视侧重于跟拍医生，东方卫视聚焦各种各样的急诊故事，安徽卫视侧重于讲述基层医疗故事，深圳卫视生育故事比较"真人秀"化。

对于这些纷繁复杂的故事，当时看完觉得各有所长，北京卫视拍得最为严谨，整个视频浑然一体。其他卫视各有所长，不过有的并不是那么好看，有的感觉有一种混乱感，节奏可能把控得不太好，比如《因为是医生》同时讲三个故事，然后穿插着剪辑，如果不是仔细看，不一定分得出来。还有《急诊室故事》，其中有一小时，大大小小罗列了十来个故事，感觉像是直接从医院监控调出来剪的素材，即便是认真看完，可能连人物的名字都记不住。

虽然我们前期想了自己能想到的一切办法，可是了解到的都是书面上的东西，而实践中并不能完全做到。我们的毕业设计，虽然得到了学院的拍摄证明，可是事实上，我们两个人拎着两个相机、一个脚架和一个滑轨进去拍，面对乌鲁木齐第一人民医院巍峨的大楼，感觉真的特别弱势。

更不幸的是，这种弱势也延续到了我们的作品创作中。还记得北京卫视《生命缘》其中一期节目中的一个例子：其中有一个高危病人，她是因为被《生命缘》的蹲点记者碰上，然后开了绿色通道，最后顺利转危为安。而且在剪辑的时候他们并没有将这个原因剪掉。拍摄组为了抓到特别的高危病例，动用相关资源帮忙，拿到了自己想要的镜头甚至剧情。

但是，我们在拍摄时，医院安检极其严格，护士长的强势让我们显得尴尬，我们无法像陈为军导演拍艾滋病家庭那样躲着拍，也没有多少时间学弗拉哈迪耗上几年光阴。小旅馆离医院半个小时的车程，地理位置偏僻、不能洗澡，房租一天 80 元，可是生意每天都不错，房子过了一点不预留就没了。大冬天暖气白天一整天开着，大半夜就关了，第二天醒来感觉耳朵都冻麻了。我们每天早出晚归，乌鲁木齐下了几场雪，零下二十多度，拿着相机和脚架，我跟小伙伴在冰天雪地里瑟瑟发抖。正是在这一段拍摄的时间里，我们才对“艰苦奋斗、自强不息”有了更真切的感受。

拍摄结束，我们整理出了超过 200G 的素材。虽然当初本着“不放过任何细节”的原则拍摄，但是，我们还是没有完全拿到自己期待中的那种核心素材。在《生命缘》一片中，患病婴儿手术好不容易做成功了，爸爸蹲下来掏出手机，摄像师直接问了一句：“打给谁?”“孩子他妈!”被拍摄人物的回答显得兴奋紧张。其实在这种情况下进行提问也是有必要的。但是，我们人生阅历和知识储备相当有限，当时跟拍的时候，产妇肚子疼，但是没有明显的外在表现，我们就默默拍完，亲眼见证了一堆故事。然而，这一切很难在影视画面中快速呈现出来，担心观众搞不清楚情况，只得在后期剪辑时加了各种各样的字幕。

后期剪辑时,我们面对一堆素材,却是毫无头绪。要创作一个作品,创作者必须有“成竹在胸”的感觉,最起码,创作者知道的要比表达出来的要多很多。只有知道得多,才能做出恰如其分的判断,才能心里有谱。

为此,我们反复观摩范本作品——陈为军导演的《生之门》,每看一次总会有新的收获。这部纪录片没有使用解说词,而是把矛盾直截了当地摆在面前,所有的矛盾,甚至连产妇基本的病况(故事中人物都随时面临危险),都是通过医生口中说出来的。反观我们对于“生育”这样一个话题的学习和模仿,似乎硬是把一个“题材敏感、内容边缘”的社会现象拍成了主流政论片,简直就像是大型翻车现场。我们只能在解说词上花费更多的心思,别无其他选择。

书到用时方恨少。为了写解说词,我们把王老师给我们的诚意之作看了好几遍,还看了学长学姐的一些优秀作品,如《高原上的足球梦》《刀郎味道》《枣伤》《夙愿》等等。结合着王老师讲纪录片时分享的相关课件,揣摩解说词的写作技巧。王老师真的非常优秀,道理讲得好,落实得也非常到位,如果没有他,很多作品几乎都无法完成。我们还下载了腾讯视频、优酷视频、土豆视频、豆瓣视频以及爱奇艺视频,在王老师的推荐下,我们观看了很多相关纪录片,可以说开启了一次全面的纪录片学习之旅。对照着这些片子,我们对自己的解说词进行拆分、重组,做了多次修改和完善。

通过这次实践活动,我们对“纪录片”有了更为深入的了解。纪录片跟微电影是完全不一样的。微电影的主要问题是人物和环境,是“演”,可是纪录片不一样,无论是书本里的弗拉哈迪还是新疆的纪录片代表人物刘湘晨,即使也会有部分“扮演”画面,但是他们绝大部分作品都是根据实际情况拍摄的。如刘湘晨的《山玉》,在海拔 4000 米以上的昆仑山上,天气阴冷,雨水连绵,山坡陡峭,还有山洪威胁,跟着采玉人跋山涉水,一不小心还可能有生命危险

(片尾有很多采玉人意外身亡的叙述),在这种情况下,导演只能亲自拍摄,要想在这样的环境下把握好镜头,是有很大难度的。这种专业水平,是我们初次拍摄连基本的认知概念都没有的。

虽然有很多遗憾,但是这次拍摄对我们来说意义重大。纪录片拍摄中可能会面对各种各样的困难,我们有幸在学校的时候就经历了一些:对拍摄内容没有深层次的感知、难以取得被拍摄主人公的信任、经费不足、经验不足、天气问题等等。而这些经历,也无疑为我们今后可能面临的种种情况提供了宝贵的经验。

(作者:王雅丽)

九、“努力做好最后一次作业，就是对大学最好的致敬”

从去年7月到今年的6月，我们的毕业设计《南疆大学生村官纪实片》终于完成了。这次的毕业设计给我带来了很多新的感受和冲击。就我们作品制作来说，遇到了不少的难题。

首先，在我们小组确定了南疆大学生村官这个选题之后，就开始了创作的第一步，也就是在那个时候，真正体会到了什么叫“万事开头难”。因为选题的缘故，我们采访的人物都是县乡级领导，所以我们必须要一级一级地向当地的宣传部门发采访函，等待他们的回复。将近半个月的时间里，我们发的采访函有数十份。在这期间，等待是最难熬的。不过苍天不负有心人，在我们苦苦等待后，终于收到了三份回函，也确定了我们的采访对象。我们心里都清楚，面临的困难才刚刚开始。

其次，我们在拍摄过程中也遇到了很多困难。进入拍摄环节时，正值新疆最寒冷的冬季，零下20摄氏度的气温我们连手都不敢伸出来，有时还要站在户外的雪地拍摄空镜。我们经常不得不拖着生病的身体采访和拍摄，而且必须要在限定的时间内完成既定的进程，不然我们的预算和时间都会超出计划。寒冷的天气给我们造成了很大困扰，摄像机和单反相机都没法正常运行，经常出现死机等一系列的状况。固定三脚架都成了一个问题，冰面太厚了插不进去，雪面太松软了更是无法固定，所以许多画面都得靠手持拍摄。手持拍摄的一大缺点是镜头非常不稳定，所以只能一遍又一遍地来回实验，经常是摄像结束后，双手已经冻得没有什么知觉了。

在拍摄的过程中还有一个问题，就是语言不通。我们都是汉族学生，拍摄时还没有放假，我们就没法带少数民族同学下乡。下乡之后，采访的都是少数民族大学生村官，有些地方语言又相当有地方特色，所以我们之间的沟通就成为一个很大的难题。好在我们联系上了一个当地的汉族干部，通过他，我们可以实现较为顺畅地交流。值得一提的是，当地民风淳朴，村民也很热情好客，这也是让我们感到很幸运的一件事情。

最后，是工程最浩大的一步——后期制作。庞杂的素材，混乱的头绪，我们不知该如何下手，后期制作真的是一项非常繁复的工程。大致浏览素材、删除废素材、整合素材、翻译、写每个故事的解说词、每个故事的剪辑调整、补充素材、三个故事杂糅、配音、穿插音乐、制作片头片尾，这些我们都要一步一步地完成。在一个月的时间里，我们几乎全部来往于剪辑室和宿舍之间。这无疑是我们大学生生涯中最黑暗却也最充实的一个月了，这也许是我大学生涯要交的最后一个作业了，我们想努力做到最好。片子最后出来也基本达到了预期的效果，虚荣的成就感在没人的时候也会冒上心头。

整个片子制作下来，总体有三点感想。首先，前期准备工作一定要充分，收集相关的资料，掌握好预算，时间、行程要事无巨细地安排好，不能打无准备之仗。其次，分工很重要，一个团队每个人倾尽自己的能力，把属于自己的工作做好，那么整体的效率也就提上去了。最后，一个片子只有在精益求精之后才能够呈现出它最完美的一面。我们的片子虽然只有十五分钟，但是十五分钟凝聚了我们大半年的时间。在不断地尝试和修改之后，我们才发现其实能做得更好。

创作完成之后，也留下了一些遗憾。第一个是，我们拍摄时要深入到南疆偏远的村落里拍摄，驱车劳碌、时间有限、加上恶劣的天气等原因，我们辛苦拍摄回来的素材，一部分是重复镜头，一部分是无用镜头，所以素材严重缺乏，这也给后期制作增添了不少困难。虽然我们下乡之前作了很详细的讨论，也做了必要的前期策划，但是到每一个村，总有一些突发状况让我们措手不及，导致有许多特写、空镜头等素材都不是很充足。由于路途遥远和天气变化（拍摄时冰天雪地，但是想补拍的时候积雪已经融化）等因素，也很难进行补拍。

第二个是，因为漫长又繁琐的工作，让成员都有些急躁，针对片子会产生不同的意见和分歧，甚至经常急红了眼，沟通有时陷入了僵局。每个人有自己的想法是必要的，但是要控制好自己的情绪，保证自己能很冷静地进行沟通和解决问题也是非常重要的。这也让我明白，在以后的工作还是生活中，每次要表达自己看法或要反驳别人时，一定要控制好情绪，要仔细听完别人的简介之后再表达自己的看法，表达自己看法时需要逻辑鲜明条理清晰。有了良好的沟通氛围，才有可能得到良好的沟通结果。

第三个是，通过这次毕业设计，我发现困难都是人来解决的，不能总觉得自己做不到，自己做不好。在我们成员的身上，我看到了一股遇到困难不服输的精神。例如我在发采访函的时候，自己会觉得怎么那么麻烦，采访几个不需要采访函的不就行了，但是后来我才意识到，由于我们创作题材的限制，这是采访必需的手续和流程，要是当时没有队友的坚持，我们就采访不到那几位大学生村官了。另外，在下乡的时候，我们不认识路，也没有见过采访对象，心中还隐隐为自身安全担心着。但是我的队友提前安排好车，和采访对象也提前安排好了见面的时间和地点，虽然一路奔波非常辛苦，但是中间的行程丝毫没有出现问题，这也给我上了非常生动的一课。

由于能力和时间的关系，总是觉得有很多不尽如人意的地方。可是，我又会有点自恋式地安慰自己：做一件事情，不必过于在乎最终的结果，可贵的是过程中的收获，以此来安抚我尚没平复的心。无论结果如何，努力做好最后一次作业，就是对大学最好的致敬。只要认真地把路走好，未来总会是绚烂缤纷。

（作者：孙梅）

十、“大多实践上的问题都是源于理论知识的欠缺”

“一旦你已经肯定了你的想法是值得拍摄的，你就需要开始提供故事并思考如何讲故事。讲述故事的方法不是唯一的，况且，这是一个漫长的过程，这个过程从触动你的想法产生那一刻开始一直持续到后期制作结束。”在《纪录片也要讲故事》一书中希拉·柯伦·博纳德说。

我们的作品从 2016 年 11 月开始，到 2017 年 5 月完成，这部专题片带给我们一些或许以后都不太可能体验到的经历。无论是从开始的寻找设计主题，还是拍摄完成后的后期制作，每一次向前迈进都是一种别样的感觉。

最初，我们在确立选题时遇到了很大的困扰。以往师哥师姐创作的纪录片大多是留疆知青、非物质文化遗产和反映民族风情方面的题材，似乎这些题材也更容易出彩。我们也尽量向这类题材靠拢，但发现想要做出新意很难。

在临近开题答辩前一周的一个下午，我在整理书桌上的资料，发现了一份早已烂熟于心的校史讲解词。我自大一以来担任校史馆的讲解员，对校史馆记忆最深的就是一张塔里木大学第一批教师的合影留念，他们中的大多数人都是王震校长从西北农林大学招收来的。在那个艰苦创业的年代里，阿拉尔垦区就是新疆的南泥湾，那时人们的生活条件艰苦程度是现在的人难以想象的……

一盏盏煤油灯，点燃了师生们人生最壮美的生命之火，塔里木大学发展成为现如今的面貌，和背后许多默默奉献的人们是离不开的。那么，既然大家都去校园外寻找设计主题，为什么我们不可以在校园内找找呢？校园里的主体人群除去学生就剩下老师了。或许拍一些老教师会是件很有意义的事，于是我们将选题初步设定为我校的第一批教职工。

我们详细地向王老师讲述了选题意图，王老师没有直接否定我们的想法，而是探讨了操作可能性有多少。一方面拍摄主人公不好寻找，即使找到了人，年事已高在表达方面也可能会存在着很大的问题；另一方面，第一批教师当时都是内地来新疆工作的，退休之后大多回到内地，分散在全国各地，拍摄所需经费成为一个庞大的数字。王老师让我们自己得出结论：这个选题是不可行的。

进一步讨论之后，老师给我们推荐了一系列通讯稿件，是校园网上发布的关于兵团特派员在南疆地区进行科技扶贫服务工作的报道，其中一些教师的事迹感人至深。于是，我们准备做关于兵团特派员的选题，这也跟我们一开始计划做塔里木大学教师事迹的想法有共同点。

拍摄选题终于在临近开题答辩前一周确定了下来，万事开头难。这第一步我们已经开始了，对于后面的拍摄进程，我跟小伙伴还是满怀信心的。但事实上，万事开头难，这话只说对了三分之一，剩下的还有中间难，结尾也难。

在采访对象的选择上费了很多周折。我们的第一个采访对象是王老师给我们推荐的植物科学学院的张锐老师，在 2016 年教师节表彰会上张老师作了感人至深的报告，王老师觉得其中涉及的一些内容很有拍摄价值。找到张锐老师之后，交流很顺畅，她也很愿意配合我们的拍摄。接触了没多久，张锐老师带领我们去一家离学校很近的农户家中去看看。但是，张锐老师主要研究的是核桃种植，去的时候是十一月中旬，核桃树处于休眠期，带着摄像机想要拍些素材的想法破灭了。但在跟张锐老师与种植核桃林的农户之间交流的时候我们发现，学校在政府作出科技服务精准扶贫这一政策之前，就已经在学校周边地区进行了多年的农业科技服务，与很多农户建立了良好的关系。于是，关于兵团特派员的选题，我们准备把农户与老师指导工作之间的故事作为片子的主体部分。

第二个采访对象是植物科学学院的张琦老师，与他的结识，完全是在张锐老师的采访中知晓的。张锐老师是塔里木大学留校的，而张锐老师的老师正是张琦老师。张锐老师给我们讲述了好多那个时候她上课的情景。有的时候你想要去打着灯笼百般寻找着的人，往往不会找到，但却总是会很惊喜地给出机会让你去遇见。只要打开一个突破口，后面的事情就不再毫无头绪了。

第三个采访对象是动物科学学院的老师格明古丽，这也是王老师为我们推荐的。格明古丽老师性格鲜明、善于言谈，更幸运的是，她也很乐意配合我们的拍摄。

这三名老师成为我们计划的主人公，似乎一个有着三条线索的宏大制作就要开始了。但是，真正采访拍摄时，却是一波三折。

张锐老师擅长的是核桃种植，核桃的修剪在十一月之前，而我们的选题确定下来是在十一月底，所以错过了拍摄时机，春季修剪是在一月份，恰好又是放寒假的时候，依旧是错失时机。开学的时候已经是三月初了，能获取张瑞老师最佳故事的时间已经过去，所以，这条线索基本宣告失败，最多只能成为一条辅线。

张琦老师是个老实憨厚踏实的科研人。由于他要么上课教学要么出差，与他最初的接触只限于电话交谈。开学后，我们与张老师商定了每两周去一次图木舒克试验田的时间。三月九号出发，我们一赶到图木舒克，张琦老师就一头扎进了在温室种植的核桃树林。他的学生告诉我们，从去年十二月到今年二月他都在照看着这片核桃树，为了获得科学的观测数据，他吃住都在这里。我们在图木舒克的几天里，张老师跟他的学生一直处于忙碌状态。张老师白天要指导农户种植核桃树，晚上要修改学生论文，五十六岁的他嘴上虽然说着不累，但眼睛中红红的血丝却让我们深感科研人的不易。但是，对我们来说最大的问题是，张老师一直忙碌，并且很少有时间做出专业之外的表达。所以，很多画面未必可以用作片子的素材。不过，这也为我们之后的拍摄积累了一些经验，我们不但需要有画面，对于专业的问题，我们还需要让主人公"说话"、讲故事。

我们对格明古丽老师的拍摄时间是最长的。早在接触她本人之前，我们就已经大概了解了一些她的经历：在家庭方面，她是哈萨克族，爱人是维吾尔族，不同民族相结合的婚姻，使得她在南疆基层的科技扶贫工作开展得更加顺利；在专业方面，她是一位有科研追求的学者；性格上，她做事干脆利落，也很有个性。在拍摄阶段，大量的接触让我们之间的关系亲密起来。与采访对象建立友好的关系在拍摄中非常重要，老师给我们讲了一些心里话，正是这些话，使得最后的成片更加生动、真实、有生命。

在后期制作阶段，面对大量的素材，我们不知该如何下手。由于前两位老师或者缺少画面，或者缺少故事，素材缺少亮点，我们思前想后决定舍弃这些素材，只保留格明古丽老师一个。这个决定既大胆又很冒险，一开始的我们构想是三个老师的故事平行剪辑，现在突然舍弃两个，那后面该怎么叙述下去呢？唯一的办法就是增加素材、充实故事。而故事中重要的一点就是充实人物的动机。

我们又开始寻找关于采访对象的信息。我们在格明古丽的微博中发现了她初次接手兵团科技特派员工作时的一条微博。为了帮助当地村民发展养殖，格明古丽花费了大量心思，然而事情的发展却并非她想象中那么顺利。在这条微博中，格明古丽老师提到了一名基层畜牧养殖工作者，这名工作者认为人工孵化出来的鸡是假的。南疆地区交通闭塞、思想较为落后，部分民众对科学不信任甚至排斥。格明古丽说，她要引导当地群众相信科学，才能脱贫致富。我们一开始觉得这个案例真实生动，但听取了王老师的意见之后，发现我们的想法有点简单了。在王老师看来，我们现在做的是主流政论片，虽然可能需要赞扬某一类人，但是不能把这种赞扬建立在对别人甚至一大群人的批评之上，如果是一个人有问题我们可以作出批评，但是如果是一群人都有着相似的看法，就不仅仅是一句批评能解决得了的，如果要做这个话题，肯定要涉及到背后的很多复杂因素，这些复杂因素我们未必能够掌控得了。

虽然微博的内容足够真实可感，但不够震撼，没有很大的启发，不足以支撑格明古丽的人物特点。

不过，王老师建议说，既然格明古丽做科技扶贫的一个动机就是要引导当地群众相信科学，这说明，虽然格明古丽做的是扶贫，但是本质上还是行使着教师的角色，只不过对象不是在教室里的学生，而是田地里的农民，只要是对象能接受了相关知识，格明古丽就会很有价值感。于是，我们开始从人物的“教师”角色着手补拍相关镜头。这些相关镜头肯定是从教师上课开始的。在拍摄上课画面之前，我们提前进入教室，这样可以提前跟部分学生作出说明并建立一点关系，同学们在课堂就少一些拘谨，多一些活跃。我们最后的片子解说词是这样开始的：“四月的清晨，格明古丽正在教家庭饲养这门课程。这门看似不太起眼的课程，在接下来的科技扶贫工作中，将起着至关重要的作用。这几年来，除去完成这些在校的教学工作外，格明古丽每周都会往返学校与南疆各地。在格明古丽看来，科技特派员听上去是一份高大上的差事。”这样，在日常教学与科技扶贫之间就不再是两张皮，而是建立起了牢固的逻辑关系。

另外是关于我们作品的逻辑顺序问题。一开始我们打算按时间发展的顺序剪辑，首先讲述第一次下基层的工作的不被接受认可，到中间部分慢慢被接受，到最后得到认可。但我们又觉得平淡了些，希望寻求一些不普通之处。在修改解说词时，我们打乱了原定的顺序，采用了倒叙的结构，并穿插格明古丽在工作中的所见所感。但是，王老师对于这个倒叙结构并不赞同，说这类片最好将最精彩之处放在最后。我引以为豪的倒叙想法被否定了，还是有点不甘心的。我找了大量的作品，以期找到可以力争的证据。但我认真看完之后发现，拍得比较好的同类型专题片都是按照正常的时间顺序讲述故事的，后面我们按照老师的建议继续做下去。

以前在上纪录片课程的时候，以为自己对纪录片的创作已经有很多了解，也非常懂得如何让故事的主人公说话。但是，通过一次实践，才知道“书到用时方恨少”。真的是到了真正创作的时候才发现，大多实践上的问题都是源于理论知识的欠缺。比如与采访对象交流的问题，一个好的片子，并不一定是直接拿着机子对准拍摄对象，只有建立相互之间的信任关系之后，才可能获得想要的信息。在张琦老师那里，我们没有时间做更多的接触，所以交流和拍摄起来并不畅通。但在格明古丽的交流采访中，第一次就跟老师一起相处了五天，了解得多一点，就获取到更多真实感人的素材。拍摄结束后，我们也维持着很好的关系。

这部作品，虽然最后呈现出来的故事不长，却融入了我们这四年里对广电专业的感受和体悟。只愿在不久的将来，我们还会有这样的热情，无论怎样，这都会成为我们难忘的记忆。

（作者：黄娟）

十一、“揭示问题、做好导向、讲究艺术是统一的”

2020 年是极不寻常的一年，也是我们待在学校时间最长的一年，从 5 月入学到 11 月一直待在学校。2020 年的暑假，我们待在学校整整两个月，却没有危机意识和远见，错过了“疫情防控”这个很好的选题，后面老师讲的时候，最佳的拍摄时间都已经过去了。8 月起，我们自行组队，开始选导师、定选题，但是过程是坎坷的。

毕业设计是我们四年来学习的总结，王老师跟我们说，选题要有创新，不管是在内容上还是在形式上，不要重复学长学姐做过的主题，那样没有新意，更没有亮点。其实在这之前，我们私下有考虑过定什么样的题材，比如“边缘文化”“城市瞬间”“护边员”“爱情”“扶贫”等。但是，考虑到找演员、找相关部门的审批以及资金上的限制，早期这些不成熟的想法都一个个被自己排除掉了。后来，我们在跟王老师探讨选题的时候，也验证了之前选题的不成熟。王老师给我们提供了一条全新的思考主题——形式主义。但是，形式主义是一个比较抽象的、比较难把握的主题，把形式主义这些负面信息爆出来会不会影响不好，如果把握不住分寸会不会“越界”？我们担心这个选题做不好，不太敢接。不过，王老师说，党的十八大以来，党中央严格整治形式主义、官僚主义，很多官媒和平台都在揭露这些行为，学生的选题可以去做非物质文化遗产，也可以去做都市的各种美食，但最不应该忘记的，是媒体人的公共意识。所以，这类选题应该被鼓励而不是被压制。在具体创作上，王老师提醒说，需要解决三个主要问题。第一，在内容上，要找到一个好的切入点，再通过“以小见大”的方式，将社会生活中日常存在的现象和问题生动形象地展现出来；第二，在风格上，要运用讽刺艺术将社会中存在的问题用幽默诙谐的手法呈现出来；第三，在导向上，不能停留在揭示问题本身，要实现正确的价值引导。也就是说，一要揭示问题，二要讲究艺术，三要导向正确。结果，这三个基本问题，我们都犯了个遍。

第一个剧本，是从电影《中国飞侠》得到的启示，即一个个小人物遭受着不同程度上的压迫，却仍不放弃自己身上的韧性。我们设定了两个主人公，两条故事线交叉叙事。故事讲的是一个刚毕业的大学生，面对上级的不作为和压迫想要放弃，却遇到了同样受生活所迫的外卖小哥。外卖小哥身上充满一股热爱生活的活力和努力前行的韧性，这感染了刚毕业的大学生。于是后者开始积极向上，有了不一样的结局。这一剧本创作出来时，我和搭档自我感觉很良好，但当把剧本给王老师看的时候，却被指出问题很大：话题老旧、引不起太多人的共鸣及画面可能单调不生动等，最严重的问题是，与反对形式主义的主题关系并不大，更没有显示出诙谐幽默的风格。说实话，很感谢王老师的指导和评价，我们后面才发现，这一剧本和原先设定的主题确实是不一致的，而且，整个故事走的是苦情戏的路线，悲情剧看得太多，没有新颖的故事点是很难感动观众的，我们自始至终感动的只有自己。

第二个剧本，是以高校学生遭遇的事情为原型，以他们在评选过程中遇到的挫折和“内幕”为困境，如有学校发放助学金补助托关系走后门的、由于没有“后台”导致相关申请批不下来的、有“关系”的学生不上课不交作业依然被评为优秀的、学生会干部查寝、查晚自习等“官官相护”的等等，以此来呈现形式主义和官僚主义的问题对他们的影响。但是，剧本想要表达的内容范围依然太大，很多事情远在我们掌控能力范围之外，缺少实际操作意义，另外，风格仍然过于严肃。

第三次剧本创作时，王老师让我们提前观看《半月谈》杂志的动画系列短片《形式主义》，它讲的是县级领导的形式主义作风问题，而我们要将注意力集中在校园里，表现学生干部在日常学习和生活中存在的问题。在《活着》一书中，提到题材如何选择时，一位西方记者说："当你选择一个城市作为报道对象，你完蛋了；选择一个街道，你困难了；选择一个社区，你办到了；选择一个家庭，你容易多了；选择一个人，你成功了。"我们重新出发，观察身边的人，最终把故事定位在班长的身上，展开了一个班级里发生的几个小故事。班长是一个班集体的核心，班长的所作所为直接影响着一个班的班风，既能以小见大、也能突出主题。我们最后的剧本《班长来了！》讲的是班长"郑毅"不以身作则，突出表现自己，走过场、看表面，各种活动胡乱安排，为了自己的利益不顾他人的感受，把班级搞得乌烟瘴气，最后别的同学忍受不了将其举报。剧本将观众的目光聚焦到班长身上，利用讽刺和夸张的艺术手法，做到既揭示问题、引人思考，又不失幽默。这次剧本创作完成后，我们才深切地体会到，揭示问题、做好导向、讲究艺术是统一的。

拍摄之前的准备工作也是非常重要的。刚开始我对这些不以为然，觉得剧本写好了直接去拍就好了，在搭档的讲解和劝说之后，我们一起去校园里选择场景、踩点、定机位，按着脚本把所有的都过了一遍，在后面拍摄的时候就顺利了很多。

拍摄过程中面临的最大困难是演员问题。原本设计的主演是我们班的班长，他因为实习原因没能参演，我们不得不另寻主演。每个演员的风格和性格不同，当主演更换之后，我们又要将原先的人物设定作出部分调整，同时也对剧本进行微调和改动。主演确定之后又遇到群演问题，最严重的是演员凑不齐，因为大家的时间都不固定，有时候主演到了群演没到，或者大家都到了但是拍到一半就有同学要去上课了，真是伤透了脑筋。

整个创作期间，我们和参与演出的朋友们虽然经历了很多曲折和摩擦，但还是留下了许多温暖的回忆。一起思考、一起创作，彼此交流内心的想法，从我们构思故事最开始的胡编乱造到后面逐渐成熟的创作，从演员最开始的尬笑到后面的自然流露，这一切都是大家一起共同努力的结果。实践是锻炼自己最好的方式，这段实践也是自己人生中最难忘、最宝贵的一段经历。这次实践期间遇到的各种问题，都将会成为我们以后创作之路上的宝贵经验。

（作者：李勇）

十二、“收获的是新闻理想和人文精神”

2014 年 5 月 29 日，是一个值得纪念的日子，我们做了为期 8 个月的片子终于完工了！现在回头看去，那是一个漫长的过程，但每一步走得很踏实，也收获了很多东西。

关于选题，似乎是早已注定。2013 年 4 月，王老师让我们到阿瓦提做关于采写当地传统手艺的通讯，5 月，又让我们去做一部知青的专题片。虽然那篇通讯写得并不好，专题片也只是做了上集，因为时间紧张，下集没有做完就不了了之了。王老师当时也没多说什么，现在想来，可能那个时候他已经在为我们的毕业设计作品布局了。有了这两次到地方采访的经历，我们对地方上的文化有了一定的感受，对文字通讯和电视影像的共同和不同之处也有了一定的了解。“讲故事”的报道形式可能是文字报道和影像报道的一个交集，不管在哪种类型的报道中，没有主角、难题、过程和结局这四点，要想成功地叙述一件事是不可能的。这一点，用在电影上似乎也同样适用。是否可以假设：搞懂了电影也就搞懂了新闻，反之也一样呢？

首先回到选题。2013 年 10 月，我们在刀郎木卡姆，刀郎农民画，刀郎慕萨莱斯三个选题中选择了农民画。对于选题的确定，我们想尽可能节省成本，在学校附近的阿瓦提县(历史上的刀郎文化圈)选取，而在这三个当中，由于我们去调研的时候，慕萨莱斯制作的时间已错过，这就刷掉了一个选题。在选择木卡姆和农民画时，看了一些相关资料以及论文，木卡姆分支太多太细，做起来难度比较大，而且王老师和我们学长做过的《多浪足迹》一片中，关于木卡姆的介绍也比较多，但是，关于新疆刀郎农民画的纪录片几乎没有。所以，我们选择了画面可能做出来会比较好看，且难度较低的农民画，虽然难度系数较低，但是农民画反映了当地人们的生产生活各个方面。所以，表面上是在说画，实际上是说画背后的民族习惯、风土人情，可能能做出一定的深度来。需要补充说明一点的是，我们原本是为了节约费用才选择了在学校周边地区做这一选题，结果全程下来，我们的片子反而是投入最多的，前前后后投入的只是费用这块大概就有一万。当然，在媒体或内地院校看来，这个数字可能不大，但是对于我们这些穷学生来说，绝对是一个巨额数字。好在王老师帮我们解决了经费问题，学院领导也多有照顾，从头到尾，我们基本没有为钱的事情而发愁，这样，我们就有足够的精力投入到创作上。

一直以来，我做事更喜欢和别人不同，有自己的亮点。我很喜欢罗曼·罗兰的一句话，“大部分人在二三十岁上就死去了，因为过了这个年龄，他们只是自己的影子，此后的余生则是在模仿自己中度过，日复一日，更机械、更装腔作势地重复他们在有生之年的所作所为、所思所想、所爱所恨。”我们不能只是做一个影子，只是在模仿中度过，我们要创作，就要尽自己的能力，创作一个里程碑式的作品。《多浪足迹》确实好看，但在我的内心，类似的题材我们做就要有自己的感觉和调子，没有模仿，只有借鉴。在我的感觉里，《多浪足迹》偏向比较沉重的历史记录，那我们就要更多地去做得偏俗气偏现实一点。

在确定好选题之后，我们并没有急着赶往阿瓦提去拍摄。我是一个比较保守的人，在我这里，没有说走就走的旅行，每件事没有一定的把握我就不会去做。这是每个人的处事风格，无所谓对错，但就片子来说，我还是觉得在拍摄前要做充足的知识储备。为什么会这么说呢，因为我看到周围有些同学就是这样，在拍摄前甚至都没有好好看过一篇相关的论文，自己都不了解自己要做的东西，都没有一个采访提纲，就不听劝阻匆匆出发了。这样的话就意味着浪费大量的时间、金钱和精力，拍摄一定不是很顺利的。

要成功地完成一个片子，想要一次就拍摄好基本是不可能的，至少是三次。第一次更多的是去探路，但绝非简单的探路，在第一次去前，应该是已经做了很多工作，看了很多论文，找到了一些点，脑子里对自己的片子有一个大的模型和结构，大的方向应该是确定的。但所有的这些不一定就是对的，也许是假设，采访拍摄不一定完全会应验自己的预设。也许第一次拍摄回来之后，当真正了解了你所做的东西，你会发现之前想的是多么的简单或者错误，这也正是为第二次去拍摄做铺垫。例如我们做的农民画，在第一次去前，我们已经看了很多论文以及视频，在一起商量了要点，列了详细的采访提纲。我们要选取三个人，其中有男性画家、女性画家以及年轻的画家作为主人公，在介绍画的同时去挖掘他们的个人故事。其实刚开始，真的只是一个大方向。我们做的是农民画，就自然会想到跟农民画有关的人和事，人首先肯定是画家，之后还有很重要的农民画院，再之后就是通过画家的家人去组织他的故事。

在第一次去拍摄时，我们是相对顺利的。现在想来，顺利是因为我们走的环节比较对。我们到了阿瓦提之后，首先去了跟农民画有着重要关系的阿瓦提县文化馆。我们通过沟通，让农民画院的人帮我们推荐符合要求的农民画家，正是这个环节，减少了我们在拍摄过程中的阻力，这种沟通最重要的用处就是让形式重要起来，让别人重视你的采访拍摄，更好地配合你。再者，通过当地媒体可以获取一些渠道，也能获取一些影像素材。例如，我们的很多农民画图片以及素材就是通过当地政府获取的。

在少数民族聚居区采访，由于语言不通，必须找好翻译，并且明确翻译的职责。为什么强调这一点，是因为我身边一些同学在拍摄时，把找采访对象的巨大任务完全交给了翻译。也许他们会想，你就是我们找来的翻译，找采访对象、采访获取信息、后期的翻译都是你应尽的责任。如果真的这么想，那么片子可能已经失败了。尤其是找采访对象，这个任务太大了，也许很多人会抱怨，“哎呀，我们就失败在翻译上了，翻译找的什么人嘛，采访得到的是啥信息嘛。”事实上，翻译其实本身只要人品不是很差，汉语水平不是很差，就是一个好翻译，剩下的就是你跟他的沟通和交流了。当然，能遇到一个责任心很强，新闻感觉能力很强的翻译搭档也是很好的，但就现实的情况而言，我觉得我们更应该担起大任，让翻译只出色地完成他自己的任务即可。就像在我们拍摄的时候，刚开始甚至到现在，翻译都不是很了解我们做的农民画是什么东西，这一点我们应该去理解包容他们，毕竟不是自己的东西，每个人不可能什么都懂。在同等可选择的情况下，尽量选择汉语水平高，比较开放的少数民族同学做我们的翻译，这就意味着在后期的拍摄中会少一些麻烦。例如我们翻译的父母都受过良好教育，比较开放，所以对我在他们家里的一些行为都很包容，我至今仍然很感激他们，我们相处得也很愉快。

更重要的是和搭档的合作。看似很小的问题，都会成为片子成功的关键。选择一个好的搭档是片子成功的一半，搭档之间尽可能是能取长补短各有自己的优势，但我觉得两个人必须要对片子有一个基本的感觉能力。除了专业知识外，搭档之间很重要的一点是理解。而我在整个创作过程中最庆幸的也是这一点，我不得不承认，我跟搭档之间还是很有默契的，我们想问题很多时候可以想到一起，而且他思维很广阔，能想到很多自己想不到的问题。尤其是在采访拍摄过程中，他一个眼神或者说了半句的话，我就可以领悟明白他想要表达的意思，而我想要跟他说的，他也能很快地给予反馈。之所以这样说，是因为之前跟班里其他同学也有过一次合作，但完全不是这样一种感觉，我看了他半天说了半天他也没能明白我的意思，所以对搭档这一点，我真的很庆幸。二来就是信任和鼓励。我们大二刚开始学做片子那会儿，搭档之间多多少少会发生一些摩擦，那时候，班里的流行语就是："做完片子就绝交！"当然，不会是真的绝交，不然片子做完，全班人都绝交……大四，纪录片对我们来说还都是第一次，中间肯定会有一些失误，而这个时候，对于伙伴更多的不是抱怨和脸色，而是信任和鼓励。

第一次拍摄，我们确定了采访对象，了解了他们基本的人生经历，考证了之前在论文上的一些观点。在回来之后，我们重新开始整理所有的材料，也发现了很多问题，最重要的是对整个片子的结构以及所研究的农民画有了更深刻的认识，但这个认识还必须通过阅读大量论文去考证和再发现，也在这段时间，我们开始第二次有针对性地阅读相关论文、书籍，撰写采访纲要和问题，因为第一次对他们个人化的故事有了一定的了解，我们开始构架整个故事，将每个人放在相对完整的故事里，在这之中为了更好地呈现，我们也有一些对于故事的设计。

第二次拍摄，一待就是 15 天。15 天的时间里，我们没有浪费一天时间，每天都是很忙碌地奔波，发现问题，解决问题。因为我们选取的是三个人物，对每个人基本是专访加上生活化的拍摄，每个人的拍摄大概 3 天，之后去了相关的一些地方拍摄了一些空镜头等等。这次是我们拍摄中最重要的一次，大量的主要的素材都是第二次拍摄获得的，之后就是整理素材，同期翻译以及撰写解说词，剪辑片子。

拍摄离不开采访。在采访的过程中，我们应该忘记自己的学生身份，也不要认定自己就是前来采访的记者，我们不只是为了做片子而做采访，去了解去获得我们想要的信息，我们应该少一点功利性，我们只是一个人，在了解他的故事和他的情感。在看《陈虻，我们听你讲》这本书时，我记下了里面的几句话，"放弃你的所谓责任感，放弃你的所谓对文化的深层次思考，像朋友和亲人一样去关心你的被拍摄对象，其结果你可以看到最真挚的责任，最深刻的批判。一旦了解了人，并真正有功力去表现一个人的个性时，生活中的每一个人都会显现出值得拍摄之处。一个人就是一部书，我们所要做的就是把这本书翻开，像他的妻子、像他的父亲、像他的朋友一样去读。其结果，一切都将来得最直接、最根本。”很多时候，我会把自己设想为采访对象，我会想如果我是他，那么我该面临和解决哪些问题，这样会帮助我们想到更多的事以及认识到更多的东西。

接下来就是解说词的撰写。撰写解说词和刚开始的剪辑是比较难的，因为这不只是写和剪，更准确地说应该是创作。虽然在前期工作中有一个框架和架构，但落实到具体的写作时，那又是另外一回事，这不是简单说说而已，而是一个字、一句话、一段段去具体地安排，这次的创作直接决定片子的感觉和面貌，所以很重要却也很难，如果你觉得写解说词的过程真的很痛苦，很漫长，那我还是会说，加油，静下心，不要急，好好地去完成。还有要注意的是，写解说词的时候搭档两个人一定不是分割的，搞文字的就只搞文字，做剪辑的就只做剪辑，这两项是不能分开的。如果写解说词的不考虑素材基础和后期剪辑，云里雾里凭着感觉写，结果可能导致有些画面很难配，有些好画面浪费掉了。这种情况可能是不可避免的，但我们可以去减少。在后期剪辑时，根据实际需要对解说词进行一定调整是很正常的，也是必经的一个环节。

每个片子都会留有遗憾，但经历了整个创作过程，我们的收获和成长，以及对片子的感觉和把握可以说是质的进步。当然，在整个创作过程中最重要的收获，是一种新闻理想和人文精神，这可能是一种只有在全身心投入之后才能体会到的感受。这种感觉，用语言似乎是说不出来的，但是，它却渗透进了我们的选题、拍摄、采访、剪辑的每一个环节。如果要提感谢，一个小型纪录片都像是个大型综合工程，需要感谢的人太多太多。如果给学弟学妹们有所建议的话，那就是第一次不要怕，无知者无畏，跟着感觉，耐住性子熬下去，总会有好结果的。

借用一段央视《看见》栏目主编王开岭的一段话作为结尾，“电视新闻人或缺的，往往即技术之外的东西，跟着电视学电视，把电视当全部业务，很少研究当代，很少精神对话，当经验和技术结业后，由于没有思想资源和认知储备作支持，没有理想主义打算作驱动，往往就走不动了，发育终止。智能可以完善，技术可以修补，但人与人的差异在于源头，在于愿望，在于直觉，在于业余精神，在于让生命欲罢不能的那个东西。”

（作者：王志伟）

后　记

大约七年之前，在《体验塔里木腹地的新闻学》的后记中，我们曾写下这样的文字："宏观来说，对于我们西部高校而言，转变教育教学观念、改进教育教学方法、利用现代技术手段显得尤为急迫，但必须清醒地认识到，简单的方法模仿和技术手段的移植，并不必然会带来教学质量和人才培养质量的提高。西部高校应在'守正'的基础上，结合自身的实际情况，创造性地借鉴有益经验，走特色发展之路。"

但是，"守正"究竟为何？"特色"又是什么？在很长一段时间里，我们一度认为，特色就是关注与别人不一样的领域或实践对象。然而，没过多久，这种"特色"的探索就陷入了困境。即使地处边疆，在强调专业共性的本科教学层面也未必有太多值得持续关注的特色领域，这可能也是不少文科专业的教学所面临的共同问题。

就实践教学而言，基本可以划分为基本理论、基本方法、实践对象、实践价值。这些不同元素又会产生不同的组合。如果强调的是特色的理论与方法，则注重的是研究取向，未必适用于当下已经进入大众化阶段的本科教学；如果强调的是特殊的实践对象及价值追求，则可能会出现导向上的偏差甚至错误；如果实践对象是普遍的，理论方法也是普遍的，则可能止步于模仿，步人后尘，成为别人的翻版。在本科实践教学中，最有价值的组合，可能是实践对象本身是较有特色的，但是，在实践过程中所运用的基本理论、基本方法，以及不同实践的价值旨归是共通的。在这种组合下，才能更好地实现夯实基础知识、提升实践能力、服务区域发展的目的。

最早在新闻传播专业引入毕业设计的深圳大学传播学院，在其推出的《新闻专业毕业设计》系列丛书中指出："对于应用性较强的新闻传播类专业，一件好的毕业设计，更能体现学生在四年当中所学的专业知识和所掌握的专业能力。作品可能是一部纪录片、一组深度调查报道、一份真实报刊的策划制作、对现有报刊或网络产品的改进创新等。比如一个原创的深度报道，可以把四年所学的采访、写作、编辑、摄影、摄像、多媒体编辑、传播推广等知识都运用其中。"

在同样的实践教学理念之下，我们开展了一系列的专业探索，并涌现出了一批优秀的原创案例和实践作品。无论是专题纪录，还是剧本创作，都莫不与"故事"相关，只不过或为真实的故事记录，或为源于生活的故事改编。习近平总书记曾多次强调文艺作品要讲好故事："中国不乏生动的故事，关键要有讲好故事的能力。"但是，也正如习近平总书记所指出的，"现在的问题是怎么讲好故事？故事本来都是很好的，有的变成文艺作品以后，却失去了生命力。"在实践教学过程中，我们也在不断学习和探索着讲好故事的方式和方法，一部部作品即是最好的注脚。起初我们并未想过结集成书，但随着专业实践的发展，开始聚沙成塔，集腋成裘，最后结集出版，似乎是水到渠成。只是这一切开始的时候，我们关注更多的，是水流，是付出，是未曾计算过回报的大量投入。

本书第一部分为专题纪录。以人为本，关注人的发展，培养学生的社会责任感，是新闻传播专业的重要理念。该部分按照人生历程筛选了相关专题纪录作品，这些作品涉及的特定或具体题材可能是大多数人未必真正熟悉的，但是差异之中的生命体验，不需要语言的沟通，也能够让人理解。习近平总书记曾指出："文艺深深融入人民生活，事业和生活、顺境和逆境、梦想和期望、爱和恨、存在和死亡，人类生活的一切方面，都可以在文艺作品中找到启迪。”被誉为“好莱坞编剧教父”的罗伯特·麦基曾经告诫说，要通过故事的悲欢离合来寻找生命的意义：“观众不是去看他们已经知道的东西，是希望体验到从来没体验过的人生体验和人性，……他希望在这个人物的核心中，认识到的角色就是像我一样的人，而且在一个从未发现的世界中发现自己。”找到与人类共同经验发生联系的那些“点”和方式，从而冲破题材的有限而获得更广泛的传播、赢得更多的理解与共鸣，也是我们的创作所要努力的方向。

第二部分为剧本创作。这些剧本或为学生团队合作，或为师生联合创作，或为教师与媒体合作，大多基于社会话题或者新闻报道改编，均已经在公开刊物发表(其中 4 篇核心刊物)，并且也都已创作为影像作品。在相关赛事中，这些作品获得了师生的推荐与称赞。

第三部分为影像解读。该部分选择了在有着较大影响的纪录片《塔里木河》《天山脚下》、微电影《天山儿女》、电影《远去的牧歌》等，从主题传达、具体呈现等不同维度作出了分析。通过案例剖析，可以更好地借鉴运用成功经验，落细落实实践教学。

需要指出的是，在上述三部分中，每个部分收录的最后一个案例(《重“心”出发》《锁麟囊》《〈亲爱的〉之构图艺术》)，均非新疆题材。师生在教与学的过程中，不仅要有本地化的案例或创作，还需要学习观摩大量国内外的优秀影像，在条件允许的情况下，我们提倡和鼓励学生“走出去”，实现更多创作的可能性。

第四部分为理论创新。该部分许多最初的想法，源于我们在过去近十年中一直讲授的《纪录片基础与创作》课程，在和学生课堂内外一起数十次研讨争论、推倒重来、修改完善的过程中，这些最初不够清晰的零星想法，逐渐成为较为系统的文章，而这些梳理后的文字，又成为纪录片教学内容中的重要组成部分。

第五部分为幕后故事。纸上得来终觉浅，绝知此事要躬行。学生在创作过程中历经了坎坷挫折，体会了酸甜苦辣，最终收获了更为扎实的专业认知。这些幕后故事大多无法体现在作品中，但是，这些鲜活的感受虽然不太可能出现在课堂授课过程中，但却同样是创作经历或经验的重要组成部分。

爱因斯坦曾说："仅仅用专业知识教育人是不够的。通过专业教育，他可以成为一种有用的机器，但是不能成为一个和谐发展的人。要使学生对价值有所理解并且产生热烈的感情，那是最基本的。他必须获得对美和道德上的善的鲜明的辨别力。否则，他一连同他的专业知识一就更像一只受过很好训练的狗，而不像一个和谐发展的人。"我们的实践教学，也需要走出课堂，走向田野，下到基层，深入群众，蹲点记录。"人民不是抽象的符号，而是一个一个具体的人，有血有肉，有情感，有爱恨，有梦想，也有内心的冲突和挣扎。不能以自己的个人感受代替人民的感受，而是要虚心向人民学习、向生活学习，从人民的伟大实践和丰富多彩的生活中汲取营养，不断进行生活和艺术的积累，不断进行美的发现和美的创造。"我们需要向优秀的文艺工作者学习，要将书本里的专业知识融入丰富的社会实践之中，沉下心、俯下身、融入情，让脚上沾满泥土，让心中沉淀真情。唯其如此，才能实现专业的价值追求。

本书是我们和学生共同创作完成的，每一部影像，每一篇文章，从选题、策划，到修改、润色，再到设备购置、调借使用等等多个环节，大家都参与其中。入选本书的学生创作的案例，指导教师有肖涛、王成涛、王中伟、王江艳、牛绿林、丁伟、肖军、张玉萍、刘仁等。由于本书篇幅和框架的限制，不少作品如通信设计、新媒体作品等未能入选，相关指导老师同样也付出了很多精力。研究生程进、易婷、王馨等参与了校对工作。全书由王中伟策划和最后统稿。这条专业发展道路上前进的每一步，都离不开整个团队的努力。

感谢“马克思主义新闻观指导下的新闻专硕教学改革研究”(编号：XJ2020GY34)的支持。只有强化马克思主义新闻观在新闻传播教育中的核心地位，把马克思主义新闻观教育融入人才培养全过程各环节，推动形成新闻传播教育与新闻实践互相贯通、深度融合、协同发展的新格局，造就一批批具有正确立场、人民情怀、责任担当的新闻人才，才能为新闻事业打下坚实的基础。在过去几年中，我们师生一道，努力探索将马克思主义新闻观真正落实到专业实践中。具体而言，一是围绕“一元主导”，深化《马克思主义新闻观》课程基本理论的研究；二是围绕“多维融入”，探索构建将所有专业课程都置于马新观科学统领之下的教学体系；三是围绕“实践内化”，引导学生前往基层进行实践创作或围绕现实问题展开相关理论研究，用专业践行“讲好新疆故事，传播中国好声音”。同时，在实践创作过程中积极引导学生主动融入国家战略、兵团深化改革和向南发展战略等，让学生在实践中增长本领和才干，开阔视野和胸怀。本书提供的多个案例，便是这一探索的重要成果。

感谢塔里木大学广播电视学专业综合改革项目(编号：220101703)的大力支持，正是由于该项目的资助，本书才得以顺利出版。

不足之处，诚盼方家斧正！

编者

2021年12月于塔里木大学

图书在版编目(CIP)数据

体验塔里木腹地的新闻学. 影像篇/王中伟,王成涛,王江艳著. —上海:上海三联书店,2022.8

ISBN 978-7-5426-7786-0

Ⅰ.①体… Ⅱ.①王…②王…③王… Ⅲ.①新闻学—教学研究—高等学校—新疆 Ⅳ.①G210-4

中国版本图书馆 CIP 数据核字(2022)第 138920 号

体验塔里木腹地的新闻学(影像篇)

著　　者 / 王中伟　王成涛　王江艳

责任编辑 / 郑秀艳
装帧设计 / 一本好书
监　　制 / 姚　军
责任校对 / 王凌霄

出版发行 / 上海三联书店
(200030)中国上海市漕溪北路 331 号 A 座 6 楼
邮　　箱 / sdxsanlian@sina.com
邮购电话 / 021-22895540
印　　刷 / 上海惠敦印务科技有限公司

版　　次 / 2022 年 8 月第 1 版
印　　次 / 2022 年 8 月第 1 次印刷
开　　本 / 890 mm × 1240 mm　1/32
字　　数 / 240 千字
印　　张 / 11.375
书　　号 / ISBN 978-7-5426-7786-0/G·1646
定　　价 / 68.00 元

敬启读者,如发现本书有印装质量问题,请与印刷厂联系 021-63779028